国家自然科学基金项目（71262001）
研究成果之一

追随力
对领导效能的作用机理研究

许晟 著

The Mechanism of Followership on Leadership Effectiveness

经济管理出版社
ECONOMY & MANAGEMENT PUBLISHING HOUSE

图书在版编目（CIP）数据

追随力对领导效能的作用机理研究/许晟著．—北京：经济管理出版社，2014.6
ISBN 978－7－5096－3116－4

Ⅰ.①追…　Ⅱ.①许…　Ⅲ.①领导学—研究　Ⅳ.①C933

中国版本图书馆 CIP 数据核字(2014)第 104143 号

组稿编辑：杜　菲
责任编辑：杜　菲
责任印制：黄章平
责任校对：张　青

出版发行：经济管理出版社
（北京市海淀区北蜂窝 8 号中雅大厦 11 层 100038）
网　　址：www. E－mp. com. cn
电　　话：(010) 51915602
印　　刷：大恒数码印刷（北京）有限公司
经　　销：新华书店
开　　本：720mm×1000mm/16
印　　张：12. 25
字　　数：244 千字
版　　次：2014 年 6 月第 1 版　　2014 年 6 月第 1 次印刷
书　　号：ISBN 978－7－5096－3116－4
定　　价：48. 00 元

序　一

追随者和追随力概念，是当代管理学研究文献中出现频率较高的研究变量或词汇，有学者甚至直接用追随者和追随力来注释领导和领导力概念的内涵，如现代管理科学之父彼得·德鲁克（Peter Drucker）就曾指出："领导者的唯一定义是其后面有追随者"，"领导力即获得追随者和追随力的能力"。追随者和追随力现已成为当代领导科学研究的重要命题和新的研究方向。追随力理论研究的兴起，打破了传统管理学领域一直是领导力理论研究一枝独秀的局面，人们对追随者和追随力的认知也开始由消极被动转向积极主动。探讨领导部属交换质量，个体与工作、与团队匹配水平在追随力与组织环境交互中的积极效应，以及如何有效发挥领导力、追随力两个积极因素，已成为当代管理学研究的重要内容。但目前国内管理学界对追随者和追随力的研究尚处于起步阶段，还鲜有此类研究成果公开发表。然而令人欣喜的是，许晟博士近期完成的著作《追随力对领导效能的作用机理研究》即将出版。该书是在他博士学位论文的基础上修改、充实而完成的，是曹元坤教授主持的国家自然科学基金项目"员工追随力的内涵、影响因素及对领导效能的作用机理"（71262001）的中期研究成果。其价值正如有专家所评价的那样："论文从领导力的作用对象——追随者角度出发，用领导力与追随力的交互作用，解读组织管理活动的完整动态过程，为弘扬领导力、追随力并重的管理观念开了一个好头。"

该书研究了追随力的内涵与结构，追随力特质与行为的测量，变革型、交易型领导与支持性、控制性组织氛围对员工追随力的影响，以及追随力对领导效能的中介与调节的作用机理四个方面的研究内容。该书有三个鲜明的特点：一是客观反映了中国组织上下级之间高权力距离、集体氛围中高人际关系导向等文化情境特征；二是围绕追随者与领导力、组织情境的三者交互作用这条主线进行研究设计，并用实证研究方法进行验证；三是体现了"德是才之帅，才是德之资"的中华优秀传统文化的理念，始终突出德对能力与行为的主导与统摄作用，并从德、能、行相统一的综合视角，把追随力解读为"追随者在追随领导者工作中，所表现的与领导力、组织情境能动交互作用的多维特质与行为”，并验证了追随力的内涵结构是由追随者的进取精神、认知悟性、执行技能、关系技能、影响力一阶五因素所构成的二阶一因素。这一宽泛视角的解读，较好地突破了以往国外学者在功利价值导向下，局限于某种单一视角的解读（如关系追随力、意愿追随力、能力追随力等），提高了追随力概念对组织真实追随实践的解释力。既使追随力理论的研究与中国传统文化的传承一脉相连，又体现了时代性和创新性，从而使中国文化背景下的追随力理论区别于国外的追随力理论，彰显了自身的优势与特色。

追随是领导力辐射下个体很普通和普遍的一种行为方式，正是众多平凡人物的这种极其普通的行为方式，在激烈竞争的动态环境中，灵活应对竞争变化与挑战的能动性、创造性推动着组织的发展。实业界许多管理者对追随行为所释放的正能量，即追随力的积极作用往往视而不见，这不能不说是中国组织管理实践中的一个缺陷。

追随力理论是一个富有发展前景的研究领域，除本书所研究的内容外，还有很多极有理论与实用价值的课题期待更多研究者去探讨和发掘，如追随力如何受前因变量的影响、追随力效能的价值结构与测量、追随者在扁平化组织中的多层作为、追随力与领导力的相互匹配、组织追随文化的建设等。只有深入、系统、全面地研究追随力理论，才能进一步提高追随力理论对组织管理实践的指导与实用价值。但无论如何，许晟博士的研究成果，为本土化追随力理论问题研究提供了一个良好的开端。希望许晟博士能够在以后关于追随力理论研究领域中“百尺竿头，更进一步”，推出更多更新的研究成果，为发展当代追随力理论和构建本土追随力理论作出更大的贡献。

受作者之邀，特作此序。

南京大学商学院名誉院长、特聘教授、博导

赵曙明　博士

2013 年 12 月 2 日

于韩国全南国立大学

序　二

近年来，在当代管理学研究中，有关领导力、管理力、组织力的研究，为不少中外学者所垂青，产生了一批有影响有分量的成果。然而，作为与领导力相对应的追随力问题，则一直不受待见，鲜有学者问津，这不能不说是一件憾事。

在中国的文化情境中，领导力与追随力并重的理念可谓古已有之，“一个好汉三个帮”的古训，便是对两者关系最形象的诠释。一介亭长出身的汉高祖刘邦得以创建帝业，得益于张良、韩信、萧何辈的追随，他本人对此也认识很深。据司马迁《史记》卷 8《高祖本纪》记载，刘邦曾坦诚地总结自己成功的原因：“夫运筹帷幄之中，决胜千里之外，吾不如子房；镇国家，抚百姓，给饷馈，不绝粮道，吾不如萧何；连百万之众，战必胜，攻必取，吾不如韩信。三者皆人杰，吾能用之，此吾所以取天下者也”。中国的古典文学中，这样的事例也可以说比比皆是。三国刘备本是贩草席出身，除了有一个无从考证的中山靖王后裔的身份和善于笼络人心的手段之外，并无其他过人的本领。但是，靠着文有卧龙凤雏，武有关张赵的追随，高举复兴汉室的大旗，屡败屡战，百折不挠，得以建立蜀汉，与曹魏、孙吴鼎足而立，天下三分有其一。《水浒传》中的宋江也是个一遇大事就手足无措，不知如何是好的主子，仗着在江湖上人称“及时雨”的名号，幸得梁山兄弟“哥哥休要惊慌”的辅佐，占据着 800 里水泊，进而接受招安，破大辽、征王庆、平方腊，得以封妻荫子，衣锦还乡。《西游记》中的唐僧倒是一位意志坚定为人低调的领导者，受大唐国君之托，远赴西天取经，历经千重关山 81 难，如果没有孙悟空一路上的忍辱负重、除妖降魔，猪八戒、沙和尚的鞍前马后、时刻追随、不离左右，又岂能修成正果，取得真经、普度众生？历史告诉后人，任何一位成功人士都离不开他的追随者的支持和辅佐。

有学者指出，追随力理论是在当代领导理论研究缺乏新意的背景下进入管理学前沿的，这是很有见地的。长期以来，由于文化影响，形成了人们的思维定式和偏见，“学而优则仕”，成功的标志是做“一个领导者而不是追随者”，对于追随者这个术语有一种与生俱来的不舒服的感觉，人们生活在一个崇尚领导力而不喜欢追随力的社会。社会的偏见、文化的误读、管理学研究的偏向，使得追随力问题研究在21世纪才得以进入学者的研究视野。

许晟博士致力于当代管理学的学习与研究，敏锐地把握了这个学科领域中全新的研究课题，立足于中国文化的情境，从管理学视角入手，以部属与领导者、组织情境的交互作用为主线，突出追随力与领导力并重的管理理念，立足追随者灵活应对竞争变化的能动性、创造性，探讨追随力与领导力动态的互动关系以及追随力能动的反作用力，尤其在追随力的内涵结构与测量、追随力的主要影响因素、追随力对领导效能的作用机理等方面，用力尤勤，新意迭出。

对于追随力问题我没有做过研究。但是，作为曾经的文化学和管理科学问题研究的学者，作为曾经的政府部门的官员和现在一所高校的领导者，深感追随力问题研究不仅有重要的学术意义，也有现实的实践意义。近日，许晟博士与曹元坤教授承担的国家自然科学基金项目“追随力问题研究”阶段性杀青，我有幸拜读了他的书稿，留下了较为深刻的印象。他的这一成果不仅为丰富和发展追随力理论做出了积极的探索，对社会组织的实践也有很强的实用与启示价值。尽管局限于研究样本、调查方法、研究内容的一些限制，文稿中尚存一些不成熟的地方，涉及的深度和广度也略显不足，但是瑕不掩瑜，作为一名潜心向学的青年博士的拓荒性研究成果，值得一读。

谨序。

江西农业大学党委书记
曹国庆　研究员

前　言

追随力理论是当代管理学前沿的全新研究课题，它突出了追随力与领导力并重的管理观念；高扬了追随者灵活应对竞争变化的能动性、创造性；顺应了组织在动态发展环境中对上下级互惠合作关系建设的需求；改变了管理学以往只注重领导力而漠视追随力的研究偏向；并以殊途同归的方式，用全新的理念“追随力”诠释着领导力新的发展方向。

本书立足中国文化情境，从组织管理学角度，以部属与领导者、组织情境的交互作用为主线，探讨追随力与领导力动态的互动关系以及追随力能动的反作用，具体包含以下三项子研究：

研究一为追随力的内涵结构与测量研究。第一步通过开放问卷、结构访谈、企业人力资源专家座谈等渠道，广泛搜集多类型企业部属的追随力典型特征。经由条目的提取、合并、归类、订正和理论饱和度检验等程序，得到了45个反映追随力特征的初始条目。第二步以这45个条目进行先导性预测，通过多次预测的探索性因素分析，剔除了25个质量偏低的条目，最后整合为20个符合心理测量学要求的条目。第三步以20个条目的量表进行正式的大样本测量，并将535份有效样本随机分成两个样本，样本一用于再次对量表进行探索性因素分析；样本二用于系统检验量表的信效度各项指标。

研究二为追随力的主要影响因素研究。选择领导风格（变革型领导、交易型领导）和组织氛围（支持性组织氛围、控制性组织氛围）为影响变量，采集了520份有效样本，运用变量间区分效度验证性因素分析、相关分析和多元层次回归分析等方法，探讨了不同的领导风格、组织氛围对追随力的正负向影响及影响水平。同时也选择了部属的性别、年龄、文化、工龄、有无职务和岗位性质六个控制变量，运用方差分析和LSD多重比较，探讨了这些控制变量下部属的追随力水平差异。

研究三为追随力对领导效能的作用机理研究。采用领导—部属配对互评的调查方式采集数据。先对所涉用的测量工具进行区分效度检验，再对变量进行相关分析，最后运用结构方程模型和层次回归分析方法，分别探讨了追随力对领导效能的中介、调节机制。

通过以上三项子研究，产生了如下研究结论：

（1）实证研究证实，追随力是追随者追随领导者工作，与领导力、组织情境能动交互的多维特质和行为。它是由一阶五因素（进取精神、认知悟性、执行技能、关系技能、影响力）构成的二阶一因素（追随力）。

（2）绘制20个条目的追随力量表，通过同质信度、分半信度、内容效度、收敛效度、区分效度、实证效度等的检验表明，该量表具有很好的信效度，符合心理测量学要求。

（3）实证结果表明，变革型领导对追随力具有积极正向影响，其中愿景激励、个性化关怀两维度对追随力的进取精神、认知悟性、执行技能的正向影响更显著。交易型领导的权变报酬、积极例外管理对追随力具有积极正向影响，但消极例外管理对追随力产生负向影响。

（4）实证结果显示，支持性组织氛围对追随力产生积极正向影响；控制性组织氛围对追随力产生负向影响，其中受正负向影响较大的是追随力的进取精神、认知悟性和执行技能三因素。

（5）方差分析和LSD多重比较表明，追随力在性别上没有显著差异，但在不同的年龄、工龄、文化、有无职务和岗位性质界面上，追随力具有一定差异。

（6）探明了追随力作用领导效能的机理。研究表明，LMX在追随力与领导效能之间起部分中介作用。PJ－fit、PG－fit在追随力作用领导效能时起调节作用，PJ－fit、PG－fit质量越高，其与追随力的交互作用就越强，对领导效能的正向影响也就越强；反之则越弱。

本书的理论贡献主要有二：一是首次立足中国文化背景和组织情境，从管理学角度，运用多理论交叉研究技术，通过实证方法，揭示了追随力的本质、结构，开发了具有较高信效度的量表，探讨了追随力的主要影响因素，揭开了追随力作用领导效能的机理黑箱，为建构具有中华文化特征的追随力理论做了一些基础性研究。二是通过探讨追随力对领导力、组织情境的反作用，解读追随者与领导者能动交互关系对组织发展的意义，辐射追随力与领导力并重的管理观念，对改变以往重领导力轻追随力的研究偏向，丰富和发展领导理论将产生一定的积极影响。

本书的实用价值也主要有二：一是帮助领导者、追随者掌握追随力的本质、结构和作用机理，重新认识领导力与追随力能动交互对双方价值实现和组织目标实现的重要性。使领导者明白强化追随力是提高领导效能最根本的路径，从而主动改善与部属的互惠合作关系，以赢得更多追随者和强有力的追随力。使追随者了解追随领导者工作和创造优佳绩效需要什么、自己有什么、缺什么、该补什么，推动追随者不断提高自己的追随素质和对组织的向心力。二是拓宽了组织人力资源管理的新视角。以宽泛的视角解读追随力的本质、结构和建构作用机理，填充了新时期人力资源管理的工作内容。如本书成果可以作为企业培训员工的新内容。又如本书开发的追随力测量工具，可应用于企业人力资源的考核评价与甄别。再如本书高扬追随者灵活应对竞争变化的能动性、创造性可以导向组织弘扬追随力文化与氛围的营建等。

目　录

第一章 导 论

一、研究背景

企业怎样才能健康地长足发展，以往学界和业界的注意力一直集中在领导者（Leader）和领导力（Leadership）上，面对与其相伴共生的追随者（Follower）和追随力（Followership）在企业发展中的重大作用却视而不见，这种英雄主宰成败的观念长期主导着人们对企业发展相关问题的认识与研究。正如 Meindl（1995）所指出："管理学和组织行为学已经被领导力的概念所支配，这个概念已被臆断为具有非凡的传奇色彩了"。这种过分夸大领导者个人作用的观点，是基于领导者在企业中处于核心地位，掌握组织的资源，履行着计划、组织、领导、协调和控制的职能，其决策正确与否，会对组织的发展产生举足轻重的作用，关联着企业成败的认识所形成。但人们却忽略了三个不可否定的客观事实：一是一个正确高效的领导力，并非单纯是领导者个人的智慧与意志，而是由其所率领团队的集体智慧和众多追随者有效的追随力共同构成。成功的领导者不过只是审时度势，及时顺应众多追随者的利益诉求，在一定时间、一定场合中发挥了关键性的领导作用而已（尹文嘉，2010）。二是一个优秀领导者的成长成熟，与其生活和工作的环境密不可分。成功的领导者善于在一定的社会与企业活动中，通过与追随者的互动，不断总结成功与失败的经验和教训以及群体智慧来丰富发展自我，优秀追随者的群体实践才是造就优秀领导者的沃土。三是任何一个领导者，由于个体的智力与体力、时间与空间毕竟有限，既不可能事必躬亲，也不可能对每位部属的思想与行为了如指掌并有效控制，而领导的每个决策都需要部属有效执行。企业的发展就如高楼的建设，既需要领导设计架构，又需要部属一砖一瓦砌垒。任何环节出了问题，高楼将会坍塌，因为"小人物"的工作细节同样决定着企业发展的成败（汪中求，2001）。由于领导者的个人作用被无限放大，而追随者和追随力的重要作用被人们所淡忘。因此，管理学家 Follett 早在 1933 年就发出呐喊："非常重要，但是受到很少关注的也就是追随者"（Bjugstad et al.，2006）。

随着知识与信息经济对传统工业经济的替代和经济的全球化，企业的发展环境发生了巨大变化：①激烈的市场竞争使企业的生存和未来的发展充满变数。②组织的扁平化使自上而下控制的管理模式成为阻碍企业发展的壁垒。③信息的网络化使领导者与部属信息不对称的距离越来越小，部属不再是被动、机械的执行者，他们在一线自我学习、自我领导、团队合作，灵活应对竞争变化和挑战的能动性、创造性直接影响企业成败的权重不断上升（Brown，1996）。④随着人类文明的进步和教育事业的大发展，企业员工的文化科技等综合素质不断提高。为了自我价值实现，富有时代理念和思想活力，抵制向下控制管理和不安于现状的一线员工越来越多。这些发展变化对企业的未来发展提出了严峻的挑战，于是，人们开始对领导主宰成败观质疑和追随歧视的重新反思，使对追随者的认识由消极被动向积极主动转变（Kelly，1988）。如今越来越重视追随力对企业发展的重要作用。DePree（1992）断言："领导者只有在追随者的认同下才能真正有所成就"。Kellerman（2008）也明确指出："追随者正在创造变革并改变着领导者"，"组织中最终产生影响的很可能不是老板（领导者），而是普通员工，追随者对领导者的重要性要大于领导者对追随者的重要性"。

追随力理论是在当代领导理论研究缺乏新意的背景下进入管理学前沿的（战伟萍，2010）。虽然目前还不成熟，但它凸显了追随力与领导力并重的管理观念；顺应了组织在动态发展环境中对上下级和谐互惠合作关系建设的需求；高扬了追随者灵活应对竞争变化与挑战的能动性、创造性；并以殊途同归的方式，用全新的理念——追随力诠释着领导力新的发展方向，所以它具有旺盛的生命力，将会对组织的发展发挥着越来越重要的作用。

二、预期目标

本书的预期目标主要有以下四个方面。

（一）认清追随力的本质

通过质化与量化的实证方法，探索和验证中国组织情境中追随力的内涵及结构维度。追随力是组织中基于上下级垂直对子人际关系的个体行为，是追随者对领导力和组织环境的能动反应，这种能动反应的效能又取决于追随者的特质。追随力是追随者哪些特质产生的行为，西方学者在这方面的研究很少。国内目前也未有研究者直接对追随力概念的内涵结构作实证分析。因此，本书的第一个预期目标就是从理论上澄清追随力的内涵与结构，帮助追随实践者和相关研究者更好地认识追随力的本质。

（二）追随力是组织发展最强劲的内部动力

学界与业界之所以重视追随力的研究，因为追随力会影响个体的态度、行为，进而影响个体绩效与组织绩效。追随者哪些特质与行为会影响其追随效能，是追随力理论研究和实践应用必须突破的问题。目前，国内外学术界还没有成熟的追随力测量量表，对追随力的认知还处在主观感性的层面。因此，建构具有较高信效度，对企业又富有可操作性的追随力测量工具，是本书预期要达到的第二个目标。

（三）追随力的影响因素识别

追随者在与领导力、组织环境相互作用的进程中，追随力的强弱必然会受到领导因素，如领导特质、行为风格等，以及组织环境因素，如人际关系、组织管理与评价制度、组织氛围、现场情境等的影响。其中，哪些因素是重要的影响因素，哪些因素会对追随力产生正向影响，哪些因素会产生负向影响。本书的第三个预期目标就是有选择性地考量相关领导变量和环境变量对自变量（追随力）的正负影响。

（四）追随力对领导力的作用机理

追随力对领导力和组织绩效具有积极的正向作用，这种正向作用在高权力距离、高关系导向和低信任度的中国组织情境中，是直接的主效应还是间接的主效应。如果是间接的主效应，那么它需要哪些中介与调节变量来传导和提升其主效应。目前国内外学术界还没有研究者揭开此黑箱。因此，探讨和验证中国组织情境中追随力对领导效能的作用机理是本书预期要达到的第四个目标，也是研究的重点与难点。

三、预期价值

预期本书具有三大价值：

（一）理论价值

主要体现在三个方面：①本书探讨追随力的内涵结构，不同领导风格、组织氛围对追随力的影响。实证分析追随力与领导效能的关系，研究领导—部属交换关系的中介作用，建构追随力作用领导效能的机理，对领导理论的新发展是一种贡献。②西方学者对追随力理论的研究主要是采用思辨质化方法，研究内容也很有限，还有很多尚未触及研究的空白地带。本书从西方学者的研究空白地带选题，并用实证方法检验研究结论，可以为丰富和发展当代追随力理论添砖加瓦。③由于国内学术界对追随力理论的研究还处在接受和传播国外研究成果的层面，本书立足中国组织情境研究追随力的内涵结构、测量、影响因素及对领导效能的作用机理，可以为构建具有中国特色的追随力理论做些基础工作。

（二）社会价值

主要体现在两个方面：①本书弘扬追随者这类“平凡人物”对组织发展的重要作用，是对“学而优则仕”传统观念的挑战。通过研究、传播、辐射和实践追随力理论，让更多的人认识追随者的价值与重要性，可以润物无声地转变人们歧视追随的观念，转变年青一代择业与职业发展的世俗理念。②弘扬追随也就是弘扬和谐的上下级互惠合作关系，弘扬同心同德进取，对提升领导者的凝聚力和追随者的向心力，对逐步形成弘扬追随的社会文化和组织文化，建设和谐社会主义社会具有推动作用。

（三）实践指导价值

主要反映在领导者和追随者两个界面上：①本书成果的传播、辐射，可以帮助企业领导者熟悉追随力理论的基本内涵，掌握追随力的本质特征、影响因素、测量方式和作用机理，开拓管理视觉。指导管理者改革管理方式，客观考核和合理任用优秀人才，有效激发部属的追随动机与动力，以赢得更多追随者和更有效的追随力，提高企业人力资源的核心竞争力。②推动企业追随者加深认识追随力对企业发展，对个人价值实现的重要意义。指导他们掌握追随力的构成要素，熟悉追随力对领导力和组织绩效的作用机理，以提高追随行为对领导活动的效能。

四、各章安排

本书共有八章，各章的内容安排如图 1－1 所示。

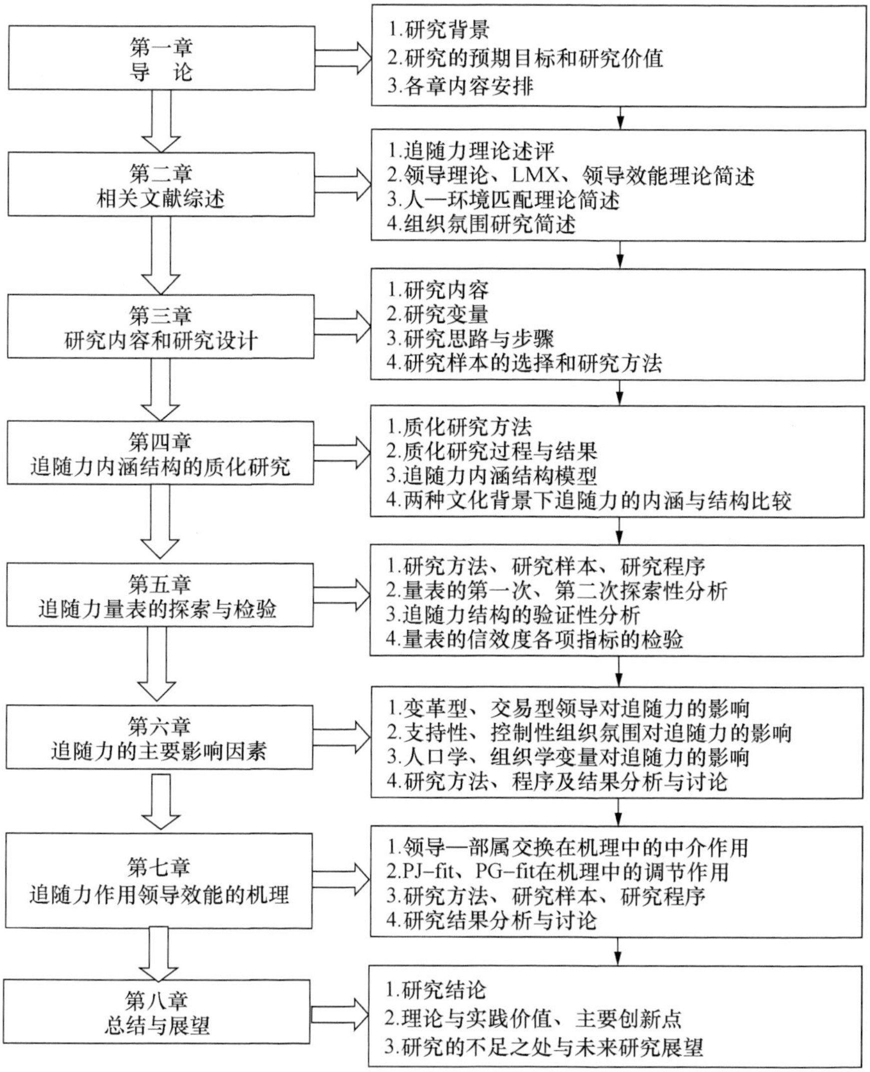
第一章
导　论
1.研究背景
2.研究的预期目标和研究价值
3.各章内容安排
第二章
相关文献综述
1.追随力理论述评
2.领导理论、LMX、领导效能理论简述
3.人—环境匹配理论简述
4.组织氛围研究简述
第三章
研究内容和研究设计
1.研究内容
2.研究变量
3.研究思路与步骤
4.研究样本的选择和研究方法
第四章
追随力内涵结构的质化研究
1.质化研究方法
2.质化研究过程与结果
3.追随力内涵结构模型
4.两种文化背景下追随力的内涵与结构比较
第五章
追随力量表的探索与检验
1.研究方法、研究样本、研究程序
2.量表的第一次、第二次探索性分析
3.追随力结构的验证性分析
4.量表的信效度各项指标的检验
第六章
追随力的主要影响因素
1.变革型、交易型领导对追随力的影响
2.支持性、控制性组织氛围对追随力的影响
3.人口学、组织学变量对追随力的影响
4.研究方法、程序及结果分析与讨论
第七章
追随力作用领导效能的机理
1.领导—部属交换在机理中的中介作用
2.PJ-fit、PG-fit在机理中的调节作用
3.研究方法、研究样本、研究程序
4.研究结果分析与讨论
第八章
总结与展望
1.研究结论
2.理论与实践价值、主要创新点
3.研究的不足之处与未来研究展望

图 1-1　总体研究结构

第二章　相关文献综述

一、追随力理论文献综述

（一）追随研究的缘起与发展

1. 追随歧视的反思

追随（Follow）是个体在群体活动中的一种很普遍和普通的行为方式，客观地与领导（Leader）同生共存于人类的社会生活与实践中。在大众的视觉中，领导者（Leader）和领导力（Leadership）一直得到青睐与重视，而追随者（Follower）和追随力（Followership）却一直被漠视。为什么在大众的视觉中会有如此大的反差？当代学界对这些问题进行了深刻的反思，其中最大的原因有二：一是受历史文化的影响。Alcorn（1992）指出："长期以来，由于文化的影响，形成了我们的思维定式和偏见，'做一个领导者而不是追随者'。在我们的社会中，追随者这个词语表述了一种不令人喜欢的形象。我们把追随者视为消极得像胆小鬼一样的人，他们是缺乏想象力和迟钝的，但是真的如此吗?"其他学者也有类似的认识："对于追随者这个术语有给人一种很不舒服的感觉"（Sevier，1999）。"我们生活在一个崇尚领导力而不喜欢追随力的社会，虽然追随力和领导力这两者是不可分的，我们不以追随力为荣，我们蔑视地称追随者为弱者"（Chaleff，2004）。我国几千年传统文化中占主流地位的儒家文化也一直弘扬着"学而优则仕"（《论语·子张篇》）的观念，推崇人们有了学识与才能就应该去求仕途，谋一官半职。只要当了官，有了权，才能做人上人，才能执政为民做大事，才算是有出息、有前途。这种传统观念在当今社会中仍然大有市场。

对追随歧视的另一个原因是人们一直认为领导力比追随力更重要。因为“领导是决定组织生存命运的关键角色，他将自己的价值观、意志传播给组织，并主导着企业发展的航程”（Hunt，2004）。“当企业追求做得更好时，很少讨论追随力……更多的注意力放在什么能使领导者成功上，这个组织就成功了。而这种观念忽视了领导者需要追随者的支持来实现他们目标的事实”（Meindl，1995）。

随着科技革命的兴起和信息化时代的到来，组织变得越来越开放，环境的动态性和不确定性使一线员工的重要性越来越突出，于是人们开始对追随者的地位进行反思，对追随者被动消极的认识也转为积极独立。同时，研究者逐步认识到“领导和追随实质上是事物的阴和阳，任何一方的缺席都会导致研究整体的缺陷，因而在探讨领导力的未来研究方向时要加强对追随行为的研究”（Bruce et al.，2009）。Chaleff（1995）在《有效追随力》中认为，追随者并不完全是“用魔法召唤的顺从、遵从、软弱和无法超越的形象”，接着他又指出：“我们越快地脱离这种形象，并逐渐习惯‘优秀的追随者支持优秀的领导者’的思想，那么我们就越能充分发展并检验那些描述我们组织中动态的、自我负责的、协作的关系模型”。因此，Kelley（1992）对追随者作出了他们是“具有才智的、勇气的、强烈道德及责任感行为的人”的高度评价。

对追随歧视的反思是从20世纪70年代开始的，到如今已有40余年。现在无论是学术界还是实业界，人们对追随者在组织中的地位和追随力对组织发展的重要作用的认识，都有一个较大的飞跃。反思奠定了当代学者对追随力理论研究的思想基础，也对追随力理论的发展产生了重大的推动作用。

2. 追随研究的缘起

追随研究缘起于领导理论研究，并伴随着领导理论的发展逐渐进入人们的视野中。早在20世纪30年代，领导特质理论（Trait Theory）的诞生，是为了探讨领导个人必备特质与其社会特性，其中领导者应该如何培养自己善于交际和合作以及提高获得众多支持的能力，就已把追随者作为诸多影响因素中的一个因素来加以考量。随后出现的领导行为理论（Behavior Theory），从关心工作和关心人两个维度来探讨领导者的行为类型。其中关心人维度就是强调领导者要与追随者建立良好的人际合作关系，要关心追随者的所思所求。虽然特质、行为理论是以领导者为中心，仅把追随者作为因变量来服务领导者的必备特质和行为研究，但却开始了对追随者的初始探讨。

20世纪70年代，Graen提出了领导—部属交换理论（Leader - Member eXchange，LMX），领导研究进一步将关注的对象从领导者本身扩展到被领导的组织成员身上。根据该理论的观点，由于领导所掌握的资源和时间有限，会将组织成员区分为圈内成员（In－group Member）与圈外成员（Out－group Member），圈内成员被视为“可信任的助手”，受到领导较多的信任与支持，以及得到更多与工作相关的资源与利益；而圈外成员则被视为“雇佣的帮手”，与领导的关系只能维持在组织的正常规则之内，很少能得到领导的特殊关照（Graen，1975）。领导—部属交换理论对圈内和圈外成员的划分，强调领导者只能与组织中少部分成员通过双向选择，建立相对特殊的交换关系。其圈内成员实质上就是组织中处在关键岗位的中、基层管理者，并没有包括广大员工群体中的积极追随者，因而其介入对追随者和追随力的研究是十分有限的。但该理论强调通过双向选择来建立领导者与追随者的互惠合作关系，以及对圈内追随者的重点探讨，却为当代追随力理论的研究提供了参考价值。以后陆续出现的权变领导（Contingency or Situational Theory）、魅力领导（Charismatic Leadership）、公仆领导（Servant Leadership）等新型领导理论，也都是从各自的角度来介入探讨追随者和追随力，并且都只是把追随者作为配角，被动起作用的意义纳入领导研究中，虽不能全面正确地揭示追随力的本质，但起到了拓宽追随力理论研究视觉的积极作用。

3. 追随研究的发展及特征

驱动追随研究发展的直接动力来自两个方面：一是领导理论的发展；二是组织发展环境的变化。领导理论经历了以特质理论、行为理论为代表的传统领导理论时期，以交易型领导、变革型领导、魅力型领导理论为代表的权变领导理论时期，现已进入一个更为宽泛层次的四因素领导理论（即命令型领导、交易型领导、变革型领导、授权型领导）研究的新时期（李燚、魏峰，2010）。对追随力研究的发展国外学者没有作述评，国内研究者原涛和凌文辁（2010）把追随力理论伴随领导理论发展的整个过程划分为：以领导为中心的领导理论对追随者的探讨、以追随者为中心的领导理论对追随力的研究和以追随力为中心的追随理论研究三个阶段。本书对原涛、凌文辁两位研究者的观点既认同又不认同，认同之处是因为追随力理论的研究确实经历了“对追随者的初步探讨—追随研究的相对发展—逐步自成体系”三个阶段，而且这三个阶段与领导理论研究的发展也是密不可分的；不认同之处是因为两位研究者的这种划分没有抓住追随力研究发展的本质。理由有四：其一，领导理论的研究始终是以领导力为中心，并不存在以追随者为中心的领导理论。无论是把追随者作为因变量还是自变量，都是服务领导有效性的研究，我们不能简单地以自变量来定位研究的中心。其二，领导力理论与追随力理论的本质都是研究领导者与追随者的关系，其观点都是伴随着组织中领导者与追随者关系的发展而推陈出新。我们不能仅从时间、视角等表象去认识追随力研究的发展历程，而应从领导者与追随者关系的变化中，才能找到和把握追随力理论研究的发展脉络。其三，追随力理论研究的发展并非完全依附于领导理论的发展，它有着自身的发展规律。因为它高扬了追随者灵活应对竞争变化与挑战的能动性和创造性，顺应了新时代组织发展的新形势、新要求、新特点，所以它具有旺盛的自我发展生命力。其四，从两位研究者的文章中，很难看出其划分的“以追随者为中心的领导理论对追随力的研究阶段”与“以追随力为中心的追随理论研究阶段”之间有什么根本性区别？领导者与追随者的关系有何变化？研究特征、主要研究观点有何变化等？本书倾向以领导者与追随者关系变化这根主线，将追随力理论研究的发展历程相对性区分为“初步探讨—相对发展—逐步自成体系”三个阶段。各阶段领导者与追随者在关系、研究特征、主要研究观点上的差异如表 2－1 所示。

（二）追随者、追随、追随力概念

追随者、追随、追随力是追随力理论的三个核心概念。能否准确解读这三个概念及相互关系，直接关联着追随力理论逻辑结构的严密性、内容的科学性以及实践操作的可行性。目前，国内外学者对这三个概念内涵解读的共识度不高。

1. 追随者概念

何谓追随者?《韦氏大学词典》中的释义是：追随者是服务于他人并追随他人的选择和教导的个体。而维基百科（2007）的释义是：追随者是为了组织、团队或者团队利益默许权利的个体。这是两种不同的释义，前者描述的是传统组织中被动下属的形象；后者则从团队视角，描述了追随者与组织和团队的关系。下属与追随者是什么关系，在国外学术界有两种不同的认识：一种认为两个概念可以作为同义词使用，如 Kellerman（2008）指出：追随者是与上级相比，拥有较少权力、权威、影响力的下属。另一种认为两个概念是根本不同的，如 Chaleff（1995）指出：追随者与下属不是同义词，追随者将自己的全部投入到组织愿景和战略目标中，包括追随者的身体、思维、灵魂和精神；而下属则是一种受制于上司的、机械的、肉体的投入。从以上两种词典与两位学者截然不同的解读中，可以看出研究者对追随者与下属两个概念的关系尚未厘清，在此有必要厘清。本书认为：正确认知追随者的前提是明确把握追随者与下属的相互关系。追随者与下属并非是两类不同行为的主体概念，而是同一主体的两个方面。下属是追随者的职位身份；追随者是下属的行为角色，两者统一在同一主体身上（不包含同层级人员间的相互追随，以及有时领导者对追随者的反追随）。这两个概念同时构建了被领导者与领导者的两种关系：一是基于组织职位分工不同所形成的上下级关系；二是基于双方目标、价值观、情感和诉求是否趋同而生成的人际关系。下属对接的是职位关系；追随者对接的是人际关系。职位关系不会随着下属的主观

表 2－1 追随力理论研究发展脉络

发展历程	上下级关系特征	追随研究特征	主要研究观点
初步探讨	1. 领导者与追随者是自上而下控制与被控制的从属关系 2. 领导对组织目标负责	1. 重点探讨领导者的有效特质、行为 2. 追随者作为因变量服务于领导有效性的研究 3. 没有探讨追随者特质对领导的能动反作用	1. 追随者是一群需要领导者教导、控制和改造的被动执行者 2. 领导者的特质、行为决定着组织发展的命运
相对发展	1. 基于契约的工作、情感交换的双向互动关系，本质是各取所需的等价利益 2. 领导者对组织目标起主导作用；追随者关注个人职业目标，与组织目标若即若离	1. 开始从权变视角多方面研究追随者特征对领导力的反作用 2. 领导—部属交换对圈内圈外部属的划分推动着追随力范式研究 3. 虽然仍是服务领导有效性研究，但对追随研究已转变为积极主动 4. 研究面较窄，深度有限，思辨性观点多	1. 认识到对领导一味采取自上而下的理解是不切实际的、错误的，而且是危险的 2. 追随者特征会对领导风格产生影响，选择何种领导风格需要考虑追随者因素 3. 领导的有效性在很大程度上取决于追随者的意愿
逐步自成体系	1. 基于共同目标的平等互惠合作的伙伴关系 2. 领导者与追随者共同对组织目标负责	1. 领导者与追随者如何基于共同目标有效互惠合作 2. 追随者建构领导的投入、机制与产出 3. 追随者在无层级组织中的作为 4. 以追随力为中心架构理论体系，使追随力理论得以正本清源发展，同时与领导、情境、心理、行为等理论研究相融合	1. 追随力与领导力并重 2. 领导及其结果都是由追随者建构的 3. 用领导者和追随者的相互影响来定义工作的关联，这种相互影响不是依靠领导者特质而是追随者特质 4. 追随者正在创造变革并改变着领导者

注：①Gilbert，G. R. & Albert，C. H. Followership and the Federal Worker［J］. Public Administration Review，1988，48（6）：962－968.

②Daft，R. L. 领导学原理与实践（第2版）［M］. 杨斌译. 北京：机械工业出版社，2005.

③Carsten，M. K.，Uhl－Bien，M.，West，B. J.，Patera，J. L. & Mcgregor，R. Exploring Social Constructions of Followership：A Qualitative Study［EB/OL］. From Southern Management Association Annual. Conference，Nashville，TN，2007. Retrieved June 20，2012 from http：//www. iit. edu/～ioob/files/presentations/Carsten，%20et%20al. %2 0Social %20Constructions%20of%20Followership_ Accepted%20Manuscript. pdf.

④Martin，R. Followership：The Natural Complement to Leadership［J］. FBI Law Enforcement Bulletin，2007（7）：8－11.

意志而改变，因而具有客观性、稳定性特征。人际关系则是由追随双方感受趋同意愿相吸所形成的一种主观关系。下属是否成为追随者，既需要领导者影响力的感召与凝聚，又需要下属对领导者积极的感知。只有领导者的影响力与下属的主观感知相互认同，下属才会主动成为积极追随者（许晟、曹元坤，2012）。又如在不同的动机与情境变量影响下，个人主观意志可以支配追随者向潜在追随者或潜在追随者向追随者角色转换，因而人际关系具有动态性、可塑性特征。学界区分认识追随者与下属，是出于研究领导者与被领导者的两种不同关系，以及人际关系导向下追随力对领导力反作用的需要。因此，把追随者与下属混为一谈或相对立的观念，极易误导人们对追随者和下属两个概念的正确认知与解读。

明确了追随者与下属的关系后，要准确解读追随者，还必须明确一个基本前提，即我们将要解读的是组织情境中的追随者，因为追随有多种形态。组织情境中的追随与社会情境中的追随有很大差异。组织情境中的追随是以领导者与追随者的人际互动关系为纽带，组织目标为导向，驱动追随力与领导力共生为主要特征。因此，组织情境中的追随者与其他图式中的追随者有着不同的行为特征。那么组织情境中的追随者一般具有哪些行为特征呢？本书通过整合众多西方学者研究追随者的文献观点，结合对本土企业中追随实践的多次追踪考察，证实企业中确实存在积极追随领导呈常态和消极接受领导呈常态的两类部属，其中积极追随领导呈常态的部属具有以下基本行为特征。

（1）追随者善于感知领导。他们在与领导的工作接触中，通过关注领导的情感起伏感知领导者的所思所求，并以合作者心态，协助领导者承担工作责任，帮助领导者解决处理问题（Carsten et al.，2007），主动达成与领导者的彼此融洽（Gardner et al.，2005）。

（2）追随者能够为所感知到的共同目标而努力（Stech，2002）。Kelley（1992）指出："有效的追随者超越自我效忠于组织和目标"，积极地参与组织活动，忠实地执行领导者指令，创造性地做好各项工作，积极履行组织公民义务，用行动证明他们是"具有才智的、独立的、勇气的、强烈道德及责任感行为的人"。

（3）积极自下而上地对领导者施以影响。他们通过及时向领导者反馈真实的信息；提供自己的建设性意见；支持领导者正确决策；加强与领导者的信息、情感沟通来影响领导者（David Cavell & Vicki Rast，2007），体现了"追随者在追求组织利益和价值过程中的合作者、参与者、共同领导者、共同拥护者"的重要地位和作用（Dixon & Westbrook，2003）。而消极接受领导的部属很少体现这些行为特征，或这些特征很不明显。

基于追随者角色这三个内在共性，因此，本书对追随者作如下定义：追随者是指在领导力的影响下，主动履行与组织目标相关的责任与义务，积极自下而上对领导者施以潜在影响的行为个体（曹元坤、许晟，2013）。

2. “追随”概念

追随是组织中个体很普遍和普通的一种行为方式，它在我国《现代汉语辞海》中仅解释为“跟随”。参照《韦氏大学词典》中追随作为人行为的解释，可以理解为指接受权威指导指令而行动的行为。这里要指出的是：追随与追捧是两个截然不同的概念，追捧是基于对偶像人物地位权力、人格威信或成就影响力的崇拜而产生的；而追随是基于双向互动产生的，这类追随一般以人际情感为纽带，组织目标为导向，具有提升领导力和工作绩效的功能。根据对国外学者的大量文献观点整理，追随主要有下列特征：

（1）追随是追随者与领导者共享同一目标的行为。人的行为是有目的和目标的，追随者为什么追随领导者？Kellerman（2008）在其《追随力》一书中首先分析指出：“追随者之所以追随领导，甚至追随糟糕的领导者，主要是基于个体利益和群体利益考虑”。虽然 Collinson（2006）采用后结构主义分析，得出五种不同类型的追随动机，其核心还是人的利益诉求。实现个人利益诉求的路径主要有两条：一是把个人诉求与组织目标相统一，依托领导职能和组织发展来实现自己的利益诉求；二是把个人诉求高置组织目标之上，只凭庸俗的人际技巧讨好领导者个人而无视组织发展来满足私欲。前者“与领导者共享同一目标，相信组织能够成功，相信组织和领导都会成功”（Chaleff，1995）；后者则是只图个人索取利益的投机行为和逢迎行为。因此，保持动机与组织目标的一致性，以理性动机为出发点，实现组织目标为落脚点是追随的一个重要特征。

（2）追随是追随者以领导者工作为中心的行为。Carsten 等（2007）从追随者的行为职责方面指出：“追随行为是针对领导者而言的”，“是帮助领导者承担责任的行为；是与领导者沟通的行为；是协助领导者解决处理问题的行为”。由此可见，追随是追随者以领导者工作为中心的行为。以领导者工作为中心进行追随，并非说追随者不需要做好本职位工作，只充当领导者的门客、幕僚，而是指要以本职工作为依托“支持领导者决策，贯彻执行领导者指令”（Cavell & Rast，2007），并通过岗位工作把领导的决策指令转化为实际工作业绩，如果剥离岗位工作去抽象地谈如何支持与挑战领导者的工作，那只能是纸上谈兵。

（3）追随是追随者的一种能动选择性行为。具体表现在以下三个方面：①归属类别选择的能动性。在中国文化背景下，追随者对组织忠诚主要是通过对领导者个人的追随来体现。由于领导者的性格、观念、诉求不尽相同，追随者只会选择其中与自己有着“同向的利益诉求、共同的自我概念、相似的主观感知”（Padillan et al.，2007）的领导者追随，因为选择一个好的领导者追随会比没有追随领导者或追随一个不好的领导者能得到更多的信息和资源（Vugt et al.，2004）。②对应行为的能动性。对领导者的决策、指令和行为，追随者不会机械地、盲目地认同与执行，他们会根据是否有利于实现组织目标来选择对应行为（Stech，2002）。如对领导者的正确决策、指令，追随者会选择忠实贯彻执行；对领导者的失误决策、指令，追随者会选择适当场合和方式进行沟通和挑战；对领导者的破坏性行为，追随者会选择坚决抵制或勇敢离开（Chaleff，1995）。③灵活创新的能动性。在充满变数的工作环境中，为了有效贯彻领导者的正确意图，“好的追随者有熟练辨别变化和时机的能力”（Goffee & Jones，2006），他们不会等待着接受指示，而会积极能动地创新工作路径、方法来灵活应对各种挑战。因此，以能动选择为切入点来支持和挑战领导者工作是追随的又一个基本特征。

（4）追随是一种人际导向的互动行为。Stech（2002）指出，追随是追随者“自愿或无意识地对领导者影响力的接受，从而愿意为所感知到的共同目标而努力”的过程。可见，领导者的影响力是诱发追随的直接因素。Jehn 和 Bezrukova（2003）也指出，追随是一种人员导向的行为，这种行为建立了领导者和追随者之间的关系，从而为领导和追随者锁定一个共同目标提供了环境。人际导向、共同目标、双向互动构成了传统组织中所无法具有的领导者和追随者平等互惠的合作关系。Sevier（1999）把这种关系比喻成婚姻关系，“领导者和追随者就像丈夫和妻子”，“有一些给予和舍弃，必须相互尊重和信任，同时他们必须有一个共同的方向”。

Fairfield（2007）分析了领导者与追随者的互动为组织做出的贡献。“对于领导和追随者的关系也是同样的。好的领导者积极向追随者寻求意见和反馈，好的追随者努力提供积极的反馈意见给领导。结果是追随者提高了重要性，领导提升了有效性，组织中的每一个人都受益”。Johnston 认为，领导者与追随者的互动是“不断地自我评价和对他人的评价，听从他人和学习他人，从而获得比原有更多的知识，最后共同有效地起作用”（曹元坤等，2008）。学者的论述明确告诉我们，和谐的人际互动关系是追随的支撑，缺失这个支撑，追随者就会困惑、迷惘而失去追随动力，甚至放弃追随而消沉；领导者也会因失去追随者的认同与支持而难有作为。

根据以上四大特征，追随者的追随心理与行为过程正如图 2－1 所示。因此，本书对“追随”概念作如下界定：追随是追随者在领导力的影响下，以组织目标为导向，能动地对领导力和组织情境作出反应的行为方式与过程（许晟、曹元坤，2012）。

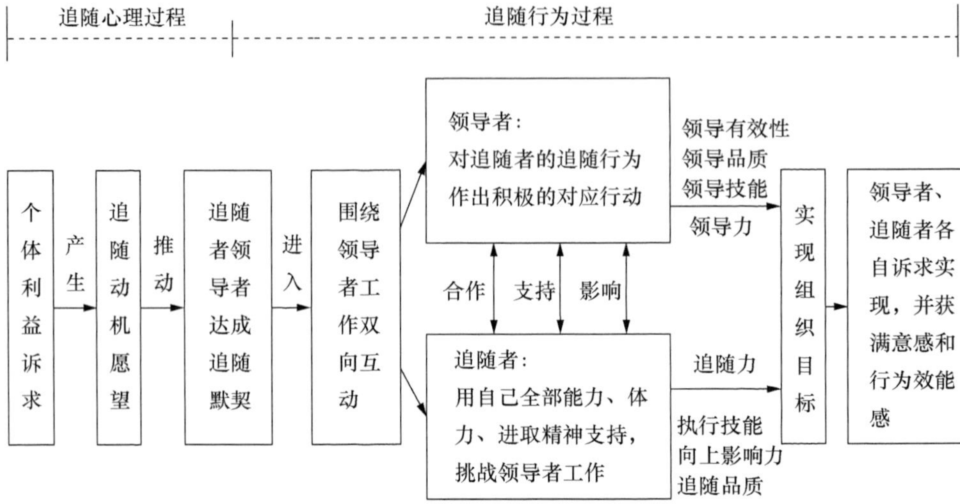

图2-1 追随心理与行为过程

3. 追随力概念述评

目前，国内比较流行国外学者的追随力定义主要有四种，其中 Kellerman（2008）从关系学角度对追随力进行定义，指上下级之间的关系以及下属对上级的行为反应。Chaleff（1995）从行为的精神角度对追随力进行定义，指追随者承担责任的勇气，服务的勇气，挑战的勇气，变革的勇气和离开的勇气。Bjugstad 等学者（2006）从能力观进行追随力定义，指有效执行领导者指令，支持领导者工作的能力，其目标是达到组织目标的最大化。Jehn 和 Bezrukova（2003）则从行为和关系的综合角度对追随力进行定义，指一种人员导向的行为，这种行为建立了领导者和追随者之间的关系，从而为领导者和追随者锁定一个共同目标提供了环境。国内研究者原涛和凌文辁（2010）从追随者的特质角度把追随力定义为，追随者在追随领导者的过程中，表现出来的追随特质，包括工作能力、工作态度、个人品德和人际技能等方面。

从上述定义可以看出，研究者都是从各自的研究视角来解读追随力。本书认为：Kellerman（2008）的关系学定义并没有明晰追随者与领导者是何种关系与何种反应。Jehn 和 Bezrukova（2003）从行为学和关系学对追随行为的性质、追随双方关系与共同目标建立的论述，则是针对“追随”概念阐述的。“追随”和“追随力”是两个不同的概念，由于中西文化存在差异，我们很容易把学者对追随的论述作为追随力的定义来理解。Chaleff（1995）从行为的精神角度把追随力表述为五点勇气，勇气属于精神层面的品质，它是追随者的精神力量。虽然勇气可嘉，但它只是影响追随力效能水平的变量，我们不能把变量作为追随力的内涵来解读。Bjugstad 等（2006）从能力角度和国内研究者原涛等（2010）从追随特质角度来界定追随力，这两种单向视角的解读都很难揭示追随力概念的本质内涵。国内学者曹元坤（2010）指出，追随力是追随者与领导力、组织环境相互作用的函数。西方学者 Depree（1992）也曾阐述了类似的观点，追随的效率取决于追随者在工作中与领导者、与工作情境的交互水平。两位学者的观点启示我们：追随力既是追随者与领导力和工作情境相互作用的特质，也是相互作用的行为。本书认同两位学者的观点，并同时认为，这种相互作用是承载在追随者认知与价值选择的心理活动、一定情境的行为演绎活动和人际交互活动中。追随者在追随领导者的不同活动中，发挥作用的特质和表现的行为是不同的。可见，追随力是追随者与领导力、工作情境相互作用应具备的多维特质与行为。因此，本书对追随力概念的认知是：追随力是追随者追随领导者工作，与领导力和工作情境能动交互的多维特质与行为（许晟、曹元坤，2012）。

关于追随力概念的内涵结构，到目前为止，还未发现国内外学术界有相关的实证研究成果公开发表。唯有 Kelley（1992）、Dixon 和 Westbrook（2003）、Kellerman（2008）的议论性观点，他们认为：追随力是多种追随能力的组合，这些能力包括工作悟性、主动思考能力、积极参与能力、影响同事的能力、目标共享及达成能力、与领导建立信任的能力、风险承担能力、适应能力等，但他们没有对这些维度做实证探索与检验。

4. 三概念的相互关系

追随者、追随、追随力概念是架构追随力理论的三根支柱。其中追随者是履行支持和挑战领导者工作的职责，为实现组织目标和自我价值积极进取的行为主体。追随是追随者与领导者互动的心理与行为过程；是对领导者施以自下而上潜在影响的行为方式；是追随双方互惠合作的一种人际关系和基于这种人际关系的工作状态；也是承载、释放追随力的行为载体与外在表现。追随力并非一种关系、一种状态、一个过程，也非一种行为方式，而是追随者在一定目标导向下，支配自身的态度、情感、能力等特质；在与领导力、组织环境的相互作用中，产生的作用于领导力和组织绩效的行为能量，是追随行为的内在价值。追随与追随力是形式与内容的关系。追随者与追随、追随力是行为主体、行为方式和过程、行为价值的辩证因果关系。

（三）追随者的追随动机

1. 追随动机的产生

心理与行为学理论告诉人们，人的行为是受动机支配的。动机是人的心理因素与外部环境因素相互作用产生的内部需求。在组织中，为什么有的组织成员会主动追随领导者，而有些成员却不会呢？因为个体间的素质结构是有差异的，不同个体的心理因素在与外部环境的相互作用中会产生不同的主观感知，以及不同的利益诉求。领导者和追随者并非一种天然生成关系，只有领导者的影响力与追随者的主观感知相互认同，追随者的追随动机才会被激活。因此，学者们较普遍地认同，追随动机的产生在很大程度上来源于领导者与追随者的和谐人际关系。Ehrhart 和 Klein（2001）在考察下级对上级的偏爱中发现了"相似相吸"的现象，当追随者与领导者有着共同的自我概念、情感附着时，更容易产生追随（Padillan et al.，2007）。社会协调理论则认为，人是群居动物，个体在群体里更容易保存下去（Vugt et al.，2008）。追随作为人类交互的一种行为方式，很容易被人们所认同和接受。社会心理学则从追随者的心理需要角度探究追随动机产生的根源，Fromm 认为，自由带来的选择和不确定性令人感到无助，人们总希望有权威给予他们命令和指示，由此产生了领导和追随（刘林海，2007）。进化心理学也认为，追随者在一个优秀的领导者的领导下，得到的资源要比没有领导者或跟随一个不好的领导者得到的资源更多（Vugt，2006；Vugt et al.，2008）。由此可见，人际关系、人的生存与发展的需求是催生追随动机的两大根本因素，也是不同个体在不同时期，其心理因素与外部环境因素、人际因素相互作用中之所以会产生不同的主观感知与利益诉求的根本所在。

2. 追随动机的类型

追随者追随领导者，一般会出于哪些动机呢？Collinson（2006）采用后结构主义分析，得出了五种类型的追随动机：对领导者在社会上的正式职位的尊崇而产生的追随；为了达到个体的某种目的而产生的追随；向上级或领导者寻求安全庇护而产生的追随；由于害怕混乱，需要由上级提供秩序保障而产生的追随；通过认同有魅力的、强大的领导以提升自信自尊而产生的追随。虽然这是五种不同类型的追随动机，但都体现着人的利益诉求，只是人的诉求在不同时期不同环境中有着不同的需要而已。所以 Kellerman（2008）在其《追随力：追随者们如何创造变革并改变着领导者》一书中首先一针见血地指出："追随者之所以追随领导，甚至追随糟糕的领导者，主要是基于个体利益和群体利益考虑"。

3. 积极追随动力的激活

动力和动机是孪生兄弟，动机是动力的目标，动力是动机的引擎。有时动机直接产生动力，有时动机需要动力激活。动机来源于个体的需求，动力来源于个体对需求的愿望水平，这种愿望的高低取决于个体心理与外部环境的相互作用水平。其中价值观是追随动力激活的深层因素，并对追随行为起主导作用。Hanges

等指出，价值观念有助于决定追随者偏爱哪种类型的领导者，追随者的价值观念和个性能影响他们自己的效能和工作氛围。Gardner 等（2005）认为：“当追随者和领导者彼此融洽时，他们就会共事得更好，而一致的价值观念会达成共同性。当领导者把他们的价值观、认同、情感和目标有效复制给他们的追随者时，产生真正追随力的可能性就增加了”。Grean（2000）曾就追随者工作动力的激活提出了三个前提条件：一是追随者对他们所被期待完成的工作有自信心；二是领导者对于最后的结果或绩效必须给予追随者足够的信任；三是追随者对他们的最后结果感到满意。学者们的这些相关论述告诉我们：共同的价值观，相互信任，对工作目标具有自信心，对追随结果感到满意是追随者持续追随动机被激活的基本条件。

（四）追随者的主要分类

由于每个人的先天潜质、后天受教育程度、生活环境、价值取向、生活方式的不同，形成了各人不同的素质结构，表现在追随方面也是形形色色和复杂多变。为了有效识别各种追随者的基本行为特征，学者们主要通过对追随者的行为常态分类的方法来进行认识与评价。由于学者们的研究角度不同，因而分类标准和结果也各异。下面介绍几种主要的分类方式：

1. Zaleznik 的下属类型

早在 20 世纪 70 年代，Zaleznik（1965）从控制和行为水平两个维度对下属进行划分。第一个维度控制有两种行为倾向：支配（控制）和顺从（被控制）。第二个维度是行为水平，即个体行为是积极主动或消极被动。两个维度将下属分成四种类型：冲动型、强迫型、受虐型和退缩型，如图 2－2 所示。

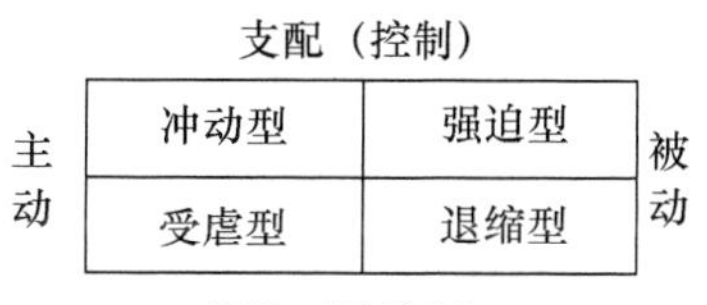

图 2－2 Zaleznik 的下属分类

冲动型下属（Impulsive Subordinates）具有反叛精神，喜欢挑战权威，具有一定的创造性，有时候会通过影响和控制势态力图成为领导者。强迫型下属（Compulsive Subordinates）也喜欢挑战权威但相对消极，他们为自己的控制欲与篡权想法怀有负罪感。受虐型下属（Masochistic Subordinates）主动寻求权威人物的控制，服从他们的决定，宁愿在被控制的痛苦中进行追随和工作。退缩型下属（Withdrawn Subordinates）不关心其领导者，甚至认为世界是混乱而不可接受的，因此缺乏信任、兴趣和参与精神。

2. Kelley 的追随者类型

Kelley（1992）从思维和行为两个维度把追随者的追随风格分为五种类型，即落落不群的追随者、被动追随者、墨守成规者、有效追随者、实用主义生存者，如图 2－3 所示。

图 2－3　Kelley 的追随者类型

落落不群的追随者（Alienated Followers）是有主见的批判型思考者，他们虽然有能力，但是过分注重组织和别人的缺点，发现问题后又不会参与解决问题，也不愿对任何领导者有承诺。被动追随者（Passive Followers）完全听从领导者的安排，不批判、不承担责任，他们需要领导者全程监督和指导才能完成工作任务。墨守成规者（Conformist Followers）积极参与组织活动，但不会运用批判性思维处理问题，他们遵从命令，无视工作变化。有效追随者（Effective Followers）善于运用独立、批判性思维思考问题，同时也是积极主动的参与者。他们勇于承担责任、自我管理，会对组织提供建设性意见，并不畏权威。实用主义生存者（Pragmatist Followers）具有一定的独立性和参与度，但他们会见风使舵、恪守现状，以减少风险性。Kelley 通过大量的采访调查，分析结果是：有效追随者在组织中占 0%～35%；实用主义生存者占 25%～35%；墨守成规者占 15%～25%；被动追随者占 20%～30%；落落不群者占 5%～10%。

3. Chaleff 的追随者类型

Chaleff（1995）从支持领导者程度视角，将追随者分为执行者（Implementers）、合伙者（Partners）、个人主义者（Individualists）和盲从者（Resources）四种类型。执行者遵从组织和领导者的指令，完成自己的工作任务，组织中的大部分追随者属于这种类型。合伙者认为自己在组织中与领导者是平等的，只是存在着分工的不同，他们虽然尊重领导者的职位，但不盲从，能在领导者需要智力支持时给出自己的建设性意见。个人主义者以自己的利益为准则，无视组织的发展，做自己想做的事而不管他人的利益和意愿。盲从者缺乏独立思考，对领导者言听计从，不折不扣地执行，但缺乏创造精神。Chaleff 认为，优秀的追随者是富有勇气的，勇气是追随者的一个重要特质。同时，他还认为领导者和追随者是相互依存的，并且可以角色互换。

4. Kellerman 的追随者类型

Kellerman（2008）根据追随者参与组织活动的水平，把追随者分为五种类型，即孤立者（Isolates）、旁观者（Bystanders）、参与者（Participants）、积极分子（Activists）、死党（Diehards）。孤立者对领导者和组织毫无关心，低下头来做自己的本分工作，很少与他人互动，这类人常见于大公司。旁观者是组织中的游离分子，对组织事务随声附和，没有自己的建议和看法。参与者关心组织发展，试图对组织发挥一些自己的影响，赞同领导者时会表示支持的热情，不赞同时也会提出自己的看法。积极分子是组织中很有责任感的成员，他们一般都与领导者保持着密切关系，乐于参与组织活动，并善于独立思考，对组织能够提供自己的建设性意见以及履行组织公民义务。死党则是一旦认定什么目标，就会不顾一切并为之奉献一切。

5. 其他有关追随者的分类

除上述四种分类方法外，还有一些学者分别从不同角度用不同方法对追随者进行分类。Carsten 等人（2007）按照参与水平将追随者分为被动追随者（Passive Followers）、积极追随者（Active Followers）和主动追随者（Proactive Followers）三类。Shamir 和 Howell（1999）将追随者分为以获得报酬为主的工具导向型（Instrumentally Oriented）和以实现自我价值为主的印象导向型（Expressively Oriented）。Pittman 等（1998）从追随者的绩效主动和关系主动两个维度，把关系和绩效都高的追随者称为伙伴（Partner）；绩效高关系低的追随者称为贡献者（Contributor）；关系高绩效低的追随者称为政客（Politician）；而关系和绩效都低的追随者称为下属（Subordinate）。Steger 等（1982）根据追随者的自我提升意愿和自我保护意愿，把追随者分为游戏者（Game Player）、目标完成者（Achiever）、敢死队员（Kamikaze）、官僚主义者（Bureaucrat）、超级追随者（Super follower）、艺术家（Artist）、冷漠者（Apathetic）、顽固者（Donkey）、异常者（Deviant）九种类型。

在追随者研究中，许多学者在社会交换理论、归因理论和小群体理论基础上，对积极的追随者角色进行了探索，提出了与传统追随模式不同的追随模式（Baker，2007），如表 2－2 所示。

表 2-2 积极的追随模式

提出者	追随者特征
Kelley（1988）	有效追随者（Effective Followers）：自我管理能力，追求更高的目标，自我成长，增强自己的优势，冒险精神
Chaleff（1995）	勇敢的追随者（Courageous Followers）：承担责任的勇气，服务的勇气，挑战的勇气，参与变革的勇气，采取道德行为（离开）的勇气
Banutu（2004）	模范追随者（Exemplary Followers）：独立、批判性思维，敢于提出和接受建设性意见，创造性思维和革新意识，积极参与决策
Carsten 等（2007）	主动追随者（Proactive Followers）：承担责任，反对盲从，敢对领导的决策提出异议，按自己认为最好的方式解决问题，行为更像领导者
Martin（2007）	有效的追随者（Effective Followers）：智慧，独立思考，自力更生，可靠

6. 西方学者在追随者分类中存在的问题

前面已简单介绍了西方学者 8 种不同的追随者分类方法与分类结果。为了推动追随力理论的健康发展，笔者对西方学者的追随者分类方式有一些不同的观点，本着百花齐放、百家争鸣之原则，在本书中予以陈述，与众多追随力理论研究者共同商讨。

广阅目前国外学者已公开发表的追随力研究文献，尽管不同的文献用不同的词汇表述，但都对追随者作出了高度弘扬的积极定义与评价。但在分类时，又都对追随者的定位低调，即把所有下属都认定为追随者（包括疏离者、抵制者、破坏者等），只是类型不同而已。使积极的、具有追随行为特征的与消极的、缺失追随行为特征的两类截然不同质的下属都进入追随者行列。这种积极定义与消极定位的不对称，不仅导致了追随力理论逻辑紊乱，使追随者给人留下的不是积极正面的形象，而是一种多面目而又性质模糊的形象，有违追随力理论弘扬追随者和追随力之初衷。同时也会影响人们歧视追随传统观念的变革，影响弘扬追随的组织文化和氛围营建。

Kellerman（2008）在论述领导者与追随者二元关系时指出：领导者为了满足自己的行为动机，只有求助潜在追随者，一旦追随者作出回应，就建立了一种共生关系，将领导者与追随者联系在了一起。这段论述明确告诉我们两点：一是追随者有追随者和潜在追随者之分；二是潜在追随者只有对领导力作出积极回应才转化为追随者，同时形成领导力与追随力的共生关系。因此，本书倾向把追随者角色定位在具有追随领导者工作基本行为特征的积极类下属层面上。并根据这一定位，将下属区分为追随者和潜在追随者，并分别分类，如××型追随者、××型潜在追随者。这样定位和分类最少有六个方面的积极意义，如有利于保持众多学者对追随者的积极定义、评价与分类在逻辑上的统一性；有利于保持追随者在组织中积极正面的形象；有利于推动人们歧视追随传统观念的转变；有利于弘扬追随组织文化和氛围的营建；有利于深化和细化追随力理论的研究；有利于提高追随力理论对组织管理实践的指导与实用价值等。

（五）追随者的基本特质

在组织中，各种类型的追随者与各种形态的追随图式（图式 = 情境 + 行为方式）同时并存，这种差异正是不同追随者特质结构差异的外在显现。追随者应该具备哪些关键特质才能产生积极高效的追随力，国外学者做了大量研究与实证，目前获得普遍认同的追随者特质主要是：正直忠诚、积极进取（Lundin，1990），主动、灵活（Alcorn，1992），积极参与、独立思考（Kelley，1992），富有挑战勇气（Chaleff，1995）。正直是追随者敢于说真话，坚持实事求是原则的品质；忠诚是追随者与领导者保持同心同德，视组织目标为最高利益的行为准则。正直与忠诚也是追随者与领导者建立和维护密切合作关系的人际技能的灵魂。积极进取是追随者为了组织目标和自我价值实现所具有的一往无前的精神。Lundin（1990）认为："追随者应该是正直的，这种正直既需要对组织忠诚，也要愿意根据他们的信念去积极进取"。Bennis 认为："如何成为好的追随者，其重要的特质就是愿意说出事实，在日渐复杂的世界中，领导者越来越依赖于他们的下属去搜集好的信息。无论领导者是否愿意听取，说出事实的追随者和愿意去听的领导者是无与伦比的结合"（曹元坤等，2008）。Meilinger（1994）在《10 个好的追随力准则》中指出："不要因为一个不受欢迎的决策或政策责难你的上司，你的工作就是支持领导而不是暗中破坏。如果同事问你是否同意一个特殊的决策，你的反馈应该是'这是一个不相关的问题'，上司已经做了决策，并且我们将要执行此决策。这也是一个好下属被期望的事情，忠诚应该从上到下地贯穿于指挥链"。

主动参与是追随者富有强烈责任感、使命感，并按"相信组织和领导都会成功"（Chaleff，1995）的信念去行动的行为品质。灵活是追随者"有技巧的和足够能动性去适应变化的环境"（Lundin & Laneasler，1990）的技能。Alcorn（1992）指出："主动去做他们认为对的事情是追随者工作的一部分"。可是在现实生活中，人们为了避免风险，"不动"总是比"动"的风险少，所以追随者不愿意主动去做一些不确定的事情。"总希望别人提供给他们可行的工作方案"（Meilinger，1994）。如果追随者不主动参与，领导者就会成为一个"微型管理者（面面俱到、事无巨细的管理者）"。由于"预算顾客期望、供应商关系……是引起管理变化的因素，从而需要组织更多的调整"，所以"追随者的灵活性是适应环境变化的重要能力”（Alcorn，1992）。那么“追随者应该是多面手，好的追随者有熟练辨别变化和时机的能力”（Goffee & Jones，2006）就十分重要。

善于独立思考是追随者充分发挥主观能动性，创造性完成“具有一定程度上的模糊性和不确定性”（Meilinger，1994）工作的智慧和能力。Meilinger 在《10个好的追随力准则》中指出：“我们都相信自己是足够聪明和成熟，而不用别人的指导去完成工作”，“追随者事事想从领导者那里得到所有的答案是天真的，这样做领导是不会喜欢的”。积极追随者要善于独立思考去寻求问题答案，而不是等待领导者的明确指示。

富有挑战勇气是追随者应该具有的担当精神，追随并非一种不假思索的跟进，优秀的追随者应该有自己的是非标准和判断能力。“当感觉到领导的行为或政策是错误时，追随者应该敢于发言，挺身而出，在适当的时候为了检验领导和组织的行为，他们应该冒着被拒绝的风险发起冲突”（Chaleff，2003）。Meilinger 在《10 个好的追随力准则》中也指出：“有必要的话可以为反对领导而战，但是要在私下里避免尴尬的情况下，并且不要透露给其他追随者”。同时指出，追随者向领导者提出异议时要注意方法和策略，“记住要在私下里和老板说”。因此，敢于坚持真理，向错误挑战是积极追随者的重要品质。

（六）追随者与领导者的关系

追随是一种以人际关系为纽带的社会个体互动行为。那么领导者与追随者应该建立什么样的关系才能更有效互动并为组织作出更大贡献。学者们对此作出了大量研究，其经历了家长与孩子的关系、老师与学生的关系、夫妻关系的认识渐进过程。

Hollander（1992）认为：“传统中对于领导者和追随者之间关系的观点，是追随者在领导组织严密的指导下，他们之间的关系是一个封闭的系统。一般的观点中，起初认为领导和追随者是家长与小孩的关系，追随者相对来说是无知的，被认为是无法做出选择的”。“领导自己可能对于这种在封闭系统中的关系感到很舒服，但是这种观点在很多模式下有时是不可行的”。Croket（1981）指出：“追随者应该自我管理”。但他们却没有明确提出领导者和追随者之间究竟应该是什么样的关系。

Fairfield（2007）通过观察美军长官与士兵的关系，从而把领导者与追随者的关系描述为老师和学生的关系。他分析老师与学生互动为教学工作所作的贡献，“教师鼓励课堂讨论，引导出学生的观点。同样，好的学生通过提供自己的想法和讨论的视角为课堂做贡献，其结果是学生获得了尊重，老师也得到了提高，整个课堂都受益”。他用同样的道理分析了领导者与追随者的互动为组织做出的贡献。“对于领导者和追随者的关系也是同样的，好的领导者积极地向追随者寻求意见和反馈；好的追随者努力提供积极的反馈意见给领导者，结果是追随者提高了重要性，领导有效性提高了，组织中的每一个人都受益”。Martin（2007）从两者关系影响的关联方面指出：“用领导和追随者的相互影响来定义工作的关联，这种相互影响不是依靠领导的特质而是追随者的特质”。同时他还提醒人们，任何认为“领导者和追随者是分开的个体”的想法是危险的。Blackshear 特别指出：“追随力是追随者和领导者之间的一种关系，是相互依赖的关系而不是从属关系”（曹元坤等，2008）。Sevier（1999）特别指出：在任何领导者与追随者的相关研究中，领导者和追随者的相互影响是最重要的。

Sevier（1999）把领导者和追随者之间的关系比喻成婚姻关系，“领导者和追随者就像丈夫和妻子”，“有一些给予和舍弃，必须相互尊重和信任，同时他们必须有一个共同的方向”。Johnston 用“Peopleship”来表达领导和追随者的关系，同时指出，领导和他们的追随者的成功源自相似的品质，不断地自我评价和对他人的评价，听从他人和学习他人，从而获得比自己更多的知识，最后共同有效地起作用。Sevier 用夫妻关系来比作领导者与追随者之间的关系，这比前面家长与孩子、教师与学生的关系，更突出领导者与追随者的平等地位，反映了追随者和领导者对于组织发展的作用是同样大。

Froggatt 曾对 7500 人进行了一项为期三年的调查，发现领导者和追随者关系相互平等、尊重和信任的公司，三年中平均给股东以 108% 的回报；相反，领导与追随者之间缺乏信任、尊重的公司三年的平均回报率只有 66%。

这里需要单独指出的是，西方学者没有用社会交换理论来注解领导者与追随者的追随关系，而是用父子、师生、夫妻关系来比喻领导者与追随者的互惠互动。这并不表明领导者与追随者的互动关系不存在社会交换的性质。Sevier（1999）有一段论述，领导者与追随者之间“有一些给予和舍弃，必须相互尊重和信任，同时他们必须有一个共同的方向”。其中的相互给予和舍弃，说明领导者与追随者之间存在着社会交换。因而有些研究者认为领导者与追随者的追随关系实质就是交换。本书却认为：领导者与追随者的关系是功利取向、情感取向和目标信念共存的综合，既有社会交换的性质成分，又不完全局限在社会交换中，还有超越社会交换，基于共同目标和信念的成分。如革命战争年代，无数革命先烈追随革命领袖，并不存在任何利益交换，完全是出于共同的革命理想和信念。又如在当代组织中，部属的许多自觉自愿的组织公民行为、利他行为，并非出于交换目的，而是基于共同的组织目标、道德与正义责任感。因此，我们不能用任何偏颇的观念去看待领导者与追随者的关系。本书倾向中国组织中领导者和追随者的互动关系应定位在以共同的目标和理想信念为导向，相互平等、信任、互惠和合作的基础上。

（七）追随者的行为职责

一个好的追随者应该用什么行为去为组织做出更大贡献，国外学者进行了深入的研究和探讨。Carsten（2007）从追随者的行为职责方面指出："追随行为是针对领导者而言的，与那些占据'追随者'职位的人不同，这些行为与他们自己的工作或同事间如何互动无关，而只与领导者有关"。同时指出：追随行为"是帮助领导者承担责任的行为；是与领导者有效沟通的行为；是协助领导者解决处理问题的行为"。Cavell（2007）指出："支持领导者决策、贯彻执行领导者指令"是追随者最根本的职能。Chaleff（1995）也认为支持领导者的工作，与领导者有效沟通和挑战领导者的错误是追随者的重要追随职责。同时他还提醒和告诫人们："追随者在支持他们的领导时，应该了解到领导对他们有什么期望。与领导积极参加讨论能够提高效率，追随者应该大胆地提供客观的反馈"。Sevier（1999）则更进一步阐明，好的追随者能够提高领导者决策水平，"在做出重要决策之前，着重强调交谈的必要；为决策制定一个实际的时间期限；拒绝与同事参与批评领导；与领导保持沟通渠道畅通；提醒领导在下属中花费时间；谨记于心，决策如何传达与决策本身一样重要"。Musselwhite（2006）认为追随者支持领导能够使你的上司和组织更加成功，"当你主动去支持你的领导，你会赢得领导的信任，从而获得进一步进入领导内心世界的机会，反过来使你自己更加明智更有价值"。"不要因为一个不受欢迎的决策或政策责怪你的领导，你的工作就是支持，而不是暗中破坏。如果同事问你是否同意一个特殊的决策，你的反馈应该是这是一个不相关的问题，上级已经做出了决策，并且我们将要执行此决策。这也就是一个好的追随者被期望的事情，忠诚应该自上而下地贯穿于指挥链"（Meilinger，1994）。

作为一个优秀的追随者，在支持领导决策，贯彻执行领导指令的同时，也要敢于坚持实事求是，坚持真理和修正错误。因为领导者是人不是神，也会有犯错误或失误的时候。为了保证组织目标的实现，追随者在尊重和服从领导者的同时，也应当克服一切盲目性，要对自己的所作所为负责。Chaleff（2003）指出："当感觉到领导的行为或者决策是错误的时候，追随者应该敢于发言，挺身而出，在适合的时候为了检验领导和组织的行为，他们应该冒着被拒绝的风险发起冲突"。Eddie Buchanan（2007）也认为"有必要的时候向上级挑战并与上司分享自己的观点，即使这些观点有可能看作是有争议的"。"追随者的责任就是抵制盲目服从和明白什么时候不要支持一个失败的领导"（Goffee & Jones，2006）。Meilinger（1994）在《10个好的追随力准则》中也提出："有必要的话可以为反对领导而战，但是要在私下里避免尴尬的情况下，并且不要透露给其他的追随者”。他反复强调，追随者向领导提出异议的时候要注意场合、方法和策略，“记住要在私下与老板说”。

从上述学者对追随者行为职责的论述中，我们可以明晰地看出，追随是追随者围绕着领导活动而履行的行为。当然，并非说追随者不需要做好本职工作，只充当领导者的幕僚。强调追随者要支持领导者的工作、忠诚执行领导者决策和指令，就是强调追随者要立足本位工作，以实现组织目标为己任。Stech（2002）则把组织目标和追随者个体价值联系在一起论述追随者的行为职责：“追随是追随者和领导者共同围绕组织目标而努力实现自身价值的行为”。因此，以岗位工作为载体，支持和挑战领导者的工作，实现组织目标和实现自我人生价值，三者便构成了完整的追随者追随行为的职责链。这也是有效追随者的行为模式。

（八）追随力的影响因素

追随力是人的能动反应，必然会受到诸多因素的影响和制约。究竟哪些因素会对追随力产生较大影响，国内外学者做了许多初步探讨和实证。证实个体内隐因素、组织外围因素都会影响追随力的效能。

1. 个体内隐因素对追随力的影响

个体内隐因素主要指个体的性格、知识量、能力水平、人生态度、价值观念以及追随动机等内在心理因素。这些因素在与外部环境、人际的相互作用中，会直接影响着追随者的追随意愿、追随方式选择和追随力强度，并形成不同个体间的差异。人的性格有内向型与外向型之分。内向型性格的人趋于稳定、保守；而外向型性格的人大多开朗、乐于与人交往、沟通，易与领导达成“共同的自我概念、相似的主观感知和同向的利益诉求”（Padillan et al.，2007），因而更易产生积极的追随意愿。知识量、能力水平是追随者自信心的基础，同时也制约着追随者的需求愿望水平。“只有充满自信心的追随者才会产生积极追随的愿望；而缺失自信心的下属则甘愿沉沦为被动的、消极的执行者”（Grean，2000）。知识量越大，能力越强的人自信心也就越强，其追随力也就越强。Hanges 等指出，价值观念有助于决定追随者偏爱哪种类型的领导者，追随者的人生态度、价值观念影响着他们自己的选择和工作的效能。不同的人生态度、价值观念会导向个体对领导者产生不同的主观感知，进而影响他们作出不同的追随行为选择，如或支持领导者工作，以实现组织目标为己任；或与领导者保持等价交换的关系；或主动去逢迎上司等。动机是由目标或对象引导、激发和维持个体行为的一种心理活动过程（彭冉龄，2004），它具有激活、指向和维持功能。个体的需求、兴趣和情感是影响追随者内在追随动机的重要方面（原涛、凌文辁，2010）。许多研究表明：员工的内在动机是导发追随的直接动力，理性的追随意愿越强烈，其内在动力就越大；反之，动机愿望微弱，则其追随动力也微弱。如果缺失理性的追随动机，虽然其愿望强烈，但却随时会因困难或阻力而瓦解。

2. 组织外围因素对追随力的影响

组织外围因素主要指领导风格、组织特征等。组织特征又主要指组织的管理运行机制、评价机制、组织文化、组织氛围等。这些外围因素会影响不同类型追随者的主观感知，对组织和领导的期望，对领导类型的认同等直接制约着追随的心理建构。当代领导理论的发展，揭示了组织中多种领导风格的基本特征。许多研究者分别对不同领导风格与员工追随力的匹配进行了实证研究。国内研究者原涛和凌文辁（2010）认为：不同的领导风格会对员工追随力有影响。Rosenau（2004）指出，在独裁式领导下，追随者多是被迫追随，形成了一种脆弱的上下级关系。Avoilo 等（2009）指出，分享领导方式下团队成员之间互惠互利，能提高组织水平的产出。Miller（2007）研究认为，魅力型领导在组织内建立一种英雄角色，这种领导风格不会激励追随者的绩效提升，但变革型领导鼓励全员参与，通过授权和共享的目标，能开发追随者的潜能。

组织的管理运行机制、评价机制是领导力的一种特定表现形式，这些制度规范是否科学合理、是否公平公正，都直接关联着员工对组织和领导的感受与认同，进而影响着追随者的意愿与追随力效能。组织文化是组织员工的共同心声，只有充分代表着广大员工的共同利益与愿景，才能产生凝聚、激励员工工作积极性、创造性的强大精神动力。因此，创造、发展和传播企业文化都会对员工追随力有着积极的影响。Higgins（2000，2002）分别在其关于调节匹配理论中指出："当人们用适合于自己的调节方式活动时，不仅让他们觉得自己在做正确的事情，而且能提高他们对活动本身的评价，他们会认为活动更有意义、有价值，更重要"。"追随者会根据领导风格、组织规范、人际环境等来调节自己的行为方式，对领导活动作出不同的反应"（Benjamin & Flynn，2006）。人生活在一定的社会环境中，不同的物质环境、人际环境都会给人的心理打下深深的烙印，正是这些烙印的积淀，建构了人的心理认知和评价结构，并导向着追随者的追随态度和行为。

3. 领导者与追随者的人际关系对追随力的影响

追随本身就是一种基于领导者与追随者人际关系的行为。因而这种关系是影响员工追随力的最大因素，也是诸多影响因素中起主导作用的因素。关系是一个人际社会化的概念。潘汎汎（2009）在总结前人对关系的研究基础上，将关系界定为"人与人之间为了获取社会资源，基于血缘、地缘或社会交往而形成的一种情感契约"。他认为关系的内涵主要有以下几个要点：①关系是一种非正式、二元人际间的情感与利益的联系与结盟。②关系存在的基础是双方间持续的互惠互利行为，该行为不仅受到制度约束，而更多的是双方的隐性心理契约的约束。③关系存在的目的更多的是工具性。许多研究者把追随者与领导者的人际关系视为追随力提升领导有效性，提升工作绩效的中介变量来进行研究，探讨追随行为是如何伴随追随者与领导者合作关系的建立而产生，又如何随着这种关系的中止、破裂而瓦解。

（1）领导者与追随者的人际关系会对追随者的追随动机、愿望水平产生直接影响。正如 Gardner 等（2005）指出："当追随者与领导者彼此融洽时，他们就会共事得更好，而一致的价值观会达成共同性，当领导者把他们的价值观、认同、情感和目标有效复制给他们的追随者时，产生真正追随力的可能性就增加了"。这种关系越密切、越默契，追随者的追随愿望水平就越高，追随力也就越强；反之，追随者只会消极地、被动地跟随，甚至放弃跟随而随波逐流。领导者也会因为失去追随者的积极认同、支持而难有作为。

（2）领导者与追随者的人际关系会直接影响领导效能。领导活动是由领导力和追随力共同构建的，两者缺一便无法构建领导活动，其实质就是一种充斥关系的人际活动。Kellerman（2008）指出："领导力不只是领导者一个人的动机，也需要与追随者的动机相结合。在追随者向领导者反馈时，才会产生领导力与追随力的共生关系"。Howell（2005）也指出："领导者的决策、指挥在很大程度上依赖于追随者的态度、意愿与工作反馈"。领导者与追随者的人际关系在影响领导活动效能的同时，也会直接影响着员工的工作态度与工作效能。Green（2000）讨论了追随者有高度工作积极性的三个必备条件：首先，追随者必须要有做好这件工作的自信心；其次，需要领导者的信任，并把结果和绩效联系在一起；最后，追随者要对他们得到的结果感到满意。这三个必备条件中蕴含了两对交易关系，即领导者的信任支持与追随者主观努力的关系；领导者对结果的评价、回报与追随者对结果回报满意的关系。这两对关系的前提是领导者与追随者的人际关系，缺失这个前提，就很难形成和谐的交易关系。

（3）领导者自上而下对追随者施以影响，以及追随者自下而上对领导者施以影响，这种相互影响主要是以和谐的人际关系为中介。因为在中国上下级高权力距离、高关系导向和低信任度的文化背景下，友好的人际关系既体现着双方利益诉求的一致性，又体现着情事交融、情理交融的影响艺术，远比上司简单的、强制的行政命令，远比追随者直白的反馈、建议更有感染力和说服力，更能创造相互影响效能。同时，双方的很多相互影响并非一蹴而就，而是在友好的互动中潜移默化接受的。如果缺失人际关系这一中介，无论是领导者还是追随者，其影响对方的效率将会大大降低，甚至不会产生影响效率。

（九）追随力的测量

对追随力的测量，国外仅有少数学者做了一些初步的探讨，而且是服务于自身某个方面的研究需求。如有的是用于测量追随者的类型；有的是通过测量来确定追随者喜欢哪些领导类型；有的用于考量领导有效性；还有的用于测量追随的有效性对工作绩效的关系，所以截至目前尚未有一个能够得到较多学者认可的成熟量表。最早进行追随力测量研究的学者是 Gilbert 等，他们通过 13 年（1973 ~ 1986）对 200 余家企业管理者的调查，从 939 名高中层管理者的调查反馈资料中，提取了反映有效追随力特征的 67 个条目，因素分析显示这 67 个条目可以较好地承载：与上司良好的伙伴关系（Partnership with the Supervisor）、对工作的承诺度（Commitment to the Job）、技术胜任力（Technical Competence）、幽默感（Sense of Humor）、可靠性（Dependability）、与同事的良好关系（Positive working Relations）、发表意见（Tendency to Speak Up）、适当的言行举止（Proper Comportment）8 个维度来解释追随有效性。通过研究发现，在这 8 个维度得分较高的员工，上司对他们的绩效评价，以及在实际工作中的劳动效率也会高于其他员工（王项，2010）。Gilbert 于 1988 年编制了追随有效性的测量问卷（Followership Effectiveness Assessment，FEA），这个问卷是从上司角度来研究下属的追随行为，属于领导理论研究的一部分。

Kelley（1992）从积极参与和主动思考两个维度建构了追随问卷，主要是用于对追随者进行分类。该问卷从自我管理（Self – management）、承诺度（Commitment）、胜任力（Competence）、关注贡献（Focused Contributions）、可靠性（Credibility）、勇气意识（Courageous Conscience）6 个方面设立了 20 个李克特式（Likert）7 点自陈项目来对这两个维度进行测量。Kelley 本人没有对自己建构的问卷做实证性分析，但是后来有研究者将这份问卷用于他们的研究中测量追随概念。Miller 对 LPC（The Least Preferred Co – worker）进行修订，得到了 LPL（The Least Preferred Leader）问卷，用来测量追随者的行为动机是出于任务导向还是关系导向，其目的也是确定有效的领导类型（Miller et al.，2004）。Dixon 和 Westbrook（2003）采用 TFP（The Followership Profile）对 Chaleff 提出的五种勇气行为进行测量，其目的是证明组织所有层级中都存在着追随行为（原涛、凌文辁，2010）。

虽然目前国内外学术界还未有直接测量追随力的成熟量表，但 Gilbert 和 Albert（1988）提出的“追随效能要具体图式具体考量，主要应从追随力对领导力产生的作用价值方面加以测量和评价”的观点，却为我们有效测量追随力效能指明了操作方向。

（十）西方对追随力理论研究的不足

从已公开发表的相关研究文献中可以看出，西方学者对追随力理论的研究存在以下不足。

第一，只注重观点的突破创新，而忽视整个理论体系的健全和完备，这也是西方文化创新的一个通症（徐行言，2005）。目前，西方学者 Kelley（1992）、Chaleff（1995）、Johnston（1999）、Stech（2002）、Dixon 和 Westbrook（2003）、Jehn 和 Bezrukova（2003）、Bjugstad（2006）、Carsten（2007）、Padillan 和 Kaiser（2007）、Fairfield（2007）、Kellerman（2008）等在追随歧视反思、追随动机、追随者分类、追随者特质、追随者行为特征、追随者和领导者关系等方面做了大量研究，产生了颇为丰硕的成果。Kelley（1988，1992）、Baker（2007）、Dixon（2003）、Bjugstad（2006）等学者在追随力的影响因素，追随力的测量、领导力对不同图式追随力的匹配、追随力与工作绩效等方面做了一些初步探讨。但在追随力的内涵结构研究、追随力对领导力的作用机理研究、追随力对不同风格的领导力匹配研究等方面尚未发现有公开发表的成果。对追随力的测量也没有一个成熟的量表。因此，可以说西方学者对追随力的研究还是非常有限的，许多重要的研究内容仍处于空白，同时也说明西方追随力理论的体系还是残缺的。

第二，研究方法主要为思辨性质化研究，实证研究成果较少，许多研究结论并没有得到实证数据的检验和支持，因而争议很大。

第三，虽然学术上提倡百花齐放、百家争鸣，但一种理论的核心概念却是支架整个理论体系的骨络。西方学者对追随者、追随力等核心概念的解读都是从各自的研究视角出发，不仅具有片面性，而且彼此分歧很大。同时还有一些重要的概念关系没有厘清，如追随者与下属的关系、追随者与潜在追随者的关系等，这就在一定程度上影响着追随力理论逻辑结构的严密性、内容的科学性和实践操作的可行性，同时也阻碍着追随力理论研究的深化。

（十一）国内对追随力的相关研究简述

追随作为一种行为方式，早已渗透在人类的生活中。我国传统文化对这种行为方式，突出在以伦理道德为基础的忠诚与人际关系两方面进行解读。确立了以“三纲五常”为核心的忠诚与人际关系的行为规范，并以仁、义、礼、智、信“五常”来约束个体为人处世的行为。在这两个方面，中国儒家文化可谓硕果累累，而相对领导者和领导力来研究追随者与追随力，则是近几年才开始起步的。

目前，国内公开发表的研究追随力的文章非常少，截至 2012 年 6 月，相关研究文献尚未超过 50 篇。这些研究文献可以分为三种类型：一是综述国外追随力理论研究成果及展望，如曹元坤、黄晓波、谭娟（2008）；原涛、凌文辁（2010）等。二是从领导力角度把追随者特征作为因变量来服务于领导力某个方面的研究，如李秀娟、魏峰（2006）；丁琳、席酉民（2007）；刘军、吴隆增、林雨（2009）；李宁琪、李树（2010）等。三是将下属特征作为自变量来考量对领导特征的影响，如盛宇华、潘勤（2001）；刘军、富萍萍、张海娜（2008）等。在这三类成果中，间接性研究追随力的成果多，直接研究的成果少；借鉴国外研究成果多，基于本土国情研究少；思辨性成果多而实证性成果少。因此可以说，国内学界对追随力理论的研究还处在接受和传播国外成果的层面。

随着追随力理论研究的不断深入，下一阶段的研究方式将会从质化研究转向实证为主的量化研究。研究内容将会向以追随力为中心来探讨领导者与追随者的关系，重点探讨追随力的影响因素、追随力与领导力的匹配、追随力对领导力和组织绩效的作用机理，及构建具有较高信效度的追随力测量工具和创建追随组织文化等更高层次发展，使追随力理论更加科学严谨、更具有实践指导和应用价值。

二、相关领导理论综述

领导理论（Leadership Theory）是研究领导力（Leadership）和领导有效性（Leadership Effectiveness）的理论，它一直是组织管理学领域的研究主旋律。探讨影响领导力提升的各种因素，聚焦如何才能提高领导活动的有效性是领导理论研究的核心。领导者是领导力的主体和领导活动的主导者。本书中的领导者是指广义上的领导者，即相对不同层次的部属起着直接领导作用的行为主体，既包括组织中的高层领导者，也包括中、低层领导者。目前，领导理论有数十种之多，领导理论的观点形形色色，研究领导力的文献也浩如烟海。本书的主题是追随力对领导效能的作用机理研究。因此，本书不对各种领导理论作全面回顾，而只选择与本研究密切相关的领导理论、领导效能理论进行评述。

（一）变革型领导理论简述

1. 变革型领导的内涵

很多学者将20世纪80年代中期视为是领导理论研究的分水岭，在此之前的研究被称为“传统领导理论”，此后的研究被称为“新理论研究”，两者最主要的区别就是变革型领导范式的出现（李燚、魏峰，2010）。变革型领导一词是由

Downton（1973）在《反叛领导》一书中率先提出来的。Burns（1978）在其《领导》一书中予以概念化。但变革型领导理论的形成，是以 Bass（1985）的《领导与超越期望的绩效》一书公开发表为标志。

什么是变革型领导？截至目前，定义有 20 余种。Burns（1978）指出，变革型领导是领导者通过较高的理念与道德价值，激发、鼓舞部属的动机，使部属能全力投入工作，进而提升部属成为领导者，而领导者则成为推动改革的原动力，它是领导者和部属之间相互提升到较高需要层次及动机的过程。Bass（1985）通过大量研究后指出：变革型领导通过让员工意识到所承担任务的重要意义，激发部属的高层次需要，建立相互信任的氛围，促使下属为组织利益牺牲自己的利益，并大大超过原期望的结果。变革型领导改变或转换员工的需求和思维方式，构建企业愿景，并就此与员工沟通，接受部属反馈和建议时鼓励他们开发自己的能力，以促进组织创新与变革（Avolio et al.，1999）。

Burns（1978）是以 Maslow 的需要层次理论来界定变革型领导概念。他认为，变革型领导重视提升部属的内在动机，希望将部属的需要层次提升到自我实现的境界，跨越仅局限于利益的交换，从而超越原来的工作期望，使部属能由"平凡自我"（Everyday Selves）提升到"更佳自我"（Better Selves）的层次（吴治国，2008）。

对变革型领导的后续研究，已经不再局限于把领导看成是控制、协调的管理过程和技巧的运用，它更注重领导哲学的提升和领导理念的创新。变革型领导是出于构建与下属之间更高水平的激励和道德去建立某种联系，而不是仅仅出于传统的工具性交换。

2. 变革型领导的操作定义与测量

Bass（1985）、Bass 和 Avolio（1996）通过实证研究后，阐述了变革型领导概念的理论结构及操作性定义。他们把变革型领导的结构划分为四个维度：

领导魅力（Charisma or Idealized Influence）——领导者具有自信、高层次理想、强烈道德要求和崇高的使命感、信念、意志等充满魅力的个性特征。

感召力（Inspirational Motivation）——领导者通过乐观地描绘蓝图，展望未来，建立充满诱导的目标与部属进行有效沟通，让人相信目标、愿景是可以实现的等方式感召和凝聚追随者。

智能激发（Intellectual Stimulation）——领导者通过设置具有挑战性的目标，最大效能地开发部属的思维力和创造力，让其为自己找到解决难题的路径与方法，提升部属的问题分析能力和逻辑思维能力。

个性化关怀（Individual Consideration）——领导者允许部属畅所欲言，关注和支持部属的个性化需求，鼓励他们充分发展和自我价值实现，从而提高部属的组织承诺和工作满意度。通过纳入智力激发和个性化关怀两个维度，变革型领导的概念超越了魅力型领导和交易型领导的概念。

国内研究者李超平、时勘（2005）在综合国外研究成果的基础上，运用实证方法，得出了在中国文化背景下变革型领导的四个维度，即德行垂范、领导魅力、愿景激励、个性化关怀。与 Bass 研究的四维度相比，两者都有领导魅力、愿景激励和个性化关怀维度。不同之处是李超平、时勘的研究得到了德行垂范这个具有本土特色的维度，而且个性化关怀维度比 Bass 的个性化关怀维度的内涵更为宽泛，不仅关怀部属个人的需求，而且关怀部属家人的需求。

对变革型领导的测量，国内外学者进行了较多的实证研究，建构了具有一定信效度的测量工具。Bass（1985）等学者根据变革型领导的四维度，编制了 Multifactor Leadership Questionnaire（MLQ）问卷。此量表是区分有效与无效领导者的工具，容易操作，能跨文化、跨组织类型和领导力水平应用，其效度和信度都得到了部分实证研究的检验。国内研究者孟慧（2005）运用实证方式检验 Bass 的变革型领导结构，结果显示，虽然中西文化存在很大差异，而变革型领导的理论框架在中国文化背景下基本适用。但对 MLQ 量表的结构效度，很多学者都颇有争论与质疑。

李超平和时勘（2003）编制了一份变革型领导问卷（Transformational Leadership Questionnaire，TLQ），通过内部一致性分析、项目分析、探索性、验证性因素分析，对问卷的信度、区分效度与构想效度进行了检验，实证分析结果表明 TLQ 具有较好的信效度，但还需进行不同区域、不同行业和不同性质企业多样本的验证。

3. 变革型领导与追随力的关系

变革型领导是一种关注部属高层次需求，激发部属满足自身高层次需求动机的领导风格。变革型领导通过领导魅力、德行垂范、愿景激励和个性化关怀影响部属的动机、情感、进取精神、理想信念、激发智力、支持自我价值实现，促使部属创造高水平绩效。人在现实社会中，既有低层次的物质与安全等需求，也有受人尊重、理想和自我价值实现的高层次精神需求。变革型领导正是通过满足部属高层次需求来影响其追随力。在许多领导风格与员工行为的对应研究中，学者们多方面探讨了变革型领导对部属态度、行为和绩效的影响。孟慧（2005）在一项变革型领导的研究中指出：领导者的自律性展示出高标准的伦理观念与道德操行，使下属敬佩、尊重、信任并认同他们，进而赢得下属更强的责任感和更好的工作绩效。Locke 和 Lathame 认为：变革型领导能使部属正确理解他们的目标，并支持和帮助部属实现目标（祝芳芳、宋合义、毛娜，2008）。Dvir 等（2002）通过纵向实证发现：变革型领导与部属的自我实现需要、组织价值观内化程度、集体主义倾向、任务参与度、独立思考方式、自我效能感等呈正相关。李超平、时勘（2005）研究发现，领导魅力和愿景激励对部属的额外努力和创新行为，对领导的满意度和领导效能有正向影响；个性化关怀对部属的组织公民行为影响显著。Ronald 和 Piccold（2004）的研究也发现，变革型领导对部属的工作绩效具有正向的预测作用。吴志明、武欣（2006）的研究表明：变革型领导对团队成员的组织公民行为具有显著影响；关系导向的变革型领导对组织公民行为的影响更为显著；领导—部属交换在变革型领导和团队成员组织公民行为之间起部分中介作用；变革型领导对知识工作团队的成员心理与行为能够产生积极预测作用。从诸多研究者的相关研究中可以看出，变革型领导对部属的追随力具有正向影响。

（二）交易型领导理论简述

1. 交易型领导的内涵

与变革型领导一起被 Burns（1978）提出来的概念还有交易型领导。他认为领导是一个连续体，一端是变革型领导，另一端是交易型领导。并对交易型领导作出如下释义：交易型领导是领导者与部属通过磋商达到互惠的过程，领导者与部属在最大利益和最小损失的原则下来达成共同的目标。交易型领导理论的形成，也是以 Bass（1985）《领导与超越期望的绩效》一书的发表为标志。与 Burns 不同，Bass 把变革型和交易型领导模式看成是互补的结构而非两极结构，他认为两种风格都与期望目标的达成有关系而将两者合而为一。这种观点认为一个管理者可能既是变革型又是交易型，如果领导者与部属之间的关系缺乏交易型领导力，那么变革型领导力也可能变得无效（李燚、魏峰，2010）。Bass 对交易型领导所作出的定义是：交易型领导是领导者澄清员工的工作角色，以使员工有方向感，了解并满足员工的需求，以促使其努力工作。

Bass 的交易型领导理论是基于领导—部属交换理论（Leader - Member eXchange Theory，LMX）和路径目标理论（Path - Goal Theory）的发展而来的。他通过对政治领导者的研究，比较了交易型和变革型领导行为，认为“交易型领导通过奖励与部属进行工作交换，来鼓励部属，这与激发下属实现自我价值的目标是不一样的，是一种短期的交换结果，是基于经济的、政治的，以及心理的价值互换”（陈文晶、时勘，2007）。Bass 把交易型领导看作是在既存的系统和文化下发挥作用的人，这种人乐于回避风险，更加注重时间和效能的限制，更多控制过程而非内容本身。交易型领导是一种以履行约定义务为基础的相互交易过程，其典型的表现是设置目标、监控和控制产出。这种领导类型与公正的领导—部属交换关系是一致的，即当部属的绩效达到基本期望后，领导者才会以交换方式满足其需求。Yammarino 和 Dubinsky 指出，交易型领导重视领导者与部属的交换关系，这种交换的性质可分为明确的或低品质的、比较不明确的或高品质的。前者主要是有形的物质交换，如员工目标达成则薪酬增加；后者是领导与部属的无形物质交换，如忠诚、情感和信任（陈文晶、时勘，2007）。

2. 交易型领导的操作定义与测量

Bass（1985）、Bass 和 Avolio（1996）在实证研究的基础上，明晰了交易型领导的结构及操作定义，他们把交易型领导的结构划分为权变式报酬和例外管理两个维度。

（1）权变式报酬（Contingent Reward），指以明晰部属的角色和任务要求为中心，根据部属对约定责任的完成情况来给予物质或精神鼓励的领导方式。

（2）例外管理（Management by Exception）可分为积极例外管理和消极例外管理。

1）积极例外管理，指领导者在问题发生前，积极监控绩效避免出错的管理行为。

2）消极例外管理，指部属违反要求的行为或错误发生后，领导者才出面进行干预的管理行为。

目前，国内外学者对交易型的结构维度，以及操作性定义没有提出新的研究观点。

关于交易型领导的测量，Bass 和 Avolio（1996）等在编制“多要素领导风格问卷”（MLQ）中，已把交易型领导的测量列入该问卷中，测量问项主要根据权变性报酬和积极与消极例外管理而设制。此外，国内外学者极少单独编制和检验交易型领导量表。对交易型领导的研究，大多是与变革型领导紧密联系在一起进行，因为交易型和变革型领导是两个互补的结构。

台湾学者黄品全在编修变革型领导测量工具时，同时编制了交易型领导量表，包括权宜奖赏和权宜处罚。权宜奖赏乃对优异的表现给予适时适切的奖赏；权宜处罚乃对偏离、不佳的表现给予适时适切的批评或处罚。由于黄品全的研究是以台湾餐饮业为样本，因此其编订的测量工具在中国文化背景下具有一定程度的适用性或可借鉴性（吴治国，2008）。

3. 交易型领导与追随力的关系

交易型领导是一种基于组织资源，明确向部属承诺完成什么目标，就能得到什么奖赏，以及指导部属如何去获得奖赏，在部属达成目标后，又如期兑现奖赏的领导方式。这种领导风格关注的是部属相对较低层次的物质与精神需要，以换取部属的贡献，也是一种即时性的交易。由于人的生存首先是物质生活与安全的需要，因此，交易型领导在组织管理实践中，对部属的工作态度、行为和绩效还是有积极影响的。国内研究者李秀娟、魏峰（2006）在一项交易型领导行为的研究中，运用实证方法探讨了交易型领导对员工绩效的影响。实证结果显示：权变性奖励对部属绩效的正向影响显著；对员工的额外努力、满意度和组织承诺有正向影响，但不显著。

（三）领导—部属交换理论简述

1. 领导—部属交换理论的内涵

领导—部属交换（Leader - Member eXchange，LMX）是在 VDL 理论基础上引申出来的一种新型领导理论。Graen 和 Cashman（1975）指出，在任何一个组织中，各层级的领导和其部属之间都存在着非正式的、比较稳定的社会交换过程。这个社会交换过程主要是通过垂直对子联结（Vertical Dyad Linkage）的模式表现出来，即领导和部属之间形成的是垂直的、一对一的、互惠式的对应关系。领导—部属交换理论则强调领导与部属间的双向选择与互动水平决定着上下级交换关系的质量。该理论的主要观点是：由于时间、精力、环境和组织资源等所限，领导者在工作中要区分不同的部属，采用不同的管理风格，并与不同的部属建立不同类型的交换关系。其中领导会与部属中的一部分人建立相对特殊的关系，这些部属便成为“圈内成员”（In - group），他们会得到领导更多的信任、关照和享有特权，如工作自主性、授权和更高的报酬与更多的升职机会等。而其他部属则被视为“圈外成员”（Out - group），很少能得到授权、奖励和升职机会，他们与领导的关系只能局限在组织规则的范围内（任孝鹏、王辉，2005）。由于存在“圈内”、“圈外”之分，因此领导与部属交换关系出现两种类型：一是领导与“圈外”部属基于正式契约所形成的低质量 LMX 关系；二是领导与“圈内”部属通过相互信任、相互吸引、相互支持的交互方式建构的高质量 LMX 关系。LMX 关系的形成是一个随着时间纵向发展的过程，Grean（1995）把这个过程区分为四个阶段：一是工作的社会化和纵向关系中上下级之间的差异性发展，这一阶段的结果是形成“圈内”与“圈外”之分。二是在工作情境中 LMX 交换质量的改进，促进部分“圈外成员”向“圈内成员”转化，并建立与结果变量之间的联系。三是双方共同构建基于伙伴关系的工作生活远景。四是 LMX 从单纯的二元关系上升至团队水平，形成了团队—成员交换关系（Team - Member eXchange，TMX）。LMX 理论比较系统地研究了上下级之间的动态关系，而且独特地采用了上下级之间的成对关系作为分析的焦点，并强调领导—部属之间关系建设与发展的重要性，以及这种关系对态度、行为和工作绩效的影响，为在研究中找到了上下级关系影响领导效能和组织绩效的实证依据（杜红、王重鸣，2002）。

2. 领导—部属交换理论的结构与测量

关于 LMX 的结构，国外学者有多种不同的观点。Graen 等学者（1975，

1995）认为：如果领导与其部属的交换关系仅限在工作有关的方面，那么领导—部属交换应该是单维的，是对领导和部属工作关系好坏的整体反映。角色理论认为：角色是多维度的，因而领导与部属的交换很难仅限在工作情景中。Dienesch和Liden（1986）认为：LMX有三个维度，即情感（Affect）、忠诚（Loyalty）和贡献（Contribution）。Liden和Maslyn（1998）根据关键事件访谈法，在三维基础上，又增加了专业尊敬（Professional Respect）第四个维度。他们对这四个维度给出了如下定义：

情感——领导与部属双方建立起来的，主要是基于个人相互吸引而非工作或专业知识方面的彼此间的情感体验。

忠诚——领导与部属中的一方对另一方的目标和个人品质的认同与公开表示支持。

贡献——领导与部属关系中双方对共同目标所付出努力的数量、方向和质量等方面的知觉。

专业尊敬——领导与部属关系中双方对彼此所拥有的在工作领域中的声誉的知觉程度。

任孝鹏、王辉（2005）通过实证研究发现，这四个维度之间的相关都在中等程度，表明LMX的四个维度在理论上是可以区分的。除四维结构外，Graen和Uhl-Bien（1995）等则采用了尊重、信任和共同的责任三个维度来描述LMX。还有些国外学者在研究中将开放性、诚实性等指标作为LMX的核心维度加以分析。国内研究者刘彧彧、丁国林、严肃（2010）根据领导—部属之间关系的不同性质，将LMX分成工作交换（LMX-Contribution）和情感交换（LMX-Affect）。前者是衡量工作相关的交换关系，后者是衡量工作外的情感交换关系。其操作定义是：

工作交换——领导与部属之间，一方基于组织资源供给与另一方工作贡献方面的相互交换。

情感交换——领导与部属之间，相互基于价值观、沟通、态度倾向等方面的认同、支持。

关于LMX的测量，许多学者认为，LMX既然是成对的关系，对LMX关系的测量不仅要测量下级对LMX的看法（简称M-LMX），同时还要测量上级对LMX的看法（简称L-LMX）。许多相关实证研究发现，L-LMX与M-LMX之间的关系是不明确的，也就是说即使上下级关系很密切，但他们对LMX的评价出现了较大的不一致性。因此，许多研究者认为，上级的LMX可能是比较复杂的多维结构，需要用多维量表进行测量，而下级的LMX可能是单维的，测量相对而言可以简化一些（Gerstner，1997）。另一种观点认为可以采用样本权重

（Sample - weighted）相关聚合进行综合评价。很多研究者都认为后一种聚合评价方法更具有可操作性（杜红、王重鸣，2002）。

LMX 的测量视角主要有两种：一是单维视角，广泛使用的是 Grean（1984）编制的 7 条目问卷。主要测量主管与部属之间的工作关系特征，包括工作关系的有效性、对工作中的问题和需求的理解、对潜在问题的认知、愿意去帮助他人等。二是多维视角，广泛使用的是 Liden 和 Maslyn（1998）编制的四维 12 个题目的量表。国内研究者王辉、牛雄鹰（2004）为了避免中西文化差异的影响，对 Liden 的多维 LMX 量表进行了增加和删改，构建了中国文化情境下 16 个题目的多维 LMX 关系量表，经实证探索和检验，该量表的信效度均佳，具有一定的本土适用性。

3. LMX 与追随力和领导效能的关系

在认识 LMX 与追随力和领导效能关系之前，我们必须首先认识中国的集体主义氛围中高关系导向和上下级之间高权力距离的文化特征。Chen 和 Francesco（2000）指出，由于受传统文化的影响，中国组织的上下级权力距离较大，领导者具有高度“权威”。同时，中国又是一个典型的关系导向的社会，形成以自我为中心的“差序格局”的关系圈（Fei，1992）。虽然部属进入组织时基于契约已与领导形成了交换关系，但这仅是维持在正常组织规则之内的关系，这种低质量的交换关系是无法影响高权力距离的领导者（Chen & Francesco，2000）。由此可见，部属只有通过较高质量的领导—部属交换关系才能向上影响领导者。

LMX 理论的一个鲜明观点就是，LMX 质量是领导与部属在双向选择、交往与互动中建设和发展的（Erdogan，Kraimer & Liden，2004）。选择、交往和互动正是部属的追随行为的特征。Liden 等（1997）建构的 LMX 前因后果变量模型，其中前因变量包括领导的个性、部属的个性，两者的交互作用以及情境变量。部属的个性特征包括年龄、文化、态度、外向性、能力、向上影响力等因素。这个模型告诉我们：领导的个性特征、部属的个性特征都会对 LMX 关系质量产生直接影响。Scandura（1999）指出：早期 LMX 关系的质量主要取决于领导与部属各自对双方工作期望的一致性，彼此对工作期望的一致性较高，对工作绩效有积极的评价与反馈，上下级在个性特征方面有较高的相容性，这些都有助于 LMX 质量的提高。追随力理论的观点是：追随力是追随者对领导力积极的、能动的向上影响行为，这种行为来源于追随者的正直忠诚、积极进取、独立思考、与领导者利益一致和与之相应的人际技能等特质（Depree，1992）。向上影响行为一般包括恳求上司与下属结盟、主动关心和支持上司、相互交换和逢迎上司等方式，是追随者通过影响上司来获得团队利益与个人利益的行为与策略。早期的研究表明，追随者娴熟的人际技能对 LMX 的影响甚至比专业能力产生的影响还要大（原涛，2010）。Wayne 和 Ferris（1990）在研究中发现，追随者主动关心上司的逢迎行为会增加上司对下属的喜爱程度，并对 LMX 关系质量产生影响。Deluga 和 Perry（1994）也得出类似的结论：追随者的阿谀奉承行为以及揣摩领导意图的行为与 LMX 质量正相关。从上述学者的论述和研究中可以看出，追随者正直忠诚、积极进取、独立思考、与领导者目标一致和与之相适应的人际技能等态度和品质，包括逢迎在内主动关心和支持领导者的向上影响行为会对 LMX 关系质量产生积极的正向影响。

LMX 质量一方面受追随力等前因变量的影响，另一方面又影响着追随者对个体绩效及领导效能的创造。Mayfield 等（1998）的研究发现："圈内成员"的工作绩效要普遍高于"圈外成员"工作绩效 20% 左右，工作满意感则要高出 50%，而且这种差异已被各种不同的职务类型所证实。究其原因可从两个方面解释这一结果：一是"圈内成员"通常有更多的组织公民行为，乐意承担一些角色外的任务，根据 LMX 理论，他们在完成额外任务时总能得到更多的回报，因而就增强了他们努力工作的内在动机（Hui，Kenneth & Chen，1999）。二是"圈内成员"由于有充分而又频繁的信息交流，因此能从领导那里得到更多支持性或解释性的职务信息，同时领导者也能从沟通中获得大量的反馈信息。在分享信息方面，双方都会感到非常满意，因而也就促进了工作绩效和满意度的提高。相反，"圈外成员"关系情境中，交流机会很有限，而且信息传递也比较含糊，经常是通过第三者传递，由于经常得不到上级及时有效的指导，势必会影响下级的工作结果（Mueller & Lee，2002）。

以上三位学者的研究分析证实，不同质量的 LMX 对部属的态度、动机、行为和结果的影响是截然不同的。正是由于不同质量的 LMX 会导致部属不同的态度、行为和产出，并影响着部属在组织中差异化发展（Sparrowe & Liden，2005）。可见 LMX 质量在高权力距离、高关系导向和低信任度组织情境中，追随力是能否有效产生向上影响力的重要变量。与此同时，LMX 理论还有一个重要的观点，即领导—部属交换是一种动态发展的交互关系。正如 Gerstner（1997）所指出：当领导与部属关于各自角色的认识趋于稳定后，上下级之间的关系进入一个较为稳定的阶段，此时交换关系的重点开始从基于个人私利转向基于对工作目标和使命的共同投入与承诺中。这一论述明确告诉我们两点：一是 LMX 质量是双方在建设中不断发展的；二是从基于个人私利转向基于对工作目标和使命的共同投入与承诺，是 LMX 质量飞跃的标志，正是这种飞跃，使 LMX 质量对部属的产出和领导效能的积极作用得以充分发挥。

（四）领导效能理论简述

领导效能是个宽泛的概念（Lowe et al.，1996），它的定义因人而异。其中最有影响的是菲德勒所作的定义，领导效能指一个群体执行其基本分配任务所取得成功的程度。国内研究者王淑红（2010）将领导效能定义为：领导者率领组织成员为实现组织预期目标而工作的效率与效果。对领导效能的衡量，学术界有智者见智、仁者见仁的观点差异。但目前已获得较多学者认同衡量领导有效性的指标主要有两个方面：绩效（Performance）和员工心理与行为（李超平，2006）。绩效可分为客观绩效（可量化的实绩数据）和主观绩效（组织与群体的评价）。员工心理与行为主要指工作满意度、组织承诺、离职意向、组织公民行为等。王震、孙健敏（2012）在最近的一项领导效能元分析中，把部属的态度变量（工作满意度、情感承诺）和行为变量（工作绩效、组织公民行为）作为领导效能的效标，并指出：这些效标均是组织管理研究领域的重要变量，被证实对组织产出具有重要影响，并且是领导效能的根本体现。故此本书采用工作绩效、工作满意度、组织承诺、组织公民行为四个变量来考量领导效能。

1. 工作绩效

工作绩效（Job Performance）在学术界有许多种观点，关键分歧是把工作绩效定义为结果还是行为。其中有代表性的绩效观有四种：结果绩效观、行为绩效观、价值绩效观、行为与结果整合绩效观。结果绩效观认为，绩效是“在特定时间内由特定的工作职能或活动所创造的产出”（Bemadin，2002）。Kan 和 Lawler 认为，绩效是某个个体或组织在某个时间内以某种方式实现的某种结果。行为绩效观认为：“绩效是与个体所在的组织目标有关联的行为集合”（Murphy，1989）。Campbell 等（1993）给绩效的定义是：“绩效是行为的同义词，它是人们实际的行为表现并能被观察到。绩效不是行为后果或结果，而是行为本身。绩效由个体控制下的与目标相关的行为组成，不论这些行为是认知的、生理的、心智活动的或人际的”。但行为并非都为绩效，它必须符合两个条件，其一，这种行为是对组织目标有贡献的；其二，这种行为是可以测量或评价的。价值绩效观认为：绩效是在某一时间段内许多不同行为属性的总和，是组织对行为的预期价值（Motowidlo，2003）。行为与结果的整合绩效观认为：“绩效是行为与结果的综合反应”（Armstrong & Baron，1998）。其中行为是员工所表现的用以完成工作任务的方式，也是完成工作任务过程中所付出的脑力与体力的综合结果。因此，绩效是由行为和结果所构成的一个多维的动态概念。结果不仅与行为有关，而且取决于其他因素，从而行为与结果相关，但又不完全重合（Sonnentag & Frese，2002）。

对员工工作绩效概念维度的划分也有多种观点。Borman 和 Motowidlo（1993）把员工工作绩效划分为任务绩效和周边绩效两个维度。Campbell 等（1990）从行为绩效观视角提出一个由八个维度构成的绩效概念，即特定工作任务的熟练行为、非特定工作任务的熟练行为、书面与口头沟通能力、努力程度、个人自律、促进同事与团队绩效的表现、监督与领导以及行政管理的行为。Katz 和 Kahn（1978）在对工作绩效进行具体分析的基础上，提出了三维结构模型：①加入并留在组织中；②达成或超越组织对员工所规定的任务标准；③自发地进行组织规定以外的活动。以上划分维度均采用了行为与结果的整合绩效观，说明行为与结果的整合观得到了较多学者的认同，本书也认同行为与结果的整合绩效观。由于本书已把员工心理与行为（周边绩效）分解为工作满意度、组织承诺、组织公民行为，故本书的工作绩效主要指员工个体可量化的客观性工作结果和非量化却与工作目标密切相关的可评价的主观性工作成绩。

2. 工作满意度

工作满意度（Job Satisfaction）是衡量领导效能的重要指标。Locke（1982）把工作满意度定义为部属对其工作的一种情感和认知的反应，是部属对其所处工作环境持有的特定主观评价与态度。目前，人们较普遍地从三个方面来认知和评价工作满意度：一是部属对于工作情境的一种情绪反应，对于这种反应，人们无法具体考量它，只能推断得到。二是经常由结果在多大程度上符合和超出期望来决定的。如果组织参与者感觉到回报不如付出，就会持不满意的态度；如果他们觉得回报与付出是基本对等的，是公平的，则会对工作持正性态度，并产生满意感。三是几种相关态度的组合。多年来，学术界大多从工作的五个方面来体现员工对其有情感反应的工作的最重要特征。这五个方面是：①工作本身，范围包括工作为个体提供有趣的任务，学习机会和接受责任的可能性；②薪酬，得到的经济报酬的总量以及得到的薪酬与组织中其他成员相比被看作是公平的程度；③晋升机会，能否自由充分地发展，并在组织中得到职位提升的可能性；④上级的管理，上级提供技术帮助和行为支持的能力；⑤工作团队，同事在技术上的精通和社会交往上的相互支持的程度。这五个方面也是影响部属工作满意度的重要因素。Luthans（1966）在其《组织行为学》一书中指出：部属的工作满意度与其工作绩效、与组织承诺、与离职意向、与缺勤、与组织公民行为密切相关。同时他还提出了增强部属工作满意度的基本路径与方法：①使工作变得有趣。推行一种有趣的文化，使工作变得生动活泼。虽然有趣的文化可能不会使工作本身变得更让人满意，但是确实能消除厌烦以及减少不满出现的可能性。②给予公平的薪酬、福利和晋升机会。这显然是组织通常使用的让部属感到满意的方法。但要使得福利更有效的一个重要方法，是提供一种灵活的、所谓自助式的途径。这使部属能够在备选的方案中选择自己的福利类型。这种方法使得最后的结果和他们想要的一致，因为这是他们自己的选择。③从兴趣和技能的角度把人和工作匹配起来。进行人和工作的良好匹配是件很重要的工作，这也是使员工感到满意的一种有效方法。有效的人力资源管理，会把大量的精力用于了解将要雇佣的新员工和现有老员工的兴趣和技能，目的就是要获得人和工作的恰当匹配。④设计工作使得部属感到鼓舞和满意。除把部属安置到合适的工作岗位上，这里还有一个建议，可以设计工作以适应部属需求。工作的重复性让人乏味而降低满意感，因此，管理者如何把工作设计得更具挑战性、更能体现职业成长，是增加部属工作满意度和自我效能感、降低离职率的一条有效路径。

3. 组织承诺

组织承诺（Organizational Commitment，OC）最常定义为：①保持一个特定组织的成员身份的一种强烈期望；②愿意做出较多的努力来代表组织；③对于组织的价值观和目标的认同和坚信。组织承诺反映了部属对组织的忠诚度（Loyalty），表达了他们对于组织及其将来的成功与发展的关注。组织承诺态度是由个人的许多特征（年龄、在组织中的任期、人生观、价值观，以及正性或负性的情感、内控与外控的特质等）和组织的特征（工作设计、组织制度、组织的价值观、组织文化、领导风格等）因素决定。甚至非组织的因素，如在加入组织时做出最初选择后，又获得其他选择的可能性，也会影响着后来的承诺（Luthans，1966）。

组织承诺是一个多维的概念。目前获得普遍认同的是 Meyer 和 Allen（1991）提出的三维结构：情感承诺（Affective Commitment），指部属对组织的情感依恋、认同和投入程度。持续承诺（Continuance Commitment）也称为留任承诺，指基于部属离开组织而会受到损失（如丧失晋升机会或丧失利益）的一种承诺，只有继续留任组织才不会造成损失。规范承诺（Normative Commitment），指组织成员受长期形成的社会责任和社会规范的约束，从而为了尽自己的责任而愿意继续留任在组织中。相当多的研究支持组织承诺的三维结构，而且它具有跨文化的普遍性。

目前，人们对团队工作、授权和组织扁平结构的关注，高度强调自我激励，这正是人们期望有承诺的部属应该拥有的特点。同时，一些环境的变化却削弱员工承诺的基础。基于此，Dessler（2006）提出了下面几条对提高部属的组织承诺有帮助的管理方法：①严守员工第一的价值观。按本土文化来说就是坚持以人为本，以员工发展为第一，并努力实践员工第一的组织价值观。②澄清并沟通组织的使命。构建以使命和价值观为体系的具有魅力的组织文化，实行基于价值观的雇佣政策，着重进行以组织价值观为中心的指导和培训，建立特有的组织传统。③确保组织公正。建立全面的投诉程序；提供广泛的双向沟通。④营造一种和谐的组织氛围。建立起以价值观为基础的同一性，重视联欢、互助和团队合作，进行必要的聚会等。⑤支持部属发展。提供富有挑战性的工作目标和工作任务，工作丰富化和适度授权，提供部属的晋升机会和空间，开展部属的自我发展活动，提供给部属安全感等。

4. 组织公民行为

组织公民行为（Organizational Citizenship Behaviors，OCB）是组织行为学中非常流行的概念。Bateman 和 Organ（1983）将其定义为“自觉自愿表现出来，未被正式的报酬系统直接和明确规定的，能够从整体上提高组织绩效的个体行为”。Organ（1988，1997）把组织公民行为定义为：“个体的行为是自主的、并非直接地或外显地由正式的奖惩体系引发，这种行为的不断积累能够增加组织的有效性”。

关于组织公民行为概念维度，不同的学者各抒己见。Organ（1988）提出组织公民行为的五维结构：利他行为（Altruism）、文明礼貌（Courtesy）、运动员精神（Sportsmanship）、责任意识（Conscientiousness）、公民美德（Civic Virtue）。Podsakoff 等（2000）通过实证研究把组织公民行为分为七个维度：帮助行为、运动员精神、组织忠诚、组织服从、个人首创精神、公民道德及自我发展。

Williams 和 Anderson（1991）将组织公民行为分为指向个体的对同事有利的组织公民行为（Organizational Citizenship Behaviors Individual，OCBI）和指向组织的对组织有利的组织公民行为（Organizational Citizenship Behaviors - Organization，OCBO），这一分类得到了较多学者的广泛认同和实践应用。基于中国文化下的组织公民行为研究，Farh（1994）取得了较多的研究成果。他以台湾地区的员工为样本进行 OCB 研究，得出了组织认同、利他、敬业精神、人际和谐、保护公司资源五个维度。Luthans（1966）在其《组织行为学》中指出，OCB 反映了员工的下列禀性特征：合作、助人、关心人、有责任心和忠诚组织等。

组织公民行为的概念被推出后，许多学者分别从个体、任务、人际、领导风格及组织特征等多角度进行了探讨，究竟哪些因素会激发员工的 OCB。最重要的是，部属必须感受到他们得到了公平的待遇，认识到过程和结果都是公正的。许多研究发现，在公正性和 OCB 之间有较强的相关。看来，过程公正性通过影响员工感受到的组织支持而起作用。后者反过来促使部属以超出一般工作要求的 OCB 进行回报。Podsakoff（2000）通过相关元分析表明：宜人性、责任心和正向情感对 OCB 的影响最强，其中责任心和宜人性与利他行为和一般性服从显著相关；正向情感与利他行为正相关。同时他们还从领导行为角度进行了相关的元分析得出：变革型领导行为（核心变革行为、重申愿景、榜样示范、高绩效期望、人性化关怀和智力激发）与利他、礼貌、责任心、公民美德、运动员精神正相关。交易型领导行为（权变奖励行为、权变惩罚行为、非权变奖励行为、非权变惩罚行为）与 OCB 显著相关，其中权变型奖励行为与 OCB 正相关；非权变惩罚行为与 OCB 负相关。

5. 追随力与领导效能的关系

关于追随力与领导效能的关系，从追随力研究角度，国内外学者主要有下列新观点。Meindl（1995）在本体论、建构主义和社会心理学的基础上，从追随者中心视角（Follower - centric Perspectives）提出了领导及其结果都是由追随者建构的观点，认为领导效能会受到追随者的认知过程和追随者之间的社会影响过程的影响。Martin（2007）也持有相似的观点，他认为“用领导和追随者的相互影响来定义工作的关联，这种相互影响不是依靠领导者的特质而是追随者的特质”。许多研究者就追随力对领导效能的影响进行了两种取向的研究：一是研究追随者创造领导效能的投入、产出及机制，探讨追随者特质、动机、行为对领导效能有哪些影响；二是追随者在扁平化组织中的作为，如自我管理和团队分享领导（Carsten et al.，2007）。追随力中心视角的研究者认为，领导者采用何种领导方式会受到追随者特质的影响。Shamir 和 Howell（1999）的研究结果是，在魅力型领导形成过程中，追随者的自我概念阐释、自我认同导向、归因方式、领导原型和社会吸引力都会对魅力型领导的效能产生影响。Dvir 等（2002）也通过纵向实证研究和群体水平分析，结论是间接追随者（也称潜在追随者）的自我实现需要、组织价值观内化程度、组织认同、集体主义倾向、任务参与度、独立思考方式、自我效能感等与变革型领导的效能正相关；而直接追随者的这些特质、行为与变革型领导效能负相关。Carsten 等（2007）通过对追随者进行问卷调查分析，证明在瞬息万变的变革时代更加需要积极有效的追随者，他们可以对领导的信息系统提出质疑和挑战，从而增强领导活动的有效性。李超平、孟慧、时勘（2006）在对变革型的研究中发现，追随者的组织公民行为也会对变革型领导效能产生显著的正向影响，且能解释的方差变异量明显高于国外同类研究。Hui 等（2004）以中国一家大型国有企业员工为样本，调查发现，追随者的价值观对交易型领导效能有显著影响。

美国哈佛大学 Kellerman 教授通过整理和参考众多研究者的相关研究成果，2008 年在其《追随力：追随者如何创造变革并改变领导者》一书中，从领导力发挥作用的对象主体——追随者角度出发，用全新的理念“追随力”诠释了领导力新的发展方向。并指出：“当前偏向于政治性的‘一人领导力’的概念是矛盾的，领导力不只是领导者一个人的动机，也需要与潜在追随者的动机相结合。在追随者向领导者进行真实反馈时，才会产生领导力和追随力的共生关系”，“组织中最终产生影响的很可能不是老板，而是普通员工，追随者对领导者的重要性要大于领导者对追随者的重要性”。同时，她还提出“向上领导”（Leading Up）理念，认为追随者需要自下而上地发挥作用，并断言：“追随者正在创造变革并改变着领导者”。

6. 领导力与追随力的整合

追随力与领导力的整合，是追随力理论研究的重点和难点。鉴于追随者的心理状态会影响其对领导类型的感知和偏好（Shamir & Lapidot，2003；Pastor，Mayo & Shamir，2007；Adair，2008），追随者通过对领导的期望能影响领导行为（Rosenau，2004），追随者的追随方式会直接影响领导行为的有效程度（Howell & Shamir，2005）和工作绩效（Baker，2007），领导者的风格又会影响追随者的追随行为（Rosenau，2004）。因此许多学者从追随者中心视角对 Fiedler 的权变模型进行了实证研究。Miller 等（2004）的研究表明，在环境适中和环境有利的条件下，高关系导向可以提高追随者的产出；而在环境不利的条件下，高任务导向可以提高追随者的产出。

在现实生活和组织实践中，没有一种绝对有效的领导方式，也没有一种绝对有效的追随图式，只有二者的有机结合，才能相互促进并发挥最大效能。Hollander（1992）等学者倡导改变现有的追随者与领导者的关系，建立更加开放的、动态的、双向的新型上下级合作关系，这种关系的基础是“互惠”（Gilbert & Matviuk，2008）。Bjugstad 等（2006）和 Küpers（2007）分别从关系行为和任务行为两个方面，将 Kelley 的追随者类型与 Hersey 和 Blanchard（1969）的领导类型进行整合，建构了领导力和追随力匹配模型。并提出了“命令领导方式可以提高墨守成规者的产出；参与方式可以提高被动追随者的产出；共享方式可以提高疏离追随者的产出；授权方式可以提高积极追随者的产出”的研究观点。这个模型对于指导实践中领导者和追随者的合作有重要的实用价值（见图 2－4）。

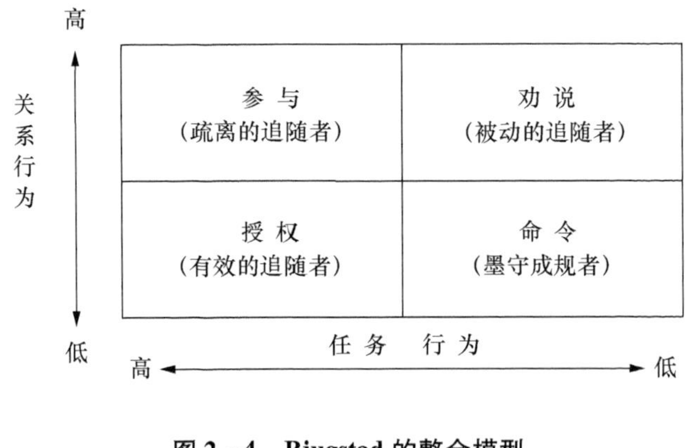

图 2－4 Bjugstad 的整合模型

7. 领导效能的检测方式

领导效能是领导理论研究的终极目标，也是追随力理论研究的根本目标。现有的领导效能研究文献非常之多。综观这些文献，大致都是采用三种不同的研究检测模型。

（1）两变量模型，即自变量与结果变量模型。这种研究普遍检测的是自变量对结果变量的直接主效应，因而采用的是直接回归的统计方法，以检验自变量对结果变量的影响水平。这种研究模型所得出的结果，正如 Liden 等（2000）所指出，许多研究在检测自变量对结果变量的影响时，普遍采用直接回归的方式，以检测主效应的作用机理，这类研究无法解释为什么自变量和结果变量相关。

（2）三变量模型，即自变量、结果变量，中间加入一种或中介变量或调节变量。加入中介变量的作用，是使自变量对结果变量的作用不显著而变为显著；加入调节变量，是为了说明自变量对结果变量的影响是随着调节变量的水平而呈现差异。由于人的一切活动都是与他人、与环境的交互过程，都会受到自身因素、他人因素和环境因素的制约与影响，是一个复杂的社会过程。三变量模型虽然优于两变量的模型，但也存在某些方面的不足，如人的行为结果通常会受到中介因素和调节因素相互作用的影响，而且这两类变量的作用又经常是同时发生，如果仅选择其中一个第三变量，或往往忽视调节变量在中介作用发生时的影响，或只注重调节变量的效应而忽视可能存在的部分中介效应。这实际上是假定在没有调节变量影响下考察中介变量的作用，或没有中介影响下单独考察调节变量的影响（温忠麟、张雷、侯杰泰，2006）。这种研究结果正如李燕萍、涂乙冬（2011）所评价的，其研究结果很难令人信服。

（3）四变量模型，即自变量、结果变量、中间同时加入中介变量和调节变量，使用"调节的中介模型"或"总效应调节模型"来检测自变量对结果变量在复杂社会过程中的影响。四变量研究模型有以下几个优点：其一，考察了在中介机制下，调节变量在自变量与结果变量之间的积极调节作用；其二，考察了调节变量在自变量与中介变量之间对中介变量的调节作用；其三，考察了在调节变量的影响下，中介变量的差异性中介效应；其四，考察了中介变量受调节变量的调节而对结果变量的影响差异。这种研究结果比较令人信服。如李燕萍、涂乙冬（2011）在 LMX 与职业成功的关系研究中，就是采用"总效应调节模型"，以心理授权为中介，政治技能四因素为调节变量。刘效广、王艳平（2008）在组织公平感与组织承诺的关系研究中，就使用调节的中介模型，以组织支持感为中介，人与组织匹配为调节变量。刘军、吴隆增、林雨（2009）在主管辱虐管理行为与下属离职倾向的研究中，以下属逢迎行为为中介，政治技能为调节变量。李超平等（2006）在变革型领导与员工组织公民行为的研究中，以心理授权为中介，对领导的需求为调节变量等。陈文晶和时勘（2007）通过整合变革型、交易型领导与领导效能关系的相关文献，整理了领导行为的中介、调节作用机理，如图 2－5 所示。

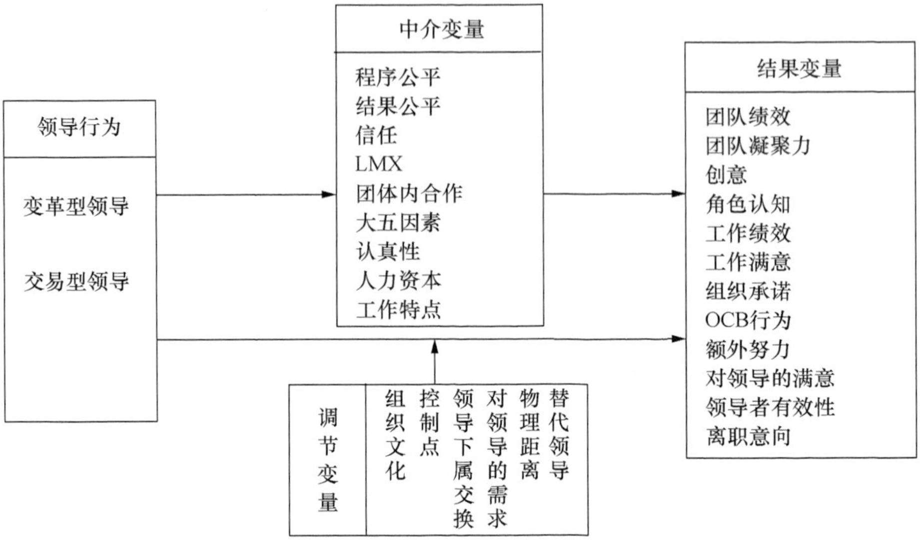

图2-5 领导行为（变革型—交易型领导）作用机理

追随力作用领导效能也是一个复杂的社会活动过程，这一研究既要基于中国组织上下级高权力距离、高关系导向和低信任度的文化环境，又要充分考察追随力与领导力、与他人、与工作情景的交互作用。因此，只有使用中介与调节相融的作用机理，才能真实客观地揭示其作用机理。

三、人与环境匹配理论简述

（一）PJ-fit、PG-fit 理论内涵与测量

人与环境匹配（Person-Environment Fit，PE）理论是在人与组织匹配理论基础上发展起来的。随着人与组织匹配理论研究的不断深化，许多研究者逐渐发现，匹配研究所涵盖的范围越来越广，变量的数量也越来越多，使人与组织匹配理论和范畴的构架中存在许多的不足。首先，人的一切活动都是在一定的环境中发生的，个体的行为会受到个体与环境两因素交互作用的影响，而不仅只受组织因素的影响（Schneider，1987）。其次，人们在讨论人与组织匹配问题时，重点是讨论个人需求与组织供给（Needs-Supplies）以及工作要求与个人能力（Demands-Abilities）的匹配（Caplan，1987），可是个体与上司、个体与团队、个

体与同事的匹配等组织情境因素也是影响个体态度和行为结果的重要变量（刘光辉、谢义忠、时勘，2010）。最后，人与组织匹配的范畴一直没有稳定的边界，似乎许多研究在相互矛盾中（孙健敏、王震，2009）。因此，KristofBrown 等（2005）对有关人与组织匹配的 172 篇研究文献进行了系统的分析，得出个体与职业、个体与工作、个体与主管、个体与同事、个体与团队、个体与组织六个人与环境匹配的类型。本书在此重点简述与本研究密切相关的人与环境匹配中的个体与工作匹配、个体与团队匹配。

（1）个体与工作匹配（PJ，Person - Job Fit）——Edwards（1995）将其定义为个人能力、态度与工作需要之间的兼容性。它包括两种基本类型：要求—能力匹配（Demands - Abilities fit）和供应—价值匹配（Supplies - Values fit）。前者强调部属的知识、技能和能力对执行工作任务是否足够；后者则指工作提供的机会能否满足部属的需要、价值和偏好。

（2）个体与团队匹配（PG，Person - Group Fit）——个体与其所在工作团队中的人际相容性。Liao、Joshi 和 Chuang（2004）认为，高效的个体—团队匹配，需要有效的团队构成和运行规则。个体与团队中多数人的价值观、目标趋同，能力、经验互补和团结协作默契是个体与团队有效匹配的重要特征。

关于个体与工作匹配、个体与团队匹配的测量，西方学者 Kristof - Brown 等（2005）已开发量表并进行了实证分析与检验。国内研究者原涛、凌文辁（2010）则将此量表用于其对追随者内在工作动机的研究中。

（二）PJ - fit、PG - fit 与追随力的关系

个体与工作匹配（PJ - fit）、个体与团队匹配（PG - fit）是人与环境匹配的两种重要匹配类型，反映着个体与特定工作任务、个体与群体之间的相容性。在激烈的全球化市场竞争条件下，组织的工作情境更具有动态性，工作任务更具有挑战性和多样性，而且大量的工作任务需要团队相互协作来完成。部属在追随领导者工作，完成具体工作任务的进程中，都会受到自身的个性心理与工作情境等因素的制约与影响。如对不同工作任务的兴趣与爱好、心理投入、能力与任务的相容性等个体与工作相匹配因素，以及个体与团队成员之间的相互信息沟通、能力与经历经验的优势互补、解决问题方式的相似性、相互合作的默契度等个体与团队相匹配因素。这些因素都会不同程度地影响着追随者的工作态度、自信心及工作满意感等，进而影响着工作绩效。Kristof - Brown（1996）在一项匹配研究中发现，人与工作匹配对个体的态度变量影响最大，其次才是自信心和心理投入。Cable 和 Judge（1996）从需求—能力视角进行实证研究，证实个体—工作匹配与工作绩效相关显著。Lauver 和 Kristof（2002）基于 231 名被试者的研究，也

证实人与工作匹配对部属所表现出来的绩效水平有很大影响。Liao 等（2004）在个体与团队的匹配研究中发现，追随者与团队同事在种族、年龄、人格和诉求不相似时，对组织的承诺较低，对同事满意度较低，会表现出组织和人际的偏差行为。Michelle 等（2003）在一项研究中发现，团队的有效构成对追随者的合作意愿、创新行为、工作绩效和团队产出均有正向影响。

四、组织氛围相关研究简述

（一）组织氛围概念的内涵结构

组织氛围是组织情境的重要变量，组织氛围的研究最早出现在 Lewin（1938）的著作中。Denison（1996）将组织氛围定义为在某种环境中员工对一些事件、活动和程序以及那些可能会受到奖励、支持和期望的行为的认知，这种认知与员工的思想、情感和行为密切相关。Tagiuri（1968）认为，组织氛围是关于一个组织内部环境的相对持久的特性，是一系列可测量的工作环境属性的集合。组织中的成员对良好组织氛围的感受会引起满意度、生产率的提升和员工离职率的降低。国内研究者王元元等（2012）将组织氛围界定为，组织中的个人对组织的信念和态度，是由组织成员感知的，并能影响其行为的一种持续性组织特征。主要指员工对企业组织在创新、公平、支持、人际关系以及员工身份认同等方面的感知。

对组织氛围的维度，国内外学术界有很多种界定方式。Willem 等（1998）从四种角度来解读组织氛围概念：结构角度——氛围是组织结构的客观表现，是组织成员显现出共同的组织结构特征；知觉角度——个体对情境变量的反应，某种程度上代表此情境对他们的心理意义；互动角度——个体之间的互动形成了对情境的共识；文化角度——组织氛围是组织成员共同的参照模式。Stringer（2002）将组织氛围划分为六个维度，即结构、标准、责任、认知、支持、承诺。国内研究者谢荷锋（2007）主要从五个维度来解读组织氛围，即创新氛围——组织鼓励、团队支持、资源充分、工作自主和工作挑战等支持创新行为方面的组织特征；公平氛围——组织使用人才任人唯贤，贡献与报酬对等，考核评价机制科学公正等方面的特征；人际氛围——组织中上下级之间、同事之间信息沟通畅通，人际关系和谐，相互关心、相互协作，不钩心斗角、搬弄是非等方面的特性；支持氛围——组织成员能感知到组织和领导从精神、资源、时间等方面支持部属的新思想、新观点，支持部属完成挑战性工作的特征；身份认同氛围——组织成员以组织为荣，具有组织承诺和满意感，愿意履行组织公民行为，对组织具有向心力等方面的特征。国内研究者王端旭、洪雁（2010）通过对现有相关文献的整合，将组织氛围分为两种性质：支持性组织氛围（Supportive Organizational Climate）和控制性组织氛围（Controlling Organizational Climate）。并指出，如果组织鼓励各层次的信息自由而公开地交流，支持新观点，委派具有挑战性的工作，管理人员关注下属的需求，能够及时提供各种必要的资源，员工对自己的工作拥有支配权和自主权，团队内部或同事之间相互协助，就可以被视为是支持性组织氛围；反之就是控制性组织氛围。

（二）组织氛围与追随力的关系

组织氛围的相关研究表明：当组织加强控制与监督，保留资源，限制工作方式和信息流动，依赖老套而熟练的程序，员工的能动性和创造力就会被抑制且呈现出思想僵化的趋势（Amabile & Conti，1999）。支持性组织氛围由于鼓励上下级信息自由公开交流，团队内部相互支持与协作，支持新想法、新观点，有利于员工积极性和能动性的迸发（Zhou & George，2001）。

许多研究者从实证角度探讨了组织氛围对追随者态度、行为和绩效的影响。王端旭、洪雁（2010）以部属的内部动机和心理投入为中介，探讨了组织氛围对部属创造力的影响，研究结果显示，组织氛围通过内部动机和心理投入的中介，对员工创造力的影响达到了显著水平。王元元、余嘉元、李扬（2012）以部属的自我效能感为中介，探讨组织氛围对部属行为有效性的影响，结果证实：支持性组织氛围对部属行为的有效性具有积极的影响；控制性组织氛围对部属追随行为的有效性产生负向影响，其中组织氛围的公平性、支持性、创新性和身份认同维度对追随者追随绩效的影响高于人际关系维度对部属绩效的影响。黄盼盼（2010）在一项组织氛围的研究中，发现不同的组织氛围对部属的敬业度有明显的影响差异，其中开放式组织氛围对部属敬业度的影响达到显著水平；而封闭式组织氛围则与部属的敬业度呈负相关。

Stringer（2002）认为，高责任感和高身份认同的组织氛围可以营造一种向上的工作状态，在这种向上的状态中，部属更多地被鼓励自己寻找提高工作绩效的方法。根据人性假设 Y 理论，部属愿意为此付出更多努力和承担更大的责任。追随力理论认为：与内隐领导理论类似，追随者也具有一定的追随内隐图式（原涛、凌文辁，2010）。Carsten 等（2007）通过实证研究，得出团队成员、积极的态度、主动行为、表达意见、顺从他人、灵活性和开放性、沟通技能、忠诚/支持、负责可靠、主人翁意识、责任意识、诚信 12 种行为和特质建构了追随者的内隐结构。同时他还指出，内隐结构是追随者在一定的工作环境和组织氛围中通过自我感知建构的。追随者如何表现追随行为，与其内在的追随心理结构的建构相关。内隐结构的不同，导致追随者行为类型的差异。由此可见，组织氛围通过影响部属的自我感知和内隐心理建构来影响追随力的差异。

关于组织氛围的测量，国内外学术界都有比较成熟的量表。其中最有影响力的量表是美国的盖洛普 Q12（The Gallup Q12），该量表从我的获取、我的奉献、我的归属、我的成长四个方面测量组织氛围（王晓莉、李静、韩雪，2010）。

第三章　研究内容和研究设计

本章主要介绍本书的研究内容、整体框架、研究思路、操作步骤、研究变量及关系、研究样本的选择、数据采集程序、统计分析方法等内容。

一、研究内容

本书切换了传统的以领导力为自变量，追随力为因变量的研究视角；而是反向以追随力为自变量，领导—部属交换关系（LMX）为中介变量，个体与工作（PJ - fit）、个体与团队（PG - fit）匹配为调节变量，领导效能为结果变量的多变量模型，在整合追随力理论、领导理论、组织行为学理论、社会交换理论、心理学理论，以及人与环境匹配等前沿理论基础上，从组织行为学视角展开以下三个方面的研究：

（1）追随力的内涵结构与测量研究。

（2）追随力的主要影响因素研究。

（3）追随力作用领导效能的中介、调节机理研究。

二、研究框架

根据三个研究内容，设计研究整体框架如图 3 - 1 所示。

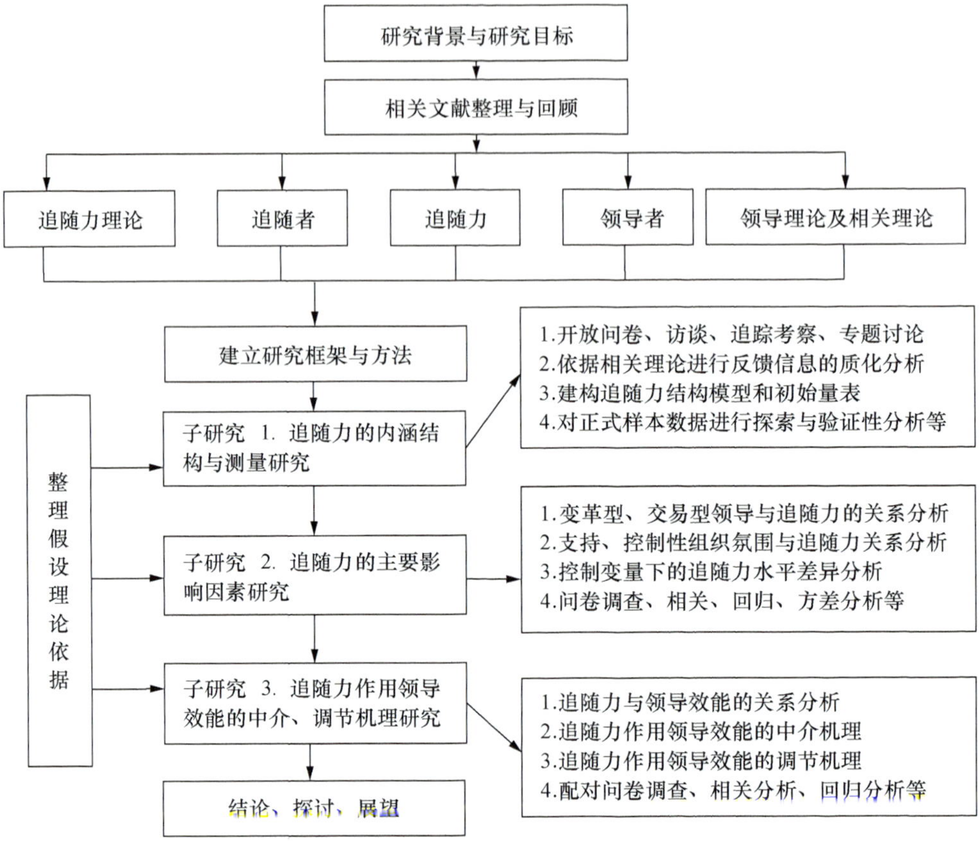

图 3－1　本书整体框架

三、研究思路

本书立足中国组织情境，研究追随力对领导效能的作用机理，在确立研究思路时，首先必须明晰四个问题。

第一，明晰中国组织情境重要的文化特征。Chen 和 Francesco（2000）指出："由于受传统文化的影响，中国组织的上下级权力距离很大，领导者具有高度'权威'"。上下级之间高权力距离是中国组织环境的第一个文化特征。同时，"中国又是一个典型的关系导向的社会，形成了以自我为中心的'差序格局'的关系圈"（Fei，1992）。集体氛围中高关系导向是中国组织环境的第二个文化特征。“华人社会在文化、价值观上与西方存在巨大差异，我们不能忽视了华人领导行为独特而且重要的方面”（樊景立、郑伯壎，2000）。“家长式领导是中国的集体主义组织氛围中普遍的领导特征，而非仅仅为家族企业所独有”（郑伯壎、黄敏萍、周丽芳，2002）。可见，家长式领导风格是中国组织环境的第三个文化特征。西方文化强调人的个体独立地位，要求人对自己的命运负责。而中国文化则把人理解为类的存在物，重视人的社会价值，仅把人看作群体一分子，是个体所属社会关系的派生物，个体的价值因群体而存在并借此体现（徐行言，2005）。个体价值体现为对组织的贡献，这是中国组织环境的第四个文化特征。本研究在进行研究设计时，要充分考虑这些文化因素的影响。

第二，明晰本书研究的主体与客体对象。本书研究的主体对象是作为部属的追随者及其所追随的领导者，客体对象是部属的追随力。为什么本书的行为主体使用部属概念而不是员工或下属概念？主要出于三个方面考虑：一是在中国文化语境下，员工概念通常被人们理解为指没有职务的众多组织成员，少数有职务的组织成员则被视为管理者。部属即部下与下属的统称，是相对上司而言的多层级下属，包括了少数有职务的管理者和众多无职务的员工。二是因为在组织的追随实践中，少数有职务的追随者实际上履行了大部分追随者的追随职能。三是某种意义上可以淡化人们心理的上下等级距离。

第三，选择国内外学者相关本研究较为经典的理论观点作为本书的理论指导。本研究选择 Depree（1992）关于“追随的效率，取决于追随者运用自身特质在工作中与领导者、与工作情境的交互水平”和曹元坤等（2008）关于“追随力是追随者与领导力和组织环境相互作用的函数”的观点为本书的理论指导。以追随者与领导力、组织情境相互作用为本研究的主线，并将这根主线贯穿研究的全程来进行研究设计。

第四，研究变量的选择。一部高质量的论著首先表现在研究设计上，而研究变量的贴切选择又是研究设计的最重要环节。为了准确反映追随力与领导力、组织情境的动态交互作用过程，突出本书的研究主线，对影响变量的选择，选择变革型领导、交易型领导两种常见的领导风格来反映领导力。组织氛围是组织环境的重要变量，所以选择支持性组织氛围、控制性组织氛围两变量来反映组织情境。对追随力作用机理的变量选择，LMX 为中介变量，因为 LMX 客观反映了中国组织情境中不同的上下级人际交换关系，有助于研究追随者与 LMX 的关系，以及检验追随力在不同质的 LMX 中介下对领导效能差异化的预测效应；选择 PJ－fit、PG－fit 为调节变量，因为两指标能客观反映追随者对不同任务情境的适应性与能动性，而且也是追随力创造领导效能的基本条件，没有 PJ－fit、PG－fit 就没有高效的追随力。

（一）追随力内涵结构与测量的研究思路

突破西方学者对追随力内涵结构单一研究取向的束缚，围绕着追随者与领导力、工作情境交互的认知与价值选择、人际互动和行为演绎等多元社会化活动，解读追随者与领导力、工作情境交互作用的多维特质与行为，建构追随力的内涵结构模型和测量工具。操作步骤如下：

相关文献整理与回顾→建立研究框架与方法→从开放问卷、结构访谈、追踪考察、企业人力资源专家座谈等渠道收集追随力典型特征→条目提取、编码、归类、合并、命名→建构追随力内涵结构理论模型→编制初测问卷→初测数据探索性分析→结构模型与量表结构调整，形成正式问卷→运用再测数据进行结构模型竞争比较和验证性因素分析，检验量表的信度、区分和收敛效度、实证效度等多项指标→形成研究结论→讨论与展望。

（二）追随力主要影响因素的研究思路

依据追随者与领导力、组织情境交互作用这根主线，本研究选择变革型领导、交易型领导、支持性组织氛围、控制性组织氛围四个变量，探讨这些变量对追随力的正负向影响及影响水平。同时也考察不同人口学、组织学变量下追随力的差异。通过探索这些变量与追随力的关系，为下步揭示追随力作用领导效能的中介、调节机理打下基础。具体操作步骤如下：

相关经典文献的整理与回顾→已有的相关研究观点与结论梳理→提出本研究的假设→相关研究样本的选择与检验→企业实地问卷调查→统计分析（验证性分析、相关分析、层次回归分析、单因素方差分析和 LSD 多重比较等）→检验假设→形成研究结论→分析与讨论。

（三）追随力作用领导效能机理的研究思路

科学揭示追随力作用领导效能的机理，务必抓住两个关键。一是要依据经典理论选准中介与调节变量，并在推导中介、调节变量与自变量、因变量关系的基础上，提出研究假设。围绕着研究主线，为了准确反映追随者与领导力、组织情境交互这一动态过程中领导者和组织情境在自变量与因变量之间所起的作用，本研究选择领导—部属交换（LMX）为中介变量，个体—工作匹配（PJ - fit）、个体—团队匹配（PG - fit）为调节变量。二是统计分析数据的收集。为了降低同源误差，客观反映变量间的关系，本研究将采用配对问卷进行自评和他评相结合的方式收集数据。具体操作步骤如下：

相关经典文献的收集与回顾→梳理和借鉴相关间接研究成果的结论（目前还

未发现国内外学术界有研究者直接揭示追随力作用领导效能机理的研究成果）→提出本研究假设→调查样本的选择与量表区分效度、同质信度等预测检验→企业实地问卷调查→数据统计分析（同源误差的检验、变量间描述性统计与相关矩阵分析、结构方程回归分析等）→检验研究假设→推导研究结论→分析与讨论。

四、研究变量

本研究所涉及的各种变量以及变量间的相互关系如图 3－2 所示。

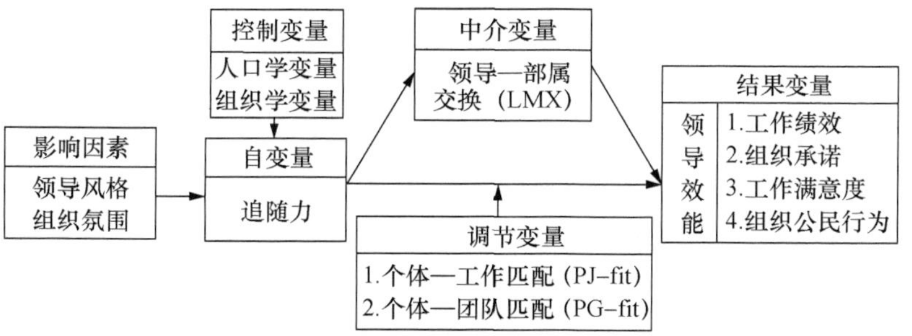

图 3－2　研究变量关系

五、测量工具

（一）追随力量表的开发

本研究将按照美国学者 Churchill（1979）、Hinkin（1995，1998）论述的量表编制方法进行，直到符合心理测量学的标准。

（二）领导—部属交换量表

本研究采用 LMX－7 量表，该量表 Hui 等（1999）已将其翻译为中文并在中国组织情境中普遍使用，共 7 个条目。

（三）领导风格（变革型、交易型）量表

采用李超平、时勘（2005）改编调整后的四维结构 16 个条目的变革型领导问卷；吴治国（2008）在 Bass 和 Avolio（1996）编制问卷的基础上，修订、检验和使用后的 7 个条目的交易型领导问卷，共 23 个条目。

（四）组织氛围量表

采用韦慧民（2009）在参考 Bock 等（2005）学者编制的组织氛围量表基础上，修订、检验和使用后的量表，包括支持性组织氛围和控制性组织氛围两个部分，共 8 个条目。

（五）领导效能量表

采用 Bono 和 Judge（2003）工作满意度 5 个条目；Williams 和 Anderson（1991）组织公民行为问卷 6 个条目和工作绩效 5 个条目；Meyer 和 Allen（1991）组织承诺问卷 4 个条目，共 20 个条目，该问卷均是王淑红（2005）翻译、校对和检验使用后的成熟量表。

（六）个人与工作匹配（PJ - fit）、个人与团队匹配（PG - fit）量表

采用 Kristof - Brown 等（2005）开发使用，原涛、凌文辁（2010）翻译、校对和检验使用后的成熟量表，共 10 个条目。

以上所用量表，在正式测量前均先进行预测，检验其在本研究中的信效度。

六、样本采集

本研究的问卷调查分四个批次与时间段来完成。

第一批次是追随力典型行为特征的配对（主管、部属）开放式问卷调查，同时结合典型结构访谈、追踪考察和企业人力资源专家座谈，于 2012 年 3 月底前完成。发放开放问卷共 400 份，在南昌市所属多类型企业中收集反馈信息，建构追随力结构模型和初始问卷。

第二批次是追随力大样本的正式测量，于 2012 年 7 月完成，事前先进行初始问卷的先导性测试，探索追随力的结构与初始量表的信效度，并对量表的结构与条目进行修订与调整，以形成正式测量问卷。在此基础上，发放正式问卷 800

份，在江西南昌市和8个地级市的多行业多类型企业中采样，并将所收集的有效问卷随机分成2个样本，样本1用于量表的探索性因素分析，样本2用于量表的验证性因素分析。

第三批次是进行变革型领导、交易型领导、组织氛围对追随力的影响测量，于2012年9月底完成。调查对象为两类，即无职务的追随者和有中、基层领导职务的追随者。发放调查问卷700份，在江西省8个地级市选择营销服务与生产加工两类岗位为主的多类型企业进行采样。除探讨变革型领导、交易型领导、支持性组织氛围、控制性组织氛围对追随力的影响外，还进行不同人口学、组织学变量下追随力的差异分析。

第四批次是探讨追随力作用领导效能的机理问卷调查，在2012年11月底前完成。此次为主管—部属配对互评问卷调查。其中主管问卷评价其部属的追随力，以及部属—工作匹配、部属—团队匹配水平。部属问卷评价领导—部属交换关系和领导效能。共发放调查问卷800份，其中主管、部属问卷各400份，在江西南昌和8个地级市的多行业多类型企业中采样。

以上问卷调查，均是依托研究者和其3位博士生同学与2位硕士学友在江西的亲属、同学、朋友关系，先与被试企业取得联系，获得企业领导支持后，再分为3个调查小组，每组2人，分别赴各地企业进行实地抽样。测量采样当场发卷当场解答被试者的提问和当场回收的方法。为了防止被试者刻意揣摩调查者的意图，每份问卷都要求被试者在10分钟内完成。为了不影响企业的正常运营，调查小组深入各车间、部门或营业网点直接采样和登记编号。

七、统计分析

子研究一的统计分析方法：①频次和百分比主要用于统计追随力的内容条目和人口学、组织学特征的质性分析；②探索性因素分析主要用于追随力结构维度的先导性探讨；③验证性因素分析主要用于追随力结构维度的检验；④相关分析主要用于追随力结构维度的收敛与区分效度的检验；⑤多元层次回归分析主要用于追随力的实证效度检验。

子研究二的统计分析方法：①变量间的区分效度采用验证性因素分析；②变量间的描述性统计与相关矩阵分析采用平均数、标准差和相关分析等；③变革型、交易型领导、组织氛围对追随力的影响效应采用多元层次回归分析等；④不同人口学、组织学变量下追随力的差异分析，采用单因素方差分析和LSD多重比较。

子研究三的统计分析方法：①变量的区分效度采用验证性因素分析；②变量间描述性统计与相关矩阵分析采用平均数、标准差和相关分析等；③LMX 的中介效应和 PJ - fit、PG - fit 的调节效应采用相关分析、路径分析和多元逐步回归或结构方程模型进行统计分析。

以上三项研究的主要统计工具为 SPSS15.0、LISREL9.0、AMOS7.0。

第四章　追随力内涵结构的质化研究

一、导　言

本章重点解决一个问题，即部属的追随力是什么？其内涵结构有哪些维度？为实证研究构建追随力结构的初步研究模型。

目前，国内外学术界对追随力的解释众说纷纭。本书在第二章已阐述，其中有一定影响力的释义主要为五种：其一是把追随力视为是追随者的勇气，如 Chaleff（1995）把追随力注释为“承担责任的勇气、服务的勇气、挑战的勇气、变革的勇气和离开的勇气”。其二是把追随力界定为是追随者的积极意愿，如 Frye 等（2007）指出：“追随力可以定义为一种通过合作完成团队任务，并且表现出高度团队精神且在团队中建立一种合作的积极意愿”。其三是把追随力定义为一种上下级关系，如 Kellerman（2008）指出：追随力指“上下级之间的关系以及下属对上级的行为反应”。其四是把追随力定义为追随能力，如 Bjugstad（2006）指出：追随力是追随者“有效执行领导者指令，支持领导者工作的能力，其目标是达到组织目标的最大化”。其五是把追随力视为是人员导向下的行为，如 Jehn 和 Bezrukova（2003）指出：追随力是“一种人员导向的行为，这种行为建立了领导者与追随者之间的关系，从而为领导者与追随者锁定一个共同目标提供了环境”。

以上五种定义是不同研究者站在各自的研究角度对追随力内涵的解读。本书认为，Chaleff 的勇气观是相对追随精神而言的，追随力承载在追随者的特质与行为中，勇气只是追随者的态度、胆识，是影响追随力效能水平的变量，而不是追随力的内涵，Frye 等的积极意愿观，主要反映的是追随者心理层面，突出的是团队合作的态度与动因，虽然追随力离不开积极意愿的支撑，但意愿毕竟只是意识，也不能注释追随力的本质内涵，Kellerman 的上下级关系观，侧重追随力是追随者对上下级关系的反应，忽视追随者特质对行为的主导作用，上下级关系只能为追随者创造追随力提供条件，我们不能用外部条件来注释追随力的内在意涵，Bjugstad 等界定的能力观，把追随力局限在追随能力的范围中，能力只是人的特质结构中的一个组成部分，能力依靠行为体现，能力能否有效发挥，受到个体其他特质（如价值观、态度、情绪等）和外部因素（如条件、情境等）制约，因此，仅用能力也无法全面反映追随力的本质，虽然 Jehn 和 Bezrukova 从关系和行为两角度来界定追随力，这也是一种只注重外部环境、条件与行为的关系，相对忽视追随者内在特质的注释。

人生活在一定的群体与环境氛围中，人的一切社会化活动都是与他人和环境的交互作用过程。追随是领导力辐射下群体活动中个体很普通和普遍的行为方式。人的特质结构是多元的，在社会化活动中的行为也是多元的，包括思维认知、取向选择、人际交往和行动演绎等。人在不同的追随活动中，发挥作用的特质和表现的行为特征是不同的。特质是行为的能源，行为是特质的外在显现，追随者的特质越强越全面，与他人和环境的交互行为质量就越高；反之则越弱。正如 Depree（1992）所指出的，追随的效率，取决于追随者特质在工作中与领导者、与工作情境的互动水平。由此可见，追随力的本质就是追随者运用自身特质，与领导力和工作情境能动交互的行为能量与价值。只有从追随者的多元特质、行为与领导力、工作情境的动态交互中，才能比较准确地认知和解读追随力概念的本质（曹元坤、许晟，2013）。

二、开放调查

（一）调查样本

本研究有三个样本，样本 1 为开放式问卷；样本 2 为追随者结构式访谈；样本 3 为企业人力资源部经理专题座谈。各样本的详细情况如下：

样本 1 为配对（领导、员工）开放式问卷调查。调查在江西省南昌市高新技术经济开发区多类型企业中进行。共发出开放式问卷 400 份（其中员工问卷 300 份、领导问卷 100 份）。回收有效问卷 265 份（其中员工问卷 196 份、领导问卷 69 份）。样本 1（员工与领导两种开放式问卷合并统计）的年龄在 19 ~ 52 岁，平均年龄为 30.73 岁，平均工龄为 16.27 年。从性别上区分，其中男性为 137 人（占 51.69%）、女性为 121 人（占 45.66%）、缺失数据 7 个（占 2.65%）。文化为：高中（中专）及以下为 82 人（占 30.95%）、大专（高职）78 人（占 29.43%）、本科 86 人（占 32.45%）、研究生（硕士、博士）11 人（占 4.16%）、缺失数据 8 个（占 3.01%）。就公司性质而言，国有企业人数 136 人（占 51.32%）、外资企业 18 人（占 6.79%）、股份企业 34 人（占 12.84%）、民营企业 77 人（占 29.05%）。就职位层次来区分：69 份领导者开放式问卷，其中公司级领导 17 人（占 24.64%）、公司部门经理级领导者为 52 人（占 75.36%）。196 份员工的开放式问卷，其中从事生产加工的普通员工为 86 人（占 43.87%）、从事营销服务的员工为 82 人（占 41.83%）、从事技术工作的 13 人（占 6.63%）、从事事务工作的 11 人（占 5.61%）、缺失数据 4 个（占 2.06%）。

样本 2 为结构式访谈，受访对象为 12 人。访谈目的是了解部属追随力的典型行为特征。其中 3 人为公司级领导者，主要了解他们对部属追随行为的基本要求；5 人为企业部门经理级管理者，这类管理者既是领导者又是追随者，他们最熟悉追随行为的基本特征和领导者对追随者的行为要求；4 人为普通员工（3 人为积极追随型，1 人为消极接受型）。12 名受访对象中，男性 7 人、女性为 5 人，平均年龄 34.3 岁，平均工龄为 18 年。文化为：大专及以下 2 人、本科 6 人、研究生 4 人。

样本 3 为企业人力资源经理座谈。本研究邀请 15 名南昌地区的企业人力资源部经理进行座谈，实际到会者 9 人（缺席 6 人），其中人力资源部经理 7 人，人力资源部干部 2 人。座谈会目标是组织企业人力资源管理者对本研究的开放式问卷、小组讨论、访谈调查所收集、整理后相关部属追随力典型行为特征条目的内容效度评审和进一步补充信息资料。

（二）样本采集

1. 开放式问卷的样本采集

第一步，研究者深入 2～3 个企业进行前期调查，了解企业领导者与其部属对追随者、追随和追随力概念的熟悉情况以及企业中的真实追随动态。通过前期调查，发现本土企业的领导和员工对追随力理论还很陌生。

第二步，设计领导、部属两种视角的开放调查问卷的问项，以及被试的基本信息填项。考虑到开放问卷是整个研究获取实地源信息的重要一步，所以必须根据本书各个子研究内容来设计开放问项。

领导问卷的主要问项是：①从企业领导者角度，你对部属的追随行为有哪些基本要求？②你认为哪种组织氛围有利于追随力的提升，哪种组织氛围会抑制部属的追随力？③你认为哪些领导行为有利于追随力的提升，哪些领导行为会抑制部属的追随力？④你认为领导者和追随者应该保持一种怎样的人际关系？这种关系对追随力与领导效能起什么作用？⑤你认为追随者会出于哪些动机追随领导者？⑥你认为部属的追随力是以怎样的方式作用于领导力的？

员工问卷的主要问项是：①你认为一个积极的追随者应该具有哪些行为特征？②你出于哪些动机追随领导者？③你认为领导者和追随者应该保持一种怎样的人际关系才有利于激发部属的追随力？④有哪些因素会影响你主动追随领导者。⑤你认为你的追随力是以怎样的形式作用于领导力的？

在设计问项的同时，考虑到本土企业领导者和员工因对追随者、追随力概念并不熟悉而无法准确答对所问，研究者在开放式问卷中设计了简短的追随者、追随力概念的注释。

第三步，开放式问卷的送审，请导师和另外两位具有丰富经验的管理学专家，共同对开放问卷的各问项进行修改和审定。

第四步，通过相关人际关系与被试企业的领导取得联系，获得他们的支持后，研究者再到被试企业现场发放和回收开放问卷，同时解答被试领导的相关提问。

第五步，开放问卷收上来后，研究者按以下标准筛选有效问卷：①剔除缺少基本信息的问卷；②剔除回答态度不认真的问卷，如字迹潦草无法看得清，表达意思很不明确，或乱涂乱画的问卷；③剔除所写条目与问项不相关的问卷，以及与问项意义相反的问卷，如“追随力是一种拍领导马屁的小人之能”、“领导者和追随者是一种压迫者和被压迫者的关系”等，此三类问卷统统作为废卷处理。

2. 结构式访谈样本采样

受访对象包括企业领导者、追随者和既是领导者又是追随者的中层管理者。访谈形式为一对一。访谈时间大约为 1 小时。访谈内容主要为开放问卷中的问项，但要求受访者对每一个提问谈出自己的具体经历、相关案例以及主观感受。访谈方法为询问式。由于有三种受访对象，研究者与三种受访对象的访谈内容侧重点是有所区别的，与领导者的访谈，侧重了解领导者对追随者特质、行为的基本要求；与普通员工的访谈，侧重了解部属追随领导者的基本动因、行为特征和追随方式；与中层管理者的访谈，由于中层管理者是企业中承上启下的桥梁，也是企业人际关系的交汇点，他们最了解人际关系的个中滋味和微妙，所以研究者侧重通过中层管理者了解企业中的各种人际关系，以及各种人际关系对追随力的正负向影响。访谈步骤主要为三步：第一步，受访者个人基本信息的介绍；第二步，提问与具体回答，包括相关经历、案例事件与主观感受的回顾；第三步，请受访者对本企业总的追随状态作简短评估。访谈所获得的信息通过文字记录和录音相结合予以保存和备查。

3. 企业人力资源部经理座谈样本采样

通过相关人际关系，邀请一些不同类型企业的人力资源部经理进行座谈。设置这一样本有两个意图：其一，由于人力资源部经理熟悉企业人员的思想动机与行为特征，可以对本研究开放问卷、结构式访谈所收集的追随力的信息条目做一个比较准确的评述；其二，对本研究开放式问卷，结构访谈尚未收集的遗漏信息进行补充。座谈会样本为会议记录。研究者自己在座谈会上直接与众位企业人力资源部经理互动，另外聘请了两名博士生学友担任会议记录。座谈会上讨论与补充的相关条目，均须得到与会者的一致认同才有效。座谈会在经由研究者初审和合并后条目基础上，再一次修订本研究相关条目 68 条、删减条目 27 条、补充增加条目 11 条。

三、研究过程

（一）从原始信息提取初始条目

本研究所收集的有效开放问卷 265 份、结构式访谈记录 56 页、企业人力资源专家座谈记录 18 页。这三渠道收集的原始信息中，既有抽象的条目描述，也有具体追随事件的描述。因此，研究者将按下列几个准则，从三渠道的原始信息中提炼出本研究的初始条目。

第一，对那些含义既清晰又单一的描述，可直接作为有效条目予以保留。

第二，对多重含义相互交织在一起的描述，研究者会同两位管理学博士生学友共同讨论，将这类描述或修改或拆分或剔除。

第三，对原始信息中的一些反向或负性描述，在编码时我们将进行转换表述。

第四，对于与追随力内涵结构联系不紧密，含义较泛以及曲解追随力本质的描述，研究者将直接给予删除。

第五，对访谈信息中的一些追随案例描述，研究者在反复阅读、理解其所表述的重要含义基础上，把重要含义提炼成抽象的问卷条目。

例如："我是南昌市麦德龙商场水果柜组的柜组长兼售货员。时令水果非常讲究保鲜质量，在进入柜台前是储存在恒温的保鲜仓库中。由于水果有雨季和暑季易变质的特点，仅上季度腐烂变质的水果，如橘子、香蕉、水蜜桃等竟达1156公斤，损失金额达1.1万元。我是个很敬业的人，看见这些损失痛在心里，认为水果除自身容易变质的因素外，也有人为的主观因素，主要表现在两个方面：一是没有设立保鲜柜台，不利于上柜后水果保鲜与仓库保鲜的连续性，这是造成水果损失大的主要原因。二是水果也有一个量变到质变的过程，如果在刚刚开始量变时，能够灵活地变价处理，会降低水果损失。可是水果的变价处理需要商场领导亲自过目和层层报批而失去及时性。于是我多次与商场领导及时沟通，提出改进意见，要求设立水果保鲜柜台和给予柜组灵活变价处理权限，领导最终接受了我的建议。自设立水果保鲜柜台和授权柜组灵活处理变价水果后，水果的损失下降了50%多”。由于这段描述性追随行为，不可能作为问卷条目，因此，研究者将描述中具有普遍意义的特征提炼出三个条目：“追随者要及时与领导者加强信息沟通”，“追随者要积极向领导提出改进工作的建议”，“追随者关心工作绩效”。

按照以上五条基本原则，本研究从原始信息中共剔除各种不符合要求，或含义模糊的语句377条，保留反映部属追随力行为特征的条目1056条。表4－1为开放问卷中条目提炼的示例。

表4－1　开放问卷原始信息提炼条目的过程示例

问卷类别	提取后的条目表述	原始信息的条目表述
员工开放问卷	1. 追随力是追随者积极进取的工作态度 2. 追随者与领导者同心同德共谋组织目标实现 3. 追随者及时向领导反馈真实工作信息 4. 追随者会就具体工作向领导提出合理建议 5. 追随者忠实贯彻执行领导者的决策 6. 追随力是追随者灵活应对工作情境变化的能力 7. 追随者执行领导指令注重实绩 8. 追随力是追随者与领导者互动的能力	1. 追随力是追随者积极进取的工作态度（修改） 2. 为了追求自身利益的最大化（删除），追随者会与领导者同心同德共谋组织目标实现（保留） 3. 追随者在工作过程中（删除），会及时向领导汇报真实工作情况，并提出自己的合理化建议（修改和拆分为两条） 4. 追随者忠实执行领导者的决策（保留） 5. 追随者积极贯彻执行领导指令（含义同于4，合并） 6. 工作情境总在不断变化中，追随者要有灵活的能动性、创造性才能应对工作（表达不准，修改） 7. 追随力是追随者追随领导者的工作绩效（含义模糊，修改） 8. 在与领导的沟通中，我常提些合理建议并被领导采纳，这也许是追随力吧（疑问句，修改） 9. 追随力是追随者对领导者地位、权力的盲从和依赖（与追随力的本质不符，应予删除）

续表

问卷类别	提取后的条目表述	原始信息的条目表述
领导开放问卷	1. 追随力是追随者与领导者的人际关系反应 2. 追随力是追随者的工作进取精神 3. 追随力是追随者支持领导工作的能力 4. 追随力是追随者独立工作的思维悟性 5. 追随力是下属个体、群体对领导者的影响力 6. 追随力是下属的工作执行技能	1. 追随力既是下属对领导的一种情感意愿倾向，也是工作进取精神的一种表现（修改后分为两条） 2. 追随者支持领导工作的能力就是最根本的追随力（修改） 3. 追随力即部属支持领导工作的力度（含义与2相似） 4. 下属能否领会领导意图，独立创造性工作最能反映其追随能力（修改） 5. 下属个体、群体的合理意见，对领导决策具有很强的影响力（加以精炼） 6. 下属的主要职责是执行，因而下属的执行力也就是追随力（修改） 7. 工作执行力最能反映下属的追随力（含义与6相同，合并）

（二）从访谈信息获取初始条目

由于企业领导者与部属对追随者、追随、追随力的知识十分有限，因而在开放式问卷中对追随力行为特征的描述并不准确，就会影响样本的质量。因此，本研究把与企业领导者、追随者的结构式访谈作为获取原始信息的重要来源渠道，而不是补充渠道。本研究的受访对象为12人，其基本信息如表4-2所示。

表4-2 受访对象的基本信息

序号	公司名称	受访者					访谈方式	访谈时间（分）
		性别	年龄（岁）	文化	职位	工龄（年）		
1	中国电信景德镇市公司	男	42	硕士	总经理	19	面谈	60
2	中国移动景德镇市公司	女	35	硕士	经理	17	面谈	65
3	江西洪都航空集团摩托车制造公司	男	47	双硕士	总经理	25	面谈	45
4	江西洪都航空集团摩托车制造公司	女	30	本科	工程师	8	面谈	55
5	江西洪都航空集团摩托车制造公司	女	24	高职生	营销员	2	电话	30
6	南昌麦得龙商场	女	28	专科	柜组长	6	面谈	50
7	九江石化集团公司	男	43	本科	科长	24	电话	35

续表

序号	公司名称	受访者					访谈方式	访谈时间（分）
		性别	年龄（岁）	文化	职位	工龄（年）		
8	民营正邦饲料公司	男	39	本科	总经理	17	面谈	55
9	民营正邦饲料公司	女	23	大专	质检员	1	面谈	40
10	九江航运公司	男	26	大专	调度员	4	网谈	45
11	萍乡盐业公司	女	32	大专	部门经理	9	电话	35
12	萍乡盐业公司	男	27	本科	批发员	6	网谈	40

由于篇幅有限，本研究列举两例从追随者、领导者访谈中提取问卷条目示例（见表4－3、表4－4）。

表4－3　受访者A的访谈记录编码

样本公司：洪都航空集团摩托车制造公司	受访者职位：总经理	访谈主题：你认为追随力是什么	访谈时间：60分	编码
前几天接到你的电话，对追随力是什么的问题，我颇为思考了一番。追随者、追随力的相关知识，我在完成MBA学业时有所了解，但很浅。其实你们搞学术研究的人最有发言权。要我说就从企业角度谈点不成熟的看法吧。我公司是一个制造型企业，满足社会居民对摩托车系列产品的需求是我们的社会责任。因此，公司会按季按月直接给各生产车间下达定额生产任务，再由车间分解到各班组及员工个人。车间的生产任务能否如期完成，与生产流程的通畅紧密相关，如果上一道工序不能按期完成生产任务则会影响下一道工序生产任务的完成。可见上下工序的衔接和相互协作对生产型企业十分重要。在企业生产实践中，大部分员工都会自觉如期完成生产定额任务，有一部分员工需要车间主任和班组长严密监控和强化指导才能完成生产任务；还有少数员工因未完成生产任务而拖车间的后腿。针对这三种类型的员工，我和车间主任也曾多次分析，究其原因主要是他们的“德”、“能”、“勤”、“惰”四因素的表现差异。德即职业道德，指员工的爱岗敬业、任务意识、质量责任感、进取精神等内在品质；能即生产技能，指员工熟练的生产操作技术，以及创新生产等专业性能力；勤即勤奋，指员工勤于工作思考、勤于不断学习、乐意吃苦耐劳、兢兢业业、不计较个人得失等；惰即懒惰，指不思进取、贪图安逸、缺少责任感、工作得过且过和斤斤计较等不良习惯。作为一名企业领导，我希望自己的员工有职业道德、有生产技能且工作勤勉。只有这样的追随者，才能推动企业变革，开创企业的美好未来。因此，我认为员工的进取精神就是追随力；对领导者工作的支持力就是追随力；对工作问题的勤于思考力就是追随力；完成和超额完成任务的执行力就是追随力；员工相互协作的合力就是追随力。以上仅是我的个人认识。				A1、A2 A3、A4 A5

续表

样本公司：洪都航空集团摩托车制造公司	受访者职位：总经理	访谈主题：你认为追随力是什么	访谈时间：60 分	编码
编码 A 所提取的条目 A1. 追随力是追随者的积极进取精神 A2. 追随力是追随者对领导者工作的支持力 A3. 追随力是追随者对工作的思维力 A4. 追随力是追随者完成工作任务的执行力 A5. 追随力是员工相互协作的合力				

表 4-4 受访者 B 的访谈记录编码

样本公司：中国移动景德镇市公司	受访者职位：部门经理	访谈主题：你是怎样追随领导者的	访谈时间：60 分	编码
我以中国移动景德镇市公司陶瓷采购中心项目为例。谈自己是如何协作领导工作。陶瓷采购中心项目是利用中国移动采购网络优势，助力景市陶瓷产业发展，以争取地方政府对移动发展的倾斜支持，实现双方互惠。公司领导层有这个想法，但因找不到项目如何实施的出口，就搁置下来。2008 年春，领导把我找去，要把这个项目交给我来完成。因这个项目与我的职位工作无关，我说给我半个月时间了解相关情况。于是我通过互联网了解国内外陶瓷市场的新变化、新需求，同时走访一些生产厂家、批发营销商家和景市的陶瓷协会。在市场调查基础上，我坚定地回答领导：我愿意协助领导完成陶瓷采购中心的规划建设任务。				B1 B2
而后，我主动找领导沟通 10 多次，准确了解领导意图，向领导反馈调查信息和市场动态，提出自己的整体想法，规划理念、具体思路和方法步骤，以取得领导的认同。在此基础上，就移动集采优势、陶瓷产业化发展、保护景市瓷都品牌和本项目建设的意义，我代公司起草了项目建设报告递呈给市政府，引起了市府多位领导的高度重视，市长亲笔批示，“举全市之力做好此项目”。紧接着我继续起草了项目三年实施规划，包括建设目标、组织结构、职能定位、实施步骤、宣传推广、技术保障、支撑平台以及政策资源等，勾画了项目的发展蓝图。同时我积极地进行相关协调关系攻关，使项目迅速被市政府批准立项，并成功完成公司与市瓷局战略合作协议的签订。中国移动集团公司总裁当即将景市陶瓷采购中心定位为中国移动在景市的陶瓷采购基地，并给予了相应的支持。使该项目由地市推动的“小项目”上升为集团公司的“大项目”。				B3、B4 B5、B6 B7 B8
为了保证陶瓷采购中心顺利开业和开门红，我和员工同仁用积极的行动，把项目的各项具体任务要求一件件落实。如为了确保项目如期亮相在集团公司深圳的 BTB 集采会议，我们连续 7 个日日夜夜的艰苦工作，完成了 50 家陶瓷企业，300 件代表作品的筛选；完成了新产品目录的设计与印制。仅在这次 BTB 集采会议上，采购中心就获得了 2000 万元的订单，为采购中心顺利开业和开门红夯实了基础，我把他人觉得难以实现的事，通过自身的智慧与行为做成功了，因而感到很欣慰。				B9 B10

续表

样本公司：中国移动景德镇市公司	受访者职位：部门经理	访谈主题：你是怎样追随领导者的	访谈时间：60 分	编码
编码 B 所提取的条目 B1. 追随者具有识别工作情境变化的能力 B2. 追随者具有承担挑战性工作的勇气 B3. 追随者通过加强与领导者的沟通准确了解领导意图 B4. 追随者及时向领导反馈真实信息 B5. 追随者积极向领导提出自己的建设性建议 B6. 追随者善于谋求与领导者的共识 B7. 追随者具有整合各项有效资源的能力 B8. 追随者具有灵活处理人际关系的技能 B9. 追随者用积极的执行力创造工作绩效 B10. 追随者具有不畏苦和累的敬业精神				

四、研究结果

（一）条目合并和条目精减

三个渠道收集的原始信息通过初步筛选后，仍然有 1056 条之多，其中有很多含义重复和相似描述的条目，需要对同义与近义的条目再次合并。本研究首先按两步进行条目合并，第一步，将含义和描述完全重复的条目合并，并计算条目重复出现的频次，使条目减至 737 条；第二步，合并近义的条目，使条目的含义内容更加单一，区别性描述更明确。此次合并后条目减至 142 条，其中领导视角的条目 57 条，部属视角的条目 85 条。

接下来进行条目精减。为了保证合并后所得条目描述内容的单一性，与追随力本质紧密相关性，以及条目之间的明显区别性，本研究邀请了一名管理学博士生导师和两名博士生对条目逐条斟酌和再次精减，并按下列原则操作。第一，将领导与部属两种视角的条目全部转换为综合视角的条目，并保持条目的原含义不发生改变。第二，将转换为综合视角后的 142 个条目中相同与相近含义的条目再次合并，并认真考量每个条目的含义是否单一，表述是否准确，与其他条目是否具有明确的可区分度。第三，对频次在 5 以下的条目，仔细推敲是否与追随力的本质特征紧密联系，如果不够紧密的条目，则直接予以剔除，使条目降为45个。其重复出现的频次如表4－5所示。

表4－5 合并和精减后条目的出现频次统计

序号	条 目	出现频次
1	追随者忠诚组织目标	24
2	追随者为组织利益而追随领导	21
3	追随者具有相互协作的团队精神	37
4	追随者保持锐意进取的心态	31
5	追随者具有与领导共谋组织发展的责任感	43
6	追随者主动自我学习以适应组织发展的需要	32
7	追随者始终保持锐意进取的工作心态	27
8	追随者具有较强的大局意识	16
9	追随者具有诚实守信的职业操守	25
10	追随者具有承受挫折的意志力	23
11	追随者能够较敏锐的识别工作情境变化	28
12	追随者具有一定适应和应对变化的能力	21
13	追随者对各项工作勤于认知思考	26
14	追随者具有突破常规、勇于创新的活跃思维	22
15	追随者对自己的工作具有计划性	37
16	追随者能够准确认知领导的工作意图	24
17	追随者具有灵活实现领导意图的能动性	31
18	追随者具有规划整合各种工作资源的能力	21
19	追随者总在第一时间忠实执行领导决策	35
20	追随者注重从每一执行细节做起、做好	23
21	追随者不会因阻力影响对领导指令的执行	16
22	追随者讲究执行实效	32
23	追随者勇挑重担，不推诿工作责任	11
24	追随者会根据情境变化，能动地实现执行目标	13
25	追随者把领导的工作要求落实在具体执行中	9
26	追随者能与同事团结协作共同完成执行任务	22
27	追随者具有独立完成任务的执行技能	33
28	追随者积极为领导开展工作献计献策	31
29	追随者通过及时反馈真实信息支持领导决策	29

续表

序号	条　目	出现频次
30	追随者用创新实践帮助领导开拓决策思路	6
31	追随者勇于挑战领导者	6
32	追随者贡献个人智慧助力领导决策	6
33	追随者带动同事努力实现领导意图	7
34	追随者在群体活动中发挥着一定的表率作用	23
35	追随者主动协助领导分担工作责任	12
36	追随者经常与领导进行思想情感沟通	22
37	追随者善于在互动中感知领导的所思所求	9
38	追随者自觉把自身利益融入领导利益中	11
39	追随者经常站在领导立场上思考问题	18
40	追随者会主动适应不同风格的领导者	6
41	在领导面前追随者会摆正自己的位置	17
42	追随者在工作中自觉地与领导默契配合	18
43	追随者以平和的心态接纳来自各方的不同意见	7
44	追随者与同事保持着良好的互动关系	26
45	追随者积极帮助同事克服工作中的困难	27

（二）条目归纳分类及命名

为了澄清追随力概念的内涵结构，需要研究者对以上所整理出来的条目进行归纳分类和命名，由于研究者个人的思维与判断准确率毕竟有限，需要借助他人的思维与判断。因此，本研究邀请了三名组织行为学的博士生和两名博士生导师参与归纳分类和命名。本研究的条目归纳分类和命名将按照 Farh、Zhong 和 Organ（2004）的做法，分几个步骤来完成。第一步，由研究者将 45 个条目打印在不同的卡片上，共准备好三套。第二步，由三名博士研究生分别进行各自的归类与命名。为了不影响他们对条目分类和命名的思维与判断，三名博士生不准事先有所沟通。第三步，在三位博士生完成各自的归类与命名工作后，再将他们集中在一起，对照彼此的归纳分类和命名差异展开共同讨论。对三人事前达成一致的分类条目与命名先放置在一边，重点讨论三人不一致的归类条目，以期达到一致的归类与命名。第四步，研究者根据三人达成一致的归类与命名结果，再以自己的思维和判断作必要的调整或整合。第五步，也是最后一步，两名组织行为学专家、博士生导师对四步骤后的归纳分类与命名进行审核，得到他们认同后再确定下来。

经过以上程序，合并同类项和精减后的45个条目共分为五个维度，分别命名为进取精神、认知悟性、执行技能、关系技能和影响力。

（三）追随力概念内涵结构

以上的质化研究结果表明，追随力概念的内涵结构主要有五个维度。

1. 进取精神

文献根据是：追随者特质理论告诉我们，“正直、忠诚、积极进取”是学者普遍认同的追随者的关键特质。Lundin（1990）指出“追随者应该是正直的，这种正直既表现对组织的忠诚，也表现着他们愿意根据自己的信念去积极进取”。同时他还指出：“如果缺失进取精神，也就没有追随力可言”。本研究从实地源反馈的信息中提取了这方面的10个条目，分别从忠诚组织、工作心态、职业操守、责任感、大局意识、继续学习、追求目标和意志力等方面指向和聚焦着追随者的进取精神，因此命名为进取精神。它是追随者追随领导者工作在态度方面的系列内在品质。这个维度在追随力内涵结构中起着定性定向的导向和动力作用，并区别于其他维度。

2. 认知悟性

文献根据是：善于认知、独立思考（Kelley，1992），是较多学者达成了共识的追随者特质。Meilinger（1994）指出：“我们都相信自己足够聪明和成熟而不用别人指导去完成工作”，“追随者事事都想从领导那里得到所有的答案是天真的，这样做领导是不会喜欢的”。“追随者要善于认知和独立思考，主动去寻找问题的答案，而不是等待领导的明确指示”（Alcorn，1992）。本研究从实地源的反馈信息中提取了这方面的8个条目，分别从勤于思考、深刻认知、敏锐识别、准确理解、计划性、能动性、创新思维等方面指向和聚焦着追随者大脑思维的认知悟性，因此命名为认知悟性。它是追随者追随领导者工作在智力方面的系列内在品质。认知悟性在进取精神的驱动下，对追随者的行为操作活动起指导作用，并区别于其他维度。

3. 执行技能

文献根据是：Alcorn（1992）指出：主动、灵活、积极参与是追随者的基本行为特征。同时他还指出：“主动去做他们认为对的事情是追随力内容的一部分”，“只有积极参与，追随者才会拥有发言权”。Goffee和Jones（2006）认为：“好的追随者有熟练辨别变化和时机完成工作的能力”。Meilinger（1994）也明确指出：“灵活地、创造性地完成具有一定程度上模糊性和不确定性的工作是一个有效追随者的必备技能”。本研究从实地源的反馈信息中提取了这方面的9个条目，分别从执行时间效率、执行细节、执行意志、执行实效、执行的灵活性、能动性、独立有效执行和团队协作执行等方面指向和聚焦着追随者的行动执行技术与能力，因此命名为执行技能。它是追随者追随领导者工作在行动操作方面的系列品质。追随者的本质就是下属的行为角色，作为下属职位身份的追随者，其主要职责就是执行计划、贯彻领导指令、完成工作任务、达成既定目标等。用通俗的话说，执行技能就是如何运用操作技术与能力把事做好、做圆满、做漂亮。

4. 关系技能

文献根据是：Bjugstad（2006）指出“追随力是追随者和领导者之间的一种关系，是相互依赖的关系而不是从属关系”。Musselwhile（2004）认为，“当你主动与领导搞好关系，你会赢得领导信任，从而获得进一步进入领导内心世界的机会，反过来使你更明智更有价值”。同时他还进一步告诫追随者，“想获得领导的信任、资源和授权，就必须具有熟练的人际关系技能”。Sevier（1999）则直接指出：“关系技能本身就是一种追随力”。本研究从实地源反馈信息中提取了这方面的 11 个条目，分别从善于感知、加强情感沟通、换位思考、摆正位置、心态平和、默契配合、友好互动、相互关心等方面指向和聚焦着追随者处理人际关系的能力，因此命名为关系技能。

5. 影响力

影响力主要指追随者对领导者、对同事积极主动的影响。Drucker（1966）指出：世界上任何人都是影响别人和被别人影响的个体。Kellerman（2008）也指出：“追随力概念贯穿着‘向上领导’（Leading Up）的理念”。追随力的实质就是追随者自下而上的影响力，这种向上影响力正在创造变革并改变着领导者。Martin（2007）认为：“用领导和追随者的相互影响来定义工作的关联，这种相互影响不是依靠领导的特质而是追随者的特质”。作为下属身份的追随者并非消极被动接受他人影响的个体，而是具有思维力和主观能动性的主体。在与领导者的互动中，追随者对领导者自下而上的影响是积极独立的。他们通过相互沟通、反馈信息、献计献策，挑战领导错误、调查研究、表率作用、创新活动等，对领导者产生直接与间接的影响。根据追随力与领导力的共生关系和积极作用，因此命名为影响力。本研究从实地源反馈的信息中提取了 7 个这方面的条目。

五、分析讨论

（一）追随力概念内涵结构的模型

本研究通过配对（领导者、追随者）开放问卷、结构式访谈、企业人力资源部经理专题座谈三渠道，广泛收集追随力典型特征，并以严格的、规范的质化研究程序，得出了本土组织情境中追随力的初步结构维度模型（有待下一章通过实证统计数据检验并加以确认）。

1. 追随力定义

追随力是追随者在追随领导者工作中，与领导力和工作情境能动交互的多维特质与行为。

2. 追随力结构维度

进取精神（追随力在人对自身行为取向的心理活动中）、认知悟性（追随力在人对外界事物的认识活动中）、执行技能（追随力在人的工作行为活动中）、关系技能（追随力在人际交互活动中）和影响力（追随力在人与人的相互影响中）。

本书对这五个维度作如下操作性定义：

进取精神——追随者为了组织目标和自我价值实现，所表现出来的忠诚敬业、积极向上、大局意识、责任意识和坚毅的意志力等心理品质与工作态度。

认知悟性——追随者对领导力、工作情境与客观事物细心洞察、深刻认知和举一反三解决工作难题的活跃思维能力。

执行技能——追随者为了达到预期的执行目标所拥有的坚定性与灵活性、能动性与创造性相结合的行动品质。

关系技能——追随者为了证明自己更加明智更有价值所具备的沟通、移情和感染他人，以赢得认同、支持的人际交互技术与方法。

影响力——追随者通过情感与言行、信息与观点，去影响他人的情感、言行、观点的潜性能力。

从本研究的追随力内涵与结构看，研究者并非仅从追随者的某个角度，如特质角度、精神角度、关系角度、行为角度、能力角度来认识追随力，而是从追随者的心理活动、行为活动、人际交互活动的综合角度来全面认知追随力。不仅关注追随者的行为，而且关注追随者的心理活动和人际交互。不仅重视追随者的工作能力，同时也重视追随者的内在品质和人际关系与工作情境的相互作用。不仅研究了追随力五维度间的相互关联与作用，而且也研究了追随力与领导力的共生与交汇。因此反映了追随力对领导效能、对组织绩效发挥作用的完整过程。其中进取精神在内涵结构中起定性定向作用，主导着追随者认知悟性、执行技能、关系技能和影响力的内在联系。认知悟性强调追随者对工作的独立思考、能动性和创造性。执行技能强调追随者的实际操作技能、方法、业绩和意志力。关系技能强调追随者调整、处理与领导者、与同事人际关系的能力，营造创造业绩的良好人际环境与外部条件。影响力强调追随者对领导者积极能动的反应及向上影响。这五个维度既有紧密的关联性，又具有相对的独立性，形成了相互依存、相互制约的统一关系，共同构成了追随力概念完整的内涵结构模型（见图4－1）。

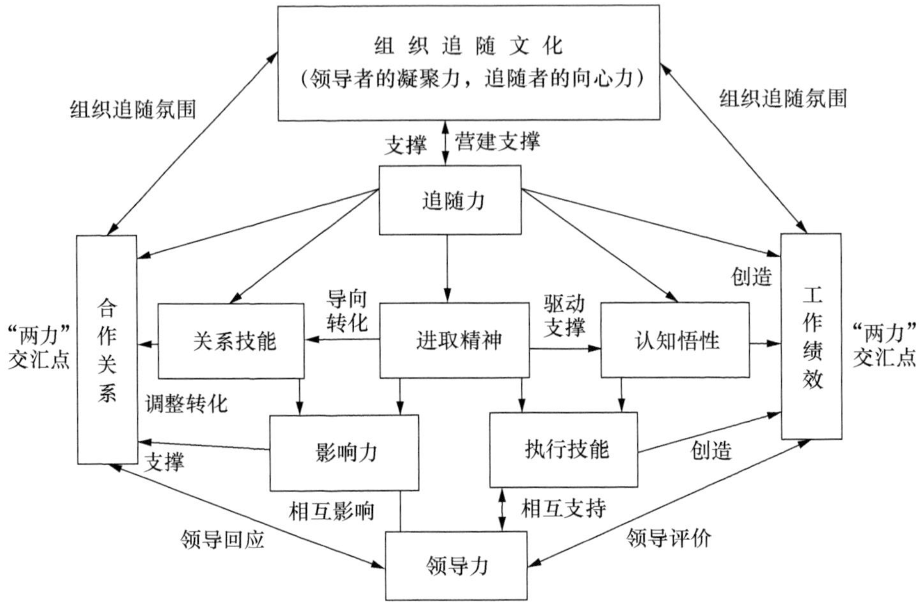

图4－1　追随力概念模型

（二）两种文化背景下追随力的内涵与结构差异比较

1. 内涵差异比较

（1）解读的视角不同。本书对追随力概念内涵是从态度、特质和行为的综合视角进行解读：追随力是追随者追随领导者工作，与领导力和组织环境相互作用的进取精神、认知悟性、执行技能、关系技能和影响力等特质与行为。这是一种集关系、价值、特质、态度与行为相统一的认知视角。其中“追随者追随领导者工作”注释了追随者与领导者的合作关系；“与领导力和组织环境相互作用”注释了追随力对领导力、组织环境的能动作用与价值；“进取精神、认知悟性、执行技能、关系技能和影响力”注释了追随力是追随者的态度、特质与行为。它概括了追随者追随领导者工作在心理活动、行为活动和人际交互活动中所必须具备的多维品质。而西方学者对追随力概念的解读大多采用比较单一的认知视角，如 Chaleff 的勇气观、Frye 等的合作意愿观、Kellerman 的上下级关系观、Bjugstad 等的能力观、Jehn 和 Bezrukova 的行为观等。这些单一视角的解读只是反映了追随力的某一方面，具有片面性、局限性的不足。

（2）解读的落脚点不同。西方文化及其观点的创新，受其自身历史文化与社会制度的特征影响，基本都是站在个人功用的基点上。对追随力内涵的解读也不例外，无论出于哪种研究视角，最终都是服务于追随者个人发展的功用需要。本研究则站在组织发展的基点上，解读追随力对领导力、对组织绩效的价值，以及追随者创造组织绩效所需具备的特质与行为，把解读的落脚点放在服务于组织的发展上。

（3）解读的方法不同。西方学者对追随力概念的解读方法主要是思辨性理论观点建构方式，即没有澄清追随力内涵结构，仅主观性提出观点，阐述理由；或阐述理由，再推出观点。这种主观建构理论观点的方式缺失科学研究程序和严密的论证，也没有实证数据支持。本研究对追随力内涵的解读，摒弃了个人的主观推断，通过多渠道收集大量的研究数据，在严格的程序和规范的操作中对原始信息进行筛选、合并、归类、提炼，以及描述具体化、形象化、准确化加工，从中提炼追随力的本质特征和建构追随力内涵结构模型。在此基础上再作出释义。同时，这一释义还必须进一步通过实证数据统计分析检验后，才加以确认。方法的科学性必然提高解读结论的可靠性。

2. 结构差异比较

就追随力的结构维度而言，本研究与西方学者的结构维度既有同质方面，也有异质方面。从目前所公开发表的追随力研究文献中，西方学者只有 Kelley（1992）、Dixon 和 Westbrook（2003）提出了对追随力概念结构维度的主观性观点。他们认为：追随力是多种追随能力的组合，这些能力包括工作悟性、主动思考能力、积极参与能力、影响同事的能力、目标共享及达成能力、与领导建立信任的能力、风险承担能力、适应能力等。在国内学术界，由于追随力理论是一个全新的研究课题，对其研究的起步较晚，在国内所公开发表的相关研究文献中，也没有发现相关追随力结构维度的研究成果。因此，本研究只能与 Kelley 等学者的追随力结构维度进行比较。

从表 4－6 的异同比较中可以看出：

本研究的进取精神维度基本与 Kelley 等学者的目标共享、风险承担能力、适应能力相对接。但本研究注重先做人后做事，做人做事相统一，突出了道德、操守、态度对思维活动、行为活动、人际活动的定性与定向作用。而 Kelley 等学者则只注重目标、愿景对人的牵引与激励，相对忽视人的内在品质对行为的导向。对追随者承担责任与风险、适应各种环境变化，双方具有共识。不同的是本研究把它列入进取精神维度中，而 Kelley 等学者把它单独列为风险承担能力和适应能力两个维度。

表 4－6　与 Kelley 等学者的追随力结构维度异同比较

本研究的追随力结构维度		Kelley 等学者的追随力结构维度	
结构维度	各维度包含的主要内容	结构维度	各维度包含的主要内容
1. 进取精神	忠诚组织、遵章守纪、工作责任性、团队观念、大局意识、诚实守信的职业操守、组织利益高于个人利益的价值取向、平和的心态、爱岗敬业、承受挫折、终身学习等	1. 目标共享 2. 风险承担能力 3. 适应能力	与领导者共享一个目标，共同描绘愿景，能够承担责任与风险，能够适应各种变化和环境
2. 认知悟性	勤于和善于独立思考、思维认知活跃、敏锐观察、准确理解领导意图、灵活应对变化、能动性、计划性、目标性、资源的规划整合、具有思考和解决实际工作问题的能力等	4. 工作悟性 5. 主动思考能力	具有认知、理解事物或问题的能力，也具有触类旁通，思考问题的主动性、能动性等
3. 执行技能	执行的主动性、注意执行细节、讲究执行实效、排除执行阻力、勇挑执行重担、承担执行责任、能动执行、独立执行、协同执行、意志力等	6. 目标达成能力 7. 积极参与能力	具有实现目标的能力，包括积极参与组织活动、主动执行、创造执行等
4. 关系技能	摆正工作位置、主动适应不同风格的领导者、从领导角度思考问题、与领导沟通思想观点和情感、默契配合工作、帮助领导分担工作责任、与人为善、求同存异、移情等	8. 与领导建立信任的能力	注意与领导者搞好关系，以赢得领导的信任和支持
5. 影响力	既包括对同级和下级的影响，也包括自下而上对领导者的潜在影响，以及技巧挑战领导者的错误	9. 影响同事的能力	主要指对同事与下属的影响

本研究的认知悟性维度与 Kelley 等学者的工作悟性、主动思考能力两维度相对接。在这个方面与 Kelley 等学者具有共同认知，但 Kelley 等学者把它分作两个维度，本研究只作一个维度。

本研究的执行技能维度与 Kelley 等学者的目标达成能力和主动参与能力两维度相对接。本研究这个维度主要指追随者的执行品质（如主动性、意志力等）和执行能力（如能动性、操作技能、创造性等）。而 Kelley 等学者的这两个维度却十分宽泛，包括参与组织活动、达成目标所必须具备的一切品质与行为。

本研究的关系技能维度基本与 Kelley 等学者的与领导建立信任的能力相对接。但本研究这一维度指处理、调整各方面人际关系的技能，包括对上级、同级、下属的人际关系，也包括外部人际关系。关系技能不仅指做人的方法与技巧，更指人际伦理道德规范。而 Kelley 等学者这一维度只指调节领导者与追随者人际关系的技能，目的是赢得领导信任和支持。

本研究的影响力维度基本与 Kelley 等学者的影响同事的能力相对接。本研究的影响力维度是指人与人之间的相互影响，包括追随者对同级、下级的影响和自下而上对领导者的潜在影响两个方面。而 Kelley 等学者的这个维度只强调向下影响，即强调追随者对同级、下级的影响。

从维度整体结构分析，本研究的维度结构具有三个鲜明特征区别于 Kelley 等学者的维度结构。一是本研究的各维度含义宽窄面大体相等，既是一个严密的结构整体，同时维度间又有清晰的可区分度。而 Kelley 等学者的九维度含义宽窄面很不一，如目标达成能力这个维度的含义面相当宽泛，甚至可以把其他各维度包含在其中。而有些维度的含义面又很窄，如工作悟性与主动思考能力，虽然这两个维度不能完全等同，但却有很大的融通性和缺失清晰的可区分度。二是本研究的维度结构突出了道德、操守、态度对思维、行为和人际交互的主导作用，突出了特质、态度、行为的统一性。而 Kelley 等学者的九维度基本都是突出能力，相对忽视道德、操守、精神的导向功能。三是本研究的结构维度语言精炼，寓意既丰富又深刻，充满着本土时代文化的气息，而且对组织中的追随实践具有较强的解释力。而 Kelley 等学者把其建构的有些维度加以了限制，如把影响力局限在对同事的影响中；追随者建立信任的关系技能局限在领导者范围中，这些限制在一定程度上会降低追随力结构操作定义对追随实践的解释力。

六、本章小结

本章运用质化研究技术，通过开放式问卷调查、结构式访谈和企业人力资源专家座谈等渠道，收集追随力的典型行为特征，然后以严格的质化分析程序与步骤，从理论建构角度对追随力的概念作出释义和建构了追随力的内涵结构模型。这一定义和模型将通过下一章实证探索与检验后，再予以确认。

第一，追随力的定义：追随力是追随者追随领导者工作，与领导力和组织情境能动交互的多维特质与行为。

第二，追随力的内涵结构：追随力是由部属的进取精神、认知悟性、执行技能、关系技能、影响力五因素构成的概念。

第五章　追随力量表的探索与检验

一、导　言

本章重点解决两个问题：一是按照美国学者 Churchill 等（1979）、Hinkin（1995，1998）论述的量表编制方法，建构和检验追随力的量表，直到符合心理测量学的标准；二是用实证方式检验和确认追随力的内涵结构质化模型（曹元坤、许晟，2013）。

本书在第二章文献综述中已阐述，对追随力的测量，西方学者中仅有少数人做了一些不同的初步探讨，而且完全是服务于自身某种视角的研究需要。如 Kelley（1992）从积极参与和主动思考两个维度建构追随问卷，主要是用于对追随者进行分类。Gilbert（1988）从上司角度来研究下属的追随行为，所编制的问卷主要是测量不同类型的追随者分别喜欢哪种类型的领导者。Miller、Butter 和 Cosentino（2004）编制的追随问卷，只是用来测量追随者的行为动机是出于任务导向还是关系导向。Dixon 和 Westbrook（2003）采用 TFP（The Followership Profile）对 Chaleff 提出的五种勇气行为进行测量，其目的是证明组织所有层级中都存在着追随行为。截至目前，研究者暂未发现西方学者中有人对追随力概念的内涵结构作实证探索和检验，因此也就没有直接测量追随力内涵结构的相关成熟量表。国内学术界对追随力的研究起步较晚，目前还处在接受和传播国外相关研究成果的层面，因而目前也没有突破性的实证研究成果推出。因此，澄清追随力概念的内涵结构，建构具有较高信效度的追随力测量工具，填补国内外追随力理论研究中的空白，是当前追随力理论研究必须突破的命题。

本研究第四章已从文献源和企业实践源（开放式问卷、结构式访谈、企业人力资源专家座谈等）多种方式广泛收集追随力的典型特征，并运用科学的质化研究方法和严格的程序，建构了五维度的追随力结构初始模型，提取了45个反映追随力的典型特征条目，并以这45个条目编制测量追随力的初始量表。本章将进行初始量表的预测，通过预测数据进行必要的问项筛选和调整，经过2~3次探索性因子分析后，形成结构合理、条目精炼、含义准确、具有较高信度的追随力正式测量量表。然后在全省不同地区选择各种类型的企业进行正式测量。通过大样本的正式测量数据，检验量表的同质性信度、分半信度、内容效度、区分效度、收敛效度、实证效度等指标，同时也通过多个竞争模型比较，确立优佳的追随力内涵结构模型。

二、先导性研究

本书以第四章质化研究提取的45个典型条目为初始问卷进行先导性研究，在江西南昌市高新开发区随机选择企业12家进行前期预测调查。调查方法为研究者本人到企业实地发放和回收问卷。发放预测问卷200份，收回187份，其中有效问卷152份，有效率为76%。初始问卷采用Likert五级自陈测量：1＝不认同；2＝比较不认同；3＝不确定；4＝比较认同；5＝完全认同。

152份有效预测问卷：其中男性78人、女性74人，年龄在30周岁以下的为65人、31~40岁为78人、40岁以上为9人，文化在高中及以下为18人、大专42人、本科81人、研究生11人，制造加工业68人、营销服务业84人，主管（含相似）级67人、没有任何职务的普通员工85人，其中管理岗27人、技术岗16人、营销岗32人、生产岗43人、服务岗28人、其他岗6人。

（一）条目的筛选方法

本研究将通过下列几种方法，对预测问卷的条目进行筛选：

1. 项目分析（Item Analysis）

通过计算出问卷各个条目的决断值（CR值），根据测量总分区分高低分组之后，再求出高、低两组每个条目的平均差异显著性，以删除没达到显著水平的条目。

2. 修正条目—总分相关分析

修正条目—总分相关分析（Corrected－Item Total Correlation，CITC）是净化测量条目的方法之一。当条目的CITC值小于0.50时，一般应该删除此条目。本研究以0.50为临界标准决定测量条目的取舍。

3. 信度分析

对于条目筛选来说，主要通过条目删除前后 α 系数变化水平来考量各子量表的内在信度，以检验条目是否符合编制本意测量设计的理论构面（Construct），以及同一构面的所有条目内在一致性程度如何。本研究以 0.60 作为临界值，如果删除某个条目，其所属维度的 α 信度系数增加，则表明此条目可不再保留。在测量条目删除前后，都要先计算出 α 系数来决定取舍。

4. 探索性因素分析

探索性因素分析是检验理论上归属同一维度的所有条目是否能够形成一个提取方差比率最大的共同因子，从而可以表达或概念化该维度的内涵。本研究采用主成分分析法提取因子。参照初步分析结果，按照项目共同度的大小，选取因素共同度高和负荷高的条目，删除因素共同度低与负荷低，以及又具有比较均等交叉负荷的条目。每次抽取因素后，辅之以碎石图（Scree Poit），以决定因子的个数。本研究以因子载荷大于 0.50 为条目取舍尺度，提取因子的累积方差解释率不低于 60%，同时不允许跨因子负荷超过 0.35，否则直接删除该条目。

（二）先导性研究结果

通过上述四种方法筛选，预测问卷 45 个条目被删去 18 个，保留 27 个，这 27 个条目的预测结果如下：

1. 项目分析结果

根据项目分析程序，按 27% 分位数分成高低两组，经条目均值 t 检验，本研究保留后的 27 个条目 CR 值均在 0.05 统计水平上显著，说明条目具有较好的鉴别水平，因此予以保留。

2. 信度分析结果

通过对预测问卷的信度分析，质化分析的五个维度的初始信度分别为：进取精神 0.783、认知悟性 0.711、执行技能 0.785、关系技能 0.778、影响力 0.760，量表 27 个条目的一致性 α 系数为 0.817，说明 27 个条目的测量设计在预期的理论构面（Construct）上，具有较高的内在一致性信度。因此也予以保留。

3. CITC 分析结果

采用 CITC 法进行分析，考量 CITC 值对问卷信度的波动，以权衡测量条目的取舍。本研究将从两个方面考量：一是 CITC 值是大于还是小于 0.50；二是删除该条目后是否会增加信度系数来进行取舍（分析结果请见表 5－1）。分析结果显示，除条目 Fs5、Fs10、Fs21、Fs27 略低于 0.50 的 CITC 取舍点，会引起问卷信度向上波动外，其他 23 个条目均在 0.50 以上，删除任何一个都不会提高问卷信度。因此，本研究在后面的研究中考虑删除这 4 个条目。

表 5-1 追随力内涵结构预测问卷 CITC 值及 α 系数分析（$N=152$）

量表维度	初始信度	条目序号	CITC	删除该项后 α 系数
进取精神	0.783	Fs1	0.531	0.757
		Fs2	0.567	0.761
		Fs3	0.583	0.760
		Fs4	0.643	0.761
		Fs5	0.452	0.788
认知悟性	0.711	Fs6	0.576	0.701
		Fs7	0.568	0.703
		Fs8	0.572	0.702
		Fs9	0.569	0.704
		Fs10	0.493	0.731
		Fs11	0.544	0.701
执行技能	0.785	Fs12	0.563	0.699
		Fs13	0.601	0.697
		Fs14	0.542	0.702
		Fs15	0.577	0.703
		Fs16	0.528	0.782
关系技能	0.778	Fs17	0.570	0.701
		Fs18	0.583	0.789
		Fs19	0.556	0.790
		Fs20	0.542	0.792
		Fs21	0.474	0.785
		Fs22	0.577	0.788
影响力	0.760	Fs23	0.564	0.785
		Fs24	0.569	0.782
		Fs25	0.582	0.779
		Fs26	0.602	0.778
		Fs27	0.457	0.777

4. 探索性分析结果

在前三项分析的基础上，本研究再对预测数据进行探索性因子分析，KMO 检验结果是：KMO 值为 0.843（大于 0.70 的要求），Bartlett 球形检验 $\chi^2=2358.34$（$p<0.01$），基本符合因素分析要求。随后以主成分分析法，对所有因

子进行 Promax 斜交旋转，所得结果如表 5－2 所示（因子载荷小于 0.35 表中不作显示）。

表 5－2　预试问卷的探索性分析（$N=152$）

序号	项　目	因　子					共同度
		F1	F2	F3	F4	F5	
Fs1	我有与领导共谋组织发展的责任感	0.772					0.726
Fs2	我主动加强学习适应工作进取需要	0.764					0.713
Fs3	我始终保持着锐意进取的工作心态	0.653					0.603
Fs4	我有承担各种进取挫折的顽强意志	0.728					0.716
Fs5	我具有较强的大局意识	0.657			0.382		0.702
Fs6	我对工作情境变化能及时观察认知		0.779				0.715
Fs7	我有准确认知领导意图的工作悟性		0.772				0.702
Fs8	我具有灵活实现领导意图的能动性		0.748				0.724
Fs9	我有整合规划工作资源的活跃思维		0.744				0.726
Fs10	我具有适应和灵活应对竞争变化的能力	0.352	0.631				0.674
Fs11	我勤于独立思考	0.374	0.618				0.606
Fs12	我忠实贯彻执行领导的决策指令			0.802			0.802
Fs13	我从实际出发灵活运用执行方法			0.694			0.695
Fs14	我很认真地从执行细节做起做好			0.783			0.801
Fs15	我会主动克服工作执行中的困难			0.716			0.755
Fs16	我很讲究执行实效	0.417		0.575			0.626
Fs17	我会主动与领导沟通思想情感				0.726		0.713
Fs18	我会主动关心领导的所思所想				0.719		0.702
Fs19	我会主动从领导角度思考问题				0.686		0.703
Fs20	我会与同事经常保持友好互动				0.707		0.710
Fs21	我会主动适应不同风格的领导				0.551		0.574
Fs22	在领导面前我会摆正自己的位置		0.359		0.542		0.568
Fs23	我有时通过信息沟通帮助领导改进工作					0.702	0.777
Fs24	我有时通过建言献策帮助领导改进工作					0.653	0.765
Fs25	我有时通过实践创新帮助领导改进工作					0.621	0.655
Fs26	我经常在组织群体活动中发挥表率作用					0.610	0.578
Fs27	我常贡献个人智慧支持领导决策				0.417	0.518	0.543

续表

序号	项　目	因　子					共同度
		F1	F2	F3	F4	F5	
特征根		3.372	5.021	2.750	3.121	2.110	
方差解释率（总体方差解释率：60.62%）		12.48	18.59	10.19	11.55	7.81	

注：因子 F1 ~ F5 分别为进取精神、认知悟性、执行技能、关系技能和影响力。

通过先导性研究进行条目筛选，保留的 27 个条目中，条目 Fs5、Fs10、Fs11、Fs16、Fs22、Fs27 仍有超过 0.35 限度的双重载荷。条目 Fs5、Fs10、Fs21、Fs27 的 CITC 值也略低于 0.50 的限度。同时，为了提高量表的简洁性，保持量表各维度之间的均衡，本研究删除 Fs5、Fs10、Fs11、Fs16、Fs21、Fs22、Fs27 共 7 个条目，最后保留 20 个条目，每个维度 4 个条目作为正式问卷，重新收集数据进行第二次探索性分析。

三、追随力修订量表的第二次探索性分析

（一）测量工具

以通过先导性研究，筛选修订后的 5 维 20 个条目作为正式测量工具，仍然采用 Likert5 点尺度计分：1 = 不认同；2 = 比较不认同；3 = 不确定；4 = 比较认同；5 = 完全认同。

（二）研究对象

正式测量采用大样本，在江西南昌市和九江、景德镇、宜春等 8 个地级市选取了 26 家多类型企业采样，采样方法为研究者和其博士生同学分别到各地企业中实地发收问卷，并相对辅之指导和解答疑问。此次调查共发放问卷 800 份，回收问卷 715 份，回收率 89.4%。剔除漏答、多答和连续 8 个以上选项相同的问卷，最终用于做分析的样本 535 份。为了分析问卷的结构，采用交叉验证的方法对问卷的结构进行分析和检验，首先将有效问卷随机分为两组，其中一组用来做探索性因素分析，另一组用来进一步验证探索性因素分析结果的稳定性。用 SPSS15.0 对数据进行随机分为 2 组的操作，其方法是：先设置一个变量 y = 1，通过 Transform 中的 Compute 模块，令 x = NORMAL [y]，这样又得到一个变量 x。

将 x≤0 的 264 个 Case 用于验证性因素分析；将 x >0 的 271 个 Case 用于探索性因素分析。第一部分探索性分析的人口学特征如表 5 -3 所示。

表 5 -3 探索性因素分析样本的人口学特征（N =271）

变量	类别	人数（人）	百分比（%）	变量	类别	人数（人）	百分比（%）
性别	男	130	48.0	工龄	5 年以下	51	18.8
	女	137	50.5		6～10 年	85	31.4
	缺失	4	1.5		10 年以上	131	48.3
					缺失	4	1.5
年龄	30 岁以下	103	39.6	岗位性质	管理	86	33.1
	31～40 岁	96	36.9		技术	19	7.3
	40 岁以上	59	22.7		营销	82	30.3
	缺失人	2	0.8		生产	74	27.3
					其他	8	3.0
					缺失	2	0.7
文化	高中及以下	44	16.9				
	大专	76	29.2				
	本科	131	50.4				
	研究生	7	2.7				
	缺失	2	0.8				

（三）分析结果

运用 SPSS15.0 统计软件，首先进行因素分析的适合性检验。结果显示，此次样本所得数据的 KMO 为 0.867，Bartlett 球形检验的 χ^2 =2542.39（$p<0.01$），完全符合因子分析的条件。然后，本研究采用最大方差主成分分析，并对所得因子进行 Promax 斜交旋转，提取特征根大于 1 的因子，所得结果如表 5 -4 所示。

表 5 -4 追随力内容结构因子分析结果（N =271）

序号	项目	因子					共同度
		F1	F2	F3	F4	F5	
Fs1	我有与领导共谋组织发展的责任感	0.691					0.741
Fs2	我主动加强学习适应工作进取需要	0.801					0.742

续表

序号	项　目	因　子					共同度
		F1	F2	F3	F4	F5	
Fs3	我始终保持着锐意进取的工作心态	0.804					0.730
Fs4	我有承担各种进取挫折的顽强意志	0.750					0.685
Fs5	我对工作情境变化能及时观察认知		0.681				0.515
Fs6	我有准确认知领导意图的工作悟性		0.858				0.704
Fs7	我具有灵活实现领导意图的能动性		0.777				0.573
Fs8	我有整合规划工作资源的活跃思维		0.593				0.585
Fs9	我忠实地贯彻执行领导的决策指令			0.787			0.520
Fs10	我从实际出发灵活地运用执行方法			0.642			0.543
Fs11	我非常认真地从执行细节做起做好			0.897			0.697
Fs12	我主动克服工作执行中的各种困难			0.758			0.545
Fs13	我会主动与领导沟通思想情感				0.754		0.710
Fs14	我会主动关心领导的所思所想				0.880		0.652
Fs15	我会主动从领导角度思考问题				0.827		0.747
Fs16	我会与同事经常保持友好互动				0.812		0.581
Fs17	我有时通过信息沟通帮助领导改进工作					0.740	0.743
Fs18	我有时通过建言献策帮助领导改进工作					0.884	0.729
Fs19	我有时通过实践创新帮助领导改进工作					0.832	0.655
Fs20	我经常在组织群体活动中发挥表率作用					0.670	0.560
特征根		1.421	1.480	1.763	5.740	2.280	
方差解释率（总体方差解释率：63.44%）		7.100	7.430	8.820	28.700	11.390	

注：因子 F1 ~ F5 分别为进取精神、认知悟性、执行技能、关系技能和影响力。

根据表 5 - 4 的探索性分析结果，为了澄清追随力五因素结构之间的关系，还须对追随力的五个维度的相关性进行统计（见表 5 - 5）。表中显示，五维度相关系数在 0.331 ~ 0.579，说明五维度之间存在着一个共同的高阶因素。

表 5 - 5　追随力 5 维结构探索性分析描述性统计（$N = 271$）

变量	平均数	标准差	进取精神	认知悟性	执行技能	关系技能	影响力
进取精神	16.088	2.970	(0.810)				
认知悟性	15.313	2.224	0.391 **	(0.791)			
执行技能	16.911	2.073	0.348 **	0.478 **	(0.788)		

续表

变量	平均数	标准差	进取精神	认知悟性	执行技能	关系技能	影响力
关系技能	12.922	3.560	0.350**	0.431**	0.397	(0.816)	
影响力	14.734	2.870	0.331**	0.579**	0.383**	0.491**	(0.811)

注：* $p<0.05$，** $p<0.01$，*** $p<0.001$；对角线（）内为信度系数。

鉴于五个维度相关性仍然较高，相关系数（$r>0.33$），所以要进行一阶五因素的高阶因素分析，第一步须将五因素的条目进行加总并求出其平均值，使每个一阶因素转化为一个条目；第二步对这五个因素条目进行是否符合因素分析的适合性检验，第二步检验的结果是：KMO 值为 0.788，Bartlett 球形检验显著（$\chi^2=298.33$，$p<0.01$），符合因素分析的前提要求；第三步采用主成分分析方法，以 Promax 斜交旋转，以因素负荷 0.50 为临界点，提取特征根大于 1 的因素，结果如表 5-6 所示。从中可以看出：一阶五因素之间有一个共同的高阶因素，即追随力。

表 5-6 追随力结构二阶因素分析结果（$N=271$）

一阶因素	二阶因素负荷	共同度
进取精神	0.669	0.558
认知悟性	0.825	0.681
执行技能	0.698	0.507
关系技能	0.635	0.513
影响力	0.771	0.595
特征根	2.613	
总解释率（%）	52.260	

通过上述多项探索研究基本可以认定，追随力这一构念的结构是由进取精神、认知悟性、执行技能、关系技能、影响力五因素构成，这个构念模型得到了探索性因素分析的多项数据支持。

四、追随力结构的验证性因素分析

梁建、樊景立（2008）指出：探索性因素分析适合测验开发初始使用，因为其没有很强的理论指导。验证性因素分析（Confirmatory Factor Analysis，CFA）强调对测量模型的限定，在消除测量误差的情况下观察测量指标与假设模型的契合程度（Model Fit）。经过前期探索性因素分析所得到的追随力五因素结构是否具有跨样本的稳定性，需要选取另一个样本，并采用验证性因素分析对其结构进行检验。

（一）研究样本

根据交叉验证的方法，对余下的一半 Case 进行验证性因素分析（见表 5－7）。

表 5－7　验证性因素分析样本的人口学特征（$N=264$）

变量	类别	人数（人）	百分比（%）
性别	男	132	52.0
	女	121	47.6
	缺失值	1	0.4
年龄	30 岁及以下	98	38.6
	31～40 岁	125	49.2
	40 岁以上	27	10.6
	缺失值	4	1.6
文化	高中及以下	36	14.2
	大专	77	30.3
	本科	128	50.4
	研究生	11	4.3
	缺失值	2	0.8
职务	主管（含班组长类）及以上职务	94	37.0
	未有职务	157	61.8
	缺失值	3	1.2
岗位性质	管理	94	37.0
	技术	17	6.9
	营销	50	19.7
	生产	90	35.3
	缺失值	3	1.2

（二）追随力模型的竞争比较

竞争模型比较是对量表有可能包含多种不同的结构维度，用结构方程模型（Structural Equation Modeling，SEM）来进行比较，以检验基于理论建构的量表结构维度指标是否最优。结构方程模型是一种证实技术，主要从构想模型出发，把数据和模型进行拟合，以检验观测数据对构想模型的支持程度。侯杰泰、温忠麟、成子娟（2004）指出，这种统计技术最大的优势在于，允许有测量误差的情况下对观察变量与潜变量、潜变量与潜变量之间的关系进行验证。

本研究以追随力的一阶五因素模型为基准模型。另外根据基准模型中每个维度与其他维度的相关水平差异大小，将其中某两个或两个以上相关水平偏高的因素进行合并，由此形成三个用于比较的竞争模型。

竞争模型1——将认知悟性与执行技能合并称为工作技能，再与进取精神、关系技能、影响力组成四因素模型。

竞争模型2——将认知悟性与执行技能合并称为工作技能，再将关系技能和影响力合并称为人际技能，加上进取精神组成三因素模型。

竞争模型3——将进取精神、认知悟性、执行技能三个工作因素，统称为工作技能，关系技能与影响力两个人际因素，统称为人际技能，组成两因素模型。

竞争模型比较的检验指标主要有三大类：一是绝对拟合指数，主要包括 χ^2/df、GFI、AGFI、RMR、RMSEA；二是增值拟合指数，主要包括 NFI、IFI、NNFI、CFI；三是简约拟合指数，主要包括 PGFI、PNFI。

其基本要求是：

①χ^2/df 是卡方值，其值越接近 0，观测指数与模型的拟合越好；χ^2/df 值 <3，表示模型拟合较好；χ^2/df 值在 3 ~ 5 之间，表示模型可以勉强接受；如果 >5，则表示模型不能被接受。②GFI 和 AGFI。GFI 为适配度指数，其值位于 0 ~ 1 之间，统计数值越接近 1 表明适配度越好；大于 0.90 以上，可以说模型得到较好拟合；如果小于 0.90，则表示该模型不够理想或很不理想。AGFI 是调整后的适配度指数，其值也介于 0 ~ 1 之间，越接近 1 越好；反之则越差。③RMR 和 RMSEA。RMR 是残差均方和平方根，其值越小，表明样本与假设模型拟合越好，0.50 是 RMR 的可接受值。Browne 和 Cudeck（1993）对 RMSEA 值的观点是：>0.10则模型拟合不佳；在 0.08 ~ 0.10 之间，则模型拟合尚可；在 0.05 ~ 0.08 之间，表明模型拟合较好；<0.05 则模型拟合优佳。④NFI、IFI、NNFI、CFI 值不能低于 0.85，越接近 1 越好。⑤PGFI 和 PNFI。PGFI 为简约适配指数，其值位于 0 ~ 1 之间，越接近 1 越好，>0.50 为可接受值。PNFI 为简约调整后的规准适配指数，一般 PNFI >0.50，则假设模型可以接受。

根据上述分析，本研究只选择 χ^2/df、GFI、AGFI、NFI、IFI、CFI、RMSEA、PNFI 共 8 个指数作为评价指标，采用 AMOS7.0 软件对数据进行统计分析，结果如表 5 - 8 所示。

从表 5 - 8 的数据可以看出，五因素模型的数据拟合优良。χ^2/df 为 2.629，均 <3；GFI 值为 0.956；NFI 值为 0.926；IFI 值为 0.934；CFI 值为 0.968，均达

表 5－8　追随力结构的验证性因素分析数据（$N=264$）

模型	χ^2/df	GFI	AGFI	NFI	IFI	CFI	RMSEA	PNFI
五维模型	2.629	0.956	0.960	0.926	0.934	0.968	0.043	0.808
四维模型	3.304	0.919	0.912	0.904	0.894	0.870	0.087	0.756
三维模型	5.143	0.847	0.813	0.765	0.748	0.823	0.112	0.712
二维模型	8.187	0.826	0.800	0.729	0.707	0.777	0.193	0.628

到了优良拟合指数；RMSEA 值为 0.043，在 <0.050 的优佳值范围内；PNFI 值为 0.808，>0.50 的可接受值。上述 8 个指标均优于其他三个模型，可见，追随力结构的五维模型在竞争比较中是最理想的模型，所以本研究选择五因素模型。

在拟合指数满足要求之外，测量条目在所在潜构念的负荷值也需要达到一定的标准（高日光，2011）。因素负荷值一般要求介于 0.50～0.95 之间。因素负荷值越大，其所能被潜构念解释的变异量也越大，相应的测量误差就越小，即该测量条目能有效反应要测量的构念特质（吴明隆，2007）。根据 Tabachnica 和 Fidell 的观点，当因素负荷大于 0.71 时，该因素可以解释观察变量 50% 的变异量，是最理想的状况；当因素负荷大于 0.63 时，该因素可以解释观察变量 40% 的变异量，是非常好的状况；当因素负荷大于 0.55 时，该因素可以解释观察变量 30% 的变异量，是较好的状况。考虑到社会科学研究的本质特性，一般认为因素负荷大于或等于 0.50，即可认为是良好的状况。

本研究采用 AMOS7.0 软件进行统计，分析结果显示，本研究所开发的追随力的 20 个测量条目的因素负荷值较高（0.609～0.867），相应的误差值较小，所有条目都能解释 40% 以上的变异量，而且大部分条目能解释 50% 的变异量，说明本研究所开发的追随力测量条目质量较高。

侯杰泰、温忠麟、成子娟（2004）指出：各因素之间相关较高（一般大于 0.40）的情况下，可能存在一个高阶因子。针对这一情况，本研究运用AMOS7.0 软件对样本 2 进行二阶验证性因素分析，其结果如表 5－9 所示。

表 5－9　追随力结构二阶验证性因素分析拟合数据

拟合指数	样本（$N=264$）
χ^2/df	2.547
CFI	0.938
RMSEA	0.056
NNFI	0.919
PNFI	0.801

从表5-9可以看到，验证样本数据的 $\chi^2/df<3$，CFI、NNFI >0.90，RMSEA < 0.06，PNFI >0.50，表明观测数据与追随力的二阶结构拟合质量很好。其完全标准化路径模型如图5-1所示。从中可以看出，观察变量在对应因素上的负荷值较

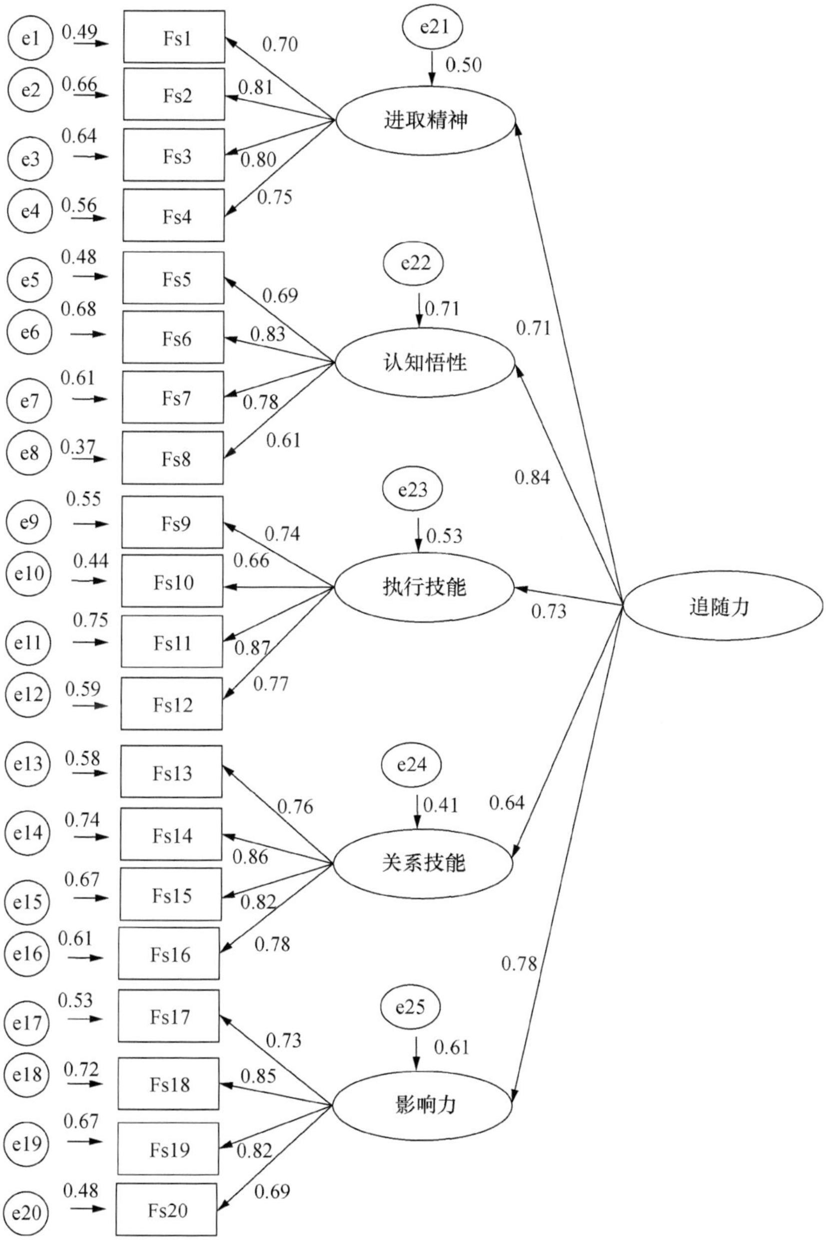

图5-1　追随力结构二阶因子模型完全标准化解（$N=264$）

高（0.61 ~0.87 之间），误差较小，表明一阶五因子和二阶一因子（追随力）的关系很强。

（三）追随力量表的信度检验

信度是一项测量工具的重要指标，它反映着测量中随机误差的大小，直接关联着测量结果的可信度和有效性。心理学常用的信度评价方法包括：同质性信度（Homogeneity Reliability）、分半信度（Split - half Reliability）等多种。本研究采用同质性信度、分半信度两个指数，并运用样本对两种信度指标进行检验。检验结果如表 5 - 10 所示。

表 5 - 10　追随力量表的信度检验结果

样本	信度类型	总量表	进取精神	认知悟性	执行技能	关系技能	影响力
样本 2（N = 264）	同质性信度	0.863	0.813	0.807	0.779	0.820	0.808
	分半信度	0.815	0.802	0.776	0.733	0.806	0.798

从表 5 - 10 样本的统计数据可以看出，追随力量表的同质性信度为 0.863，5 个分量表的同质性信度在 0.779 ~0.820 之间；分半信度为 0.815，五个分量表的分半信度在 0.733 ~0.806 之间。各项信度指标均进入了优佳状态，说明本研究所开发的追随力测量量表具有较高的信度，符合心理测量学对信度的要求。

（四）追随力量表的效度检验

效度指量表是否确实能够测量出其所欲测量的特质或功能程度（杨国枢、文崇一，2006），它是一个多层面的构念。一个量表的效度，必须针对其特定的目的，功能及适应范围而言。效度的检验方法有多种，心理测量学检验常用的效度指标：内容效度、收敛效度、区分效度、结构效度、实证效度、增量效度等。由于追随力研究是一个全新的领域，在国内外学术界目前还未发现有直接测量追随力结构的成熟量表，本研究无法做增量效度比较。因此，本研究只选择内容效度、收敛效度、区分效度、结构效度和实证效度 5 个指标进行检验。

1. 内容效度

内容效度指一个测量实际测到的内容与所要测量的内容之间的吻合程度（凌文辁、方俐洛，2003）。本量表的开发始终扎根追随力基础理论，维度的命名和条目的内容与诸多学者对追随力的论述高度兼容。通过本位研究取向和使用本土文化词汇，条目的描述充满本土文化特点。通过紧密联系企业组织发展的新形势、新变化，比较准确反映了本土企业追随力的典型特征。五维度的内容和 20 个条目的描述既征求了企业家和员工的修改意见，他们反映易懂易理解，体现了其对追随力的认知，也征得了相关管理学专家的认同。同时，本研究的探索性因素分析和相关分析的数据所显示的结果，也支持了对这五维 20 个条目的确认，因此可以说，本研究所开发的追随力测量量表具有较好的内容效度。

2. 收敛效度

收敛效度指同一维度内各测量条目之间的相关程度。本研究从两个方面来检验量表的收敛效度：一是计算各维度的 AVE 值。Fornell 和 David（1981）指出：收敛效度可以由因子提取的平均方差（Average Variance Extracted，AVE）判断。AVE 是计算各测量条目对其所归属维度的平均变异解释力，评价了维度相对于测量来说所解释的方差总量。如果 AVE 超过 0.5 则表示各维度的测量具有足够的收敛效度。本量表各维度的 AVE 值在 0.55 ~ 0.66 之间，超过了 0.50 的建议值。二是使用确认性因子分析方法，运用 LISREL9.0 软件，对量表各维度的测量条目进行检验，结果显示，所有测量条目在对应维度上的标准化负荷在 0.606 ~ 0.872 之间，超过了 0.50 的可接受水平，并全部通过 t 检验，均在 $p<0.01$ 的水平上显著。两个方面的数据都证实本量表具有很好的收敛效度。

3. 结构效度

结构效度指一个测量实际所要测到的理论结构或特质程度。本研究通过多个竞争模型比较和验证性因素分析，各项拟合指标均达到理想状态，绝对拟合指数 $\chi^2/df=2.629$，GFI = 0.956，AGFI = 0.960，RMSEA = 0.043，均优于建议值。相对拟合指数 NFI = 0.926，CFI = 0.968，IFI = 0.934，也优于建议值。所有条目全部通过 t 检验，均在 $p<0.01$ 的水平上显著，因此表明本研究所开发的追随力量表具有很好的结构效度。

4. 区分效度

本研究从两个方面来评估本量表的区分效度：一是本量表的所有测量条目通过多次筛选，均没有同时在多维度之间有较高（0.35 上限）的因子负荷，即不存在跨因子负荷的现象；二是采用 Fornell 等学者的做法，即计算每个维度的方差提取量 AVE 值是否大于该维度与其他维度的相关方差，如果 AVE 值大于两维度间的相关系数平方，则表示这两个维度具有较好的区分效度。表 5 - 11 的分析结果显示：本量表与维度的 AVE 值在 0.55 ~ 0.66 之间，各维度的相关系数在 0.295 ~ 0.436 之间，各维度的 AVE 值明显大于维度间的相关系数。两个方面都证实，虽然一阶五因素呈中度相关，但在二阶一因素中，也具有鲜明的个性，表明本量表5维度之间有很好的区分效度（见表5－11）。

表5－11　追随力5维度的区分效度检验（$N=264$）

维度	进取精神	认知悟性	执行技能	关系技能	影响力
进取精神	(0.59)				
认知悟性	0.378***	(0.55)			
执行技能	0.361***	0.402***	(0.58)		
关系技能	0.357***	0.414***	0.413***	(0.66)	
影响力	0.329***	0.295***	0.436***	0.367***	(0.61)

注：*** $p<0.001$，对角线（ ）内为各维度的AVE值。

5. 实证效度

实证效度是将测量分数与外在独立的效标进行比较（凌文辁、方俐洛，2003）。本书的主题是研究追随力对领导效能的作用机理，领导效能是本研究的结果变量。对领导效能的衡量，国内外学术界有多种观点，根据国内学术界研究所采用的频率，本研究采用李超平、时勘（2003）的研究观点，从绩效和员工心理与行为两个方面加以测量。为了便于测量，本研究参照许多学者的做法，将绩效和员工心理与行为化为工作绩效、工作满意度、组织承诺、组织公民行为四个效标。测量问卷采用Bono和Judge（2003）的工作满意度问卷5个条目；Williams和Anderson（1991）的组织公民行为问卷6个条目和工作绩效问卷5个条目；Meyer和Allen（1991）的组织承诺4个条目，共20个条目。工作绩效、工作满意度、组织承诺、组织公民行为四个分问卷在本研究中的信度分别为0.78、0.82、0.84、0.81。本研究一是做自变量与结果变量的相关分析（见表5－12），二是做追随力与领导效能4效标的回归分析（见表5－13），以检验本研究开发的追随力量表的实证效度。

表5－12　追随力与领导效能4效标的相关分析（$N=264$）

变量	M	SD	追随力	工作绩效	工作满意度	组织承诺
追随力	78.15	8.46				
工作绩效	20.49	2.75	0.487**			
工作满意度	19.03	3.59	0.439**	0.297**		
组织承诺	16.23	2.84	0.425**	0.338**	0.537**	
组织公民行为	24.77	3.17	0.563**	0.412**	0.491**	0.568**

注：** $p<0.01$。

表 5-13　追随力与领导效能 4 效标的回归分析结果（$N=264$）

变量	任务绩效		工作满意度		组织承诺		组织公民行为	
	Step1	Step2	Step1	Step2	Step1	Step2	Step1	Step2
第一步：控制变量								
性别	0.029	0.023	0.022	0.024	0.018	0.023	0.026	0.027
年龄	0.056	0.053	0.076	0.072	0.067	0.065	0.103	0.104
文化	0.034	0.032	0.057	0.054	0.081	0.078	0.039	0.037
工龄	0.026	0.023	0.110	0.092	0.114	0.101	0.077	0.063
岗位	-0.021	-0.018	0.191	0.156	0.043	0.051	0.096	1.012
第二步：自变量								
追随力		0.182*		0.210**		0.167*		0.192*
R^2	0.044	0.061	0.028	0.043	0.032	0.057	0.044	0.051
调整后 R^2	0.017	0.033	0.014	0.026	0.017	0.031	0.047	0.058
F	1.634	1.947*	0.813	1.122*	1.206	1.718*	0.929	1.344*
$\triangle R^2$	0.044	0.028*	0.026	0.048**	0.035	0.039**	0.041	0.053**
$\triangle F$	1.634	2.723*	0.813	7.088**	1.206	6.653**	0.929	8.673**

注：* $p<0.05$，** $p<0.01$，*** $p<0.001$；表中的数字为标准化回归系数。

从表 5-12 可以看出自变量与各结果变量的相关系数在 0.425～0.563 之间；表 5-13 可以看出，在控制了人口学、组织学变量后，追随力对任务绩效的预测效果显著（$\beta=0.182$，$p<0.05$）；对工作满意度的预测效果显著（$\beta=0.210$，$p<0.01$）；对组织承诺的预测效果显著（$\beta=0.167$，$p<0.05$）；对组织公民行为的预测效果显著（$\beta=0.192$，$p<0.05$）。上述相关与回归数据均可证实本追随力测量工具具有较高的实证效度。

五、分析与讨论

（一）主要研究阶段

追随力测量量表的探索与检验是在第四章质化研究的基础上展开的，主要经历了先导性研究，探索性因素分析和验证性因素分析三个阶段。现对这三个阶段的研究简要分析如下：

1. 先导性研究

以质化研究所得的45个反映追随力行为特征的条目为基础，通过项目分析、CITC分析、初始信度分析和探索性因素分析四种方法进行多次条目筛选，最后保留了20个符合心理测量学要求的条目，编制为正式调查问卷。

2. 探索性因素分析

通过正式调查的样本，进行量表结构因子的载荷分析、五维结构描述性统计分析和二阶因素分析。分析结果显示，追随力呈现明确清晰的五因素结构，载荷在0.642~0.897之间，没有跨因素载荷在0.35以上的条目，结构稳定可靠。同时五个维度在二阶一因素上的载荷在0.635~0.825之间，说明五维度有一个高阶潜在因素，即追随力。探索性分析的各项数据都支持了追随力是由进取精神、认知悟性、执行技能、关系技能、影响力五维度构成的质化研究结果。

3. 验证性因素分析

通过运用主成分、结构方程、回归分析、相关分析等方法，进行了量表的分半信度、同质性信度的检验以及量表的内容效度、收敛效度、区分效度、结构效度、实证效度等的检验，证实本研究所开发的追随力量表结构的绝对拟合值、相对拟合值、简约拟合值，以及收敛效度、区分效度、结构效度、实证效度等指数都达到了优良状态。

三个阶段的研究都一致证实，本研究开发的追随力量表具有较高的信效度，是一个可靠并值得信赖的追随力测量工具。

（二）本量表与西方相关追随力量表比较

西方学者在追随力理论研究中也开发了一些追随力量表，与本研究所开发的追随力量表相比较，有以下不同：

1. 对追随力本质的认知不同

由于西方文化有片面掘进的特性，往往导致西方学者从某种角度来认知追随力的本质，因而有勇气观、关系观、能力观、行为观等多种解读。本研究则从人的多元特质和人在社会生活中的多元行为实际出发，紧紧抓住部属追随领导者工作，与领导力和组织环境交互作用这根主线来揭示追随力的本质和建构与检验量表，使量表的测量更贴近组织中的追随实践，能够更全面、更客观地反映部属追随领导者工作的动态过程，从这个角度上说，本量表优于西方学者的追随力量表。

2. 开发量表的测量目标不同

本研究开发追随力量表，目标是揭示追随力的本质和对组织中追随力的测量，以提高组织管理绩效。而西方学者开发相关追随力量表，大多是服务于自身某种研究的需要，如Kelley开发的追随力问卷，其目标是进行追随者的分类。

Gilbert 等开发追随问卷，其目标是考察不同类型的部属喜爱哪种领导类型。Miller、Butter 和 Coserntino 编制追随力，其目标是测量追随者行为动机是出于任务导向还是关系导向。Dixon 和 Westbrook 编制追随问卷，其目标证明组织所有层级中都存在着追随行为。到目前为止，研究者还未发现西方学术界有以直接测量追随力为目标的成熟量表，本研究开发的量表可以用于组织直接测量追随力。

3. 指导追随力研究的文化思想不同

“西方文化强调人的独立个体地位，要求人对自己的利益和命运负责；而中国文化则重视人的社会价值，把人看作群体的一分子，个人的价值因群体而存在并借此体现”（徐行言，2005）。在不同的文化思想导向下，西方学者对追随力的研究在很大程度上是服务于个人发展的功用需要。本研究却是秉承有利于组织发展的社会价值观，研究部属的追随力对组织发展的重要作用，帮助追随者提高追随领导工作的综合素质。

（三）本研究的理论贡献

第一，本研究突破了西方学者以往偏重单一视角解读追随力的局限，而是从人的多元特质、多元社会化行为以及追随领导者工作，与领导力和工作情境交互作用的视角来揭示追随力的本质，建构相对应的测量量表，使研究成果更贴近组织中真实的追随实践，这无疑是对当代追随力理论研究发展的一种贡献。

第二，本研究揭示了追随力这一构念是由部属的进取精神、认知悟性、执行技能、关系技能、影响力五维特质与行为构成的，对追随者与领导力和工作情境交互的动态过程更具有解释力。

第三，本研究立足本位研究取向，使用本土文化语言，紧密结合本土企业发展的新形势、新变化来研究组织中追随力的行为特征，可以为建设具有中国特色的追随力理论做些基础性工作。

第四，本研究首次开发了一个质量稳定可靠的追随力测量工具，这为后续的同仁进行同类研究提供了一个有效的测量量表。

（四）本研究的实践意义

第一，通过揭示追随力的本质和建构相对应的测量量表，可以帮助企业领导者提高对追随者和追随力重要作用的认知与重视，从而转变轻视追随者和追随力的传统观念，自觉提高自身的凝聚力，以赢得更多的追随者和更有效的追随力，上下同心同德共谋组织发展。

第二，拓宽了组织人力资源管理的新视角，有利于人力资源工作的创新。以往本土企业的人力资源管理大多只注重部属的胜任力、执行力和绩效考核，很少关注基于上下级和谐合作关系的追随力，这无疑是本土企业管理的一个缺陷。本研究的最大实践意义是，指导企业管理者将人力资源管理工作拓展到追随力的界面上。如本研究揭示追随力是由进取精神、认知悟性、执行技能、关系技能、影响力五因素构成的，为企业进行部属培训提供了新的内容指导。又如本量表的开发，有助于企业管理者应用于人力资源的甄别和考核。再如本研究对追随力的认知观念，有利于组织培植弘扬追随力的组织文化与氛围，同时也能推动企业人力资源管理措施的创新等。

第三，指导组织中部属正确认知追随力的本质，明确自己与领导者的关系，重新认识自己对组织发展的价值，增强对组织发展的责任感和向心力，并根据追随力的构成要素，不断提高自己的综合素质，提高追随力效能，在推动组织发展的激烈竞争中充分展示自己的价值。

（五）本研究的局限及未来研究的建议

本研究是对中国组织情境中追随力结构与测量的初始研究，虽然是按照严格规范的质化与量化研究程序、步骤进行操作，得到的结果指数也很理想，并不表明本研究所开发的量表完美无缺，事实上它还存在一些不足。一是本研究的样本单一，主要是采用追随者自陈方式获取数据。追随力是追随者与领导者的互动行为，虽然在追随者的被试问卷中包含了一部分中层干部和管理者的答卷，他们也只是以部属角色而不是领导者身份填写问卷答项，缺失领导者一方的被试数据，显然会影响量表的最终测量效果。未来的同类研究，要克服样本单一的缺陷，尽可能采用领导者和追随者两种视角的配对样本，以保证样本数据的可靠性。二是样本的采集面较窄。由于时间、经费以及人际关系等因素的制约，本研究主要在江西省内多类型企业中采样，忽视了全国各地区不同地方文化对被试认知的影响，也就降低了本量表跨不同地方文化测量的有效性。未来的研究应该对此缺陷引起重视，尽最大可能地跨不同地方文化广泛采集数据，以提高量表的跨地方文化的重测信效度。三是研究方法单一，主要采用问卷法、访谈等，未来的研究可以采用实验法、实地追踪考察法等对追随力行为特征进行深入探讨。

六、本章小结

本研究在质化研究的基础上，编制了追随力的初始测量量表，通过先导性研究进行筛选，以及大样本的探索性因素分析和验证性因素分析，最后得到以下两个结论。

第一，中国文化背景下，部属的追随力是由进取精神、认知悟性、执行技能、关系技能、影响力五维度构成，通过高阶因子分析，这五个维度之间有一个共同的高阶潜在构念，即追随力。这五个维度能够较全面、客观地反映部属追随领导者工作，与领导力和组织情境交互作用的特质与行为，这一结果与第四章质化研究的结果相一致。

第二，本研究所开发的追随力量表共 20 个条目，每维度 4 个典型条目，每个维度和条目的含义清晰明确，体现了中华文化特色，通过探索性和验证性因素分析，此量表具有良好的分半信度和同质性信度以及较好的内容效度、结构效度、收敛效度，区分效度和实证效度，完全达到了心理测量学的基本要求，可以作为一项有效的测量工具，供以后的同类研究使用。

第六章　追随力的主要影响因素

一、导　言

人生活在一定的社会群体内，工作在动态的组织情境中。追随力是追随者与领导力、组织环境能动交互的多维特质与行为（曹元坤、许晟，2013），它与领导力是一定组织环境中的共生关系。领导力是由领导特质、行为、风格、方式、效能等因素构成的；组织环境是由物质、人际、制度、文化、氛围等多环境因素构成的。Carsten 等（2007）通过实证研究，发现不同的领导类型会导致追随者在团队成员、积极的态度、主动行为、表达意见、顺从他人、灵活性和开放性、沟通技能、忠诚/支持、负责可靠、主人翁意识、任务意识、诚信 12 个方面的态度与行为的差异。同时他还指出，领导力对追随力的影响，是通过影响追随者心理结构的建构来实现其对态度和行为的影响。内隐结构是追随者自我概念、情感体验、经验、认知与行为等因素长期交互的积淀，它比单纯的外部强加目标对个体行为的支配更稳定更有效。Ehrhart 和 Klein（2001）也指出，领导风格是影响追随者动机水平、态度、自我认知方式与归因方式、自我效能感、人际关系等的重要变量。谢义忠、时勘（2010）通过研究发现，个体与环境诸因素匹配的相容性水平，在很大程度上决定着其最终的效能水平。从学术界对领导力、组织环境的普遍研究中可以看出，领导力、组织环境是影响追随力效能水平的两个最重要变量。领导理论有数十种之多，本研究选择其中最富有时代特征的主流领导类型——变革型领导、交易型领导，探讨这两种领导风格对追随力的不同影响。组织氛围是组织环境的重要变量，它反映了组织成员对组织在创新、公平、支持、人际关系、企业文化、员工身份认同等多方面环境因素的认知互动。本研究将根据韦慧民（2009）的分类方式，选择支持性和控制性两种组织氛围来探讨它对追随力的影响。

二、研究假设与相关理论

（一）变革型领导风格对追随力的影响

变革型领导是组织中颇受部属欢迎的一种领导风格。Bass（1985）把这种领导类型定义为，变革型领导通过让部属意识到所承担任务的重要意义，激发部属的高层次需要，建立相互信任的氛围，促使下属为了组织利益牺牲自己的利益，并达到大大超过原来期望的结果。Bass（1985）、Bass 和 Avolio（1996）通过实证研究，把变革型领导的内容结构划分为四个维度：领导魅力、感召力、智能激发、个性化关怀。国内研究者李超平、时勘（2005）在综合国外研究成果的基础上，运用实证方法，得出了在中国文化背景下变革型领导的四个维度，即德行垂范、领导魅力、愿景激励、个性化关怀。德行垂范指领导者以高尚的道德情操、顽强的进取信念、严格的自律态度为部属做出表率示范，表现出“己所不欲，勿施于人；己之所欲，先施于人”的自律品德，领导魅力指领导者以价值观、意志力、使命感、亲和力和卓越领导才能等富有魅力的人格特征凝聚和鼓舞部属；愿景激励指领导者以雄心勃勃的目标和愿景激励部属，加强与部属的沟通，让部属相信所有目标和愿景是可以实现的，同时，通过挑战和激发部属的创造性思维能力，让其为难题找到解决方案，以提升部属的逻辑思维和创新能力；个性化关怀指领导者通过关注、支持部属的个性需求，帮助部属职业发展和自我实现，解决他们的实际困难（包括家庭的困难等），使部属能够全身心地投入工作。

变革型领导的鲜明特征就是关注和激发部属的高层次需求，以开发部属的创新潜能来提升组织绩效。Dvir 和 Shamir（2002）通过纵向实证发现，变革型领导与部属的自我实现需要、组织价值观内化程度、集体主义倾向、任务参与度、独立思考方式、自我效能感等呈正相关。Avolio 和 Bass（1999）也指出，变革型领导改变或转换部属的需求和思维方式，构建企业愿景，并就此与部属沟通，在接纳部属建议时，鼓励他们开发自己的能力，以促进组织创新与变革。

在中国高权力距离和高关系导向的组织情境中，变革型领导的德行垂范、领导魅力、愿景激励、个性化关怀的特质和行为，有利于推动部属向自我价值实现转变和升华。其中德行垂范的积极影响正如孟慧（2005）所指出的，领导者严格的自律性展示出高标准的伦理观念和道德操行，使部属敬佩、尊重、信任并认同他们，进而会赢得部属更强的责任感和更好的工作绩效。变革型领导的魅力和魅力型领导的魅力正如Miller（2007）研究所认为的，魅力型领导意在组织内建立一种英雄角色，这种领导风格不会激励追随者的绩效提升，而变革型领导的魅力侧重平等沟通，强调团队成员之间互惠互利，鼓励全员参与，这是一种凝聚追随者向心力的魅力。愿景激励是其他领导理论所没有的维度，变革型领导的愿景激励，正是通过帮助部属正确理解他们的工作目标和意义，指导部属开发智力潜能，提高独立思考能力和创新能力，及时找到解决难题的最佳方法，以实现优佳绩效（Rosenau，2004）。个性化关怀体现的是领导者与追随者亲和互动的人际关系。中国人很重感情，个性化关怀往往比说教与监控更能促使追随者产生“士为知己者死”的工作热情。

从以上分析可以看出，变革型领导内涵结构的四个维度都对部属的追随力有正向影响，为此，本书提出下列研究假设：

H1a：变革型领导的德行垂范对追随力具有正向影响。

H1b：变革型领导的领导魅力对追随力具有正向影响。

H1c：变革型领导的个性化关怀对追随力具有正向影响。

H1d：变革型领导的愿景激励对追随力具有正向影响。

（二）交易型领导风格对追随力的影响

交易型领导是组织中最常见的领导风格。Burns（1978）在提出变革型领导概念的同时还提出了交易型领导概念。他认为领导是一个连续体，一端是变革型领导，另一端是交易型领导。与Burns不同，Bass把变革型和交易型领导模式看成是互补的结构而非两极结构，他认为一个领导者可能既是变革型又是交易型，如果领导者与部属之间的关系缺乏交易型领导力，那么变革型领导力也就可能变得无效（李燚、魏峰，2010）。Bass（1985）对交易型领导所作的定义是：交易型领导是领导者澄清员工的工作角色，以使员工有方向感，了解并满足员工的需求，以促使其努力工作。Bass的交易型领导理论是基于领导—部属交换理论（Leader - Member eXchange Theory，LMX）和路径目标理论（Path - Goal Theory）发展而来的。交易型领导通过奖励与部属进行工作交换，与变革型领导鼓励部属实现自我价值的目标是不一样的。它是一种短期的交换结果，是基于经济的、政治的以及心理的价值互换（陈文晶、时勘，2007）。

Bass（1985）、Bass和Avolio（1996）在实证研究的基础上，明晰地将交易型领导的内涵结构划分为权变报酬和例外管理两个维度。权变报酬指以明晰部属的角色和任务要求为中心，根据部属对约定责任的完成情况来给予组织资源、物质或精神鼓励的领导方式。例外管理可分为积极例外管理和消极例外管理。积极例外管理是指领导者在问题发生前，积极监控绩效避免出错的管理行为；消极例外管理是指在部属违反要求的行为或错误发生后，领导者才出面进行干预的管理行为。

人生活在现实社会中，既有受人尊重、理想和自我价值实现的高层次精神需求，也有低层次的物质与安全需求，而且生存也是人的第一要务。交易型领导是一种基于组织资源，明确向部属承诺完成什么目标，就能得到什么奖赏，以及指导部属如何去获得奖赏，在部属达成目标后，再如期兑现奖赏的领导方式。企业中实行目标管理、绩效考核、绩效工资、计件工资等正是这种领导方式的具体体现。这种领导风格关注的是部属相对较低层次的物质与精神需要，以换取部属的贡献，也是一个阶段性的交易过程。在市场经济条件下，面对残酷的利益竞争，权变报酬是大多数人维持生计的基本来源，因此，对部属的工作态度、行为和绩效是具有积极影响的。积极的例外管理，事前严密监控绩效的创造过程，避免出错，有利于部属实现预期目标，提高产出。而消极例外管理却待违反要求的行为或后果发生后才进行干预和处理，这种事后管理方式于事无补，反而会挫伤部属的工作积极性。基于以上分析，本书提出下列研究假设：

H2a：交易型领导的权变报酬对追随力具有正向影响。

H2b：交易型领导的积极例外管理对追随力具有正向影响。

H2c：交易型领导的消极例外管理对追随力具有负向影响。

（三）不同的组织氛围对追随力的影响

组织氛围是组织环境的一个重要变量。Denison（1996）将组织氛围定义为在某种环境中员工对一些事件、活动和程序以及那些可能会受到奖励、支持和期望的行为的认知互动，这种认知互动与员工的思想、情感和行为密切相关。韦慧民（2009）将组织氛围分为支持性组织氛围（Supportive Organizational Climate）和控制性组织氛围（Controlling Organizational Climate）。如果组织鼓励各层级的信息自由而公开地交流，支持新想法、新观点，委派具有挑战意义的工作，管理者关注下属的需求，能够及时提供各种必要的资源，员工对自己的工作拥有支配权和自主权，团队内部或同事之间相互协助，就可以被视为是支持性组织氛围；反之就是控制性组织氛围（王端旭、洪雁，2010）。相关研究表明，当组织加强控制与监督，保留资源，限制工作方式和信息流动，依赖老套而熟练的程序，员工的能动性和创造性就会被抑制且呈现出思想僵化的趋势（Amabile & Conti，1999）。支持性组织氛围由于鼓励上下级信息自由公开交流，团队内部相互支持与协作，支持新想法、新观点，有利于员工积极性和能动性的迸发（Zhou & George，2001）。追随力理论认为，追随者如何表现追随行为，与其内在的追随心理结构的建构相关。内隐结构的不同，导致追随者行为类型的差异。Carsten等通过实证研究，得出追随者心理结构是由团队成员、积极的态度、主动行为、表达意见、顺从他人、灵活性和开放性、沟通技能、忠诚/支持、负责可靠、主人翁意识、任务意识、诚信12种行为和特质建构的。同时他还指出，内隐结构是追随者在一定的工作环境和组织氛围中自我概念、情感、经验、认知和体验等多因素交互的长期积淀。由此可见，组织氛围通过影响部属的自我感知和内隐心理建构来影响追随力的差异，它比单纯的外部强加目标对个体行为的影响更稳定、更有效。由此，本书提出下列研究假设：

H3a：支持性组织氛围正向影响部属的追随力。

H3b：控制性组织氛围负向影响部属的追随力。

个体在人口学、组织学变量上的差异也是影响追随力的重要因素，本书只选取其中部分变量，分析这些变量对追随力的差异化影响，提出下列研究假设：

H4a：不同性别部属的追随力具有显著差异。

H4b：不同年龄部属的追随力具有显著差异。

H4c：不同文化部属的追随力具有显著差异。

H4d：不同工龄部属的追随力具有显著差异。

H4e：有无职务部属的追随力具有显著差异。

H4f：不同岗位性质部属的追随力具有显著差异。

三、测量工具与对象

（一）测量工具

1. 变革型领导的测量

本研究采用国内研究者李超平、时勘（2005）改编调整后的四维结构16个条目的变革型领导问卷。该问卷四个维度，愿景激励、德行垂范、领导魅力、个性化关怀的信度系数分别为0.88、0.92、0.84、0.87。通过本研究预测的探索性因素分析和信度检验，该问卷仍呈现清晰的四因子结构，条目载荷在对应的潜变量上为0.67～0.92、0.66～0.91、0.56～0.89、0.65～0.82，没有交叉负荷在0.35以上的条目，四个维度在本研究中的信度系数为0.84～0.92。其典型条目如：“领导让员工体会工作对组织发展的意义”、“领导与员工单独交流了解其多方面的需求”等。

2. 交易型领导的测量

本研究采用国内研究者吴治国（2008）在Bass和Avolio（1996）编制问卷

基础上改编和检验使用后的成熟量表。该量表为权变报酬和例外管理（积极例外管理、消极例外管理）两个维度共7个条目。信度系数为0.87和0.79。通过本研究预测的探索性因素分析和信度检验，该问卷两维度的条目载荷在0.74～0.84、0.74～0.83之间，没有交叉负荷在0.35以上的条目，两个维度在本研究中的信度系数为0.87和0.79。其典型条目如："领导向员工承诺按其绩效给付相应的报酬"、"领导在员工工作进程中会给予必要的指导"等。

3. 组织氛围的测量

本研究采用韦慧民（2009）在参考Bock等（2005）研究者编制的组织氛围量表基础上，修订和检验使用后的成熟量表。该量表将组织氛围分为支持性组织氛围和控制性组织氛围，共8个条目，量表的信度系数为0.88。通过本研究预测的探索性因素分析和信度检验。该量表的8个条目在本研究中的载荷在0.58～0.88之间，没有交叉负荷在0.35以上的条目，信度系数为0.87。其典型条目如："我的组织经常鼓励我说出与他人不同的想法"等。

4. 追随力的测量

采用本研究第五章开发的五维结构20条目的追随力问卷。该问卷的条目载荷在对应潜变量上为（进取精神）0.70～0.81、（认知悟性）0.61～0.83、（执行技能）0.66～0.87、（关系技能）0.76～0.86、（影响力）0.69～0.85。五维度的信度系数分别为0.81、0.80、0.78、0.82、0.81。

以上测量工具经本研究预测探索性和验证性因素分析，都具有较高的信效度，符合心理测量学的要求。以上测量工具在本研究中均采用Likert五级计分测量：1=不认同；2=比较不认同；3=不确定；4=比较认同；5=完全认同。

（二）研究对象与程序

本次研究的样本数据来自江西省南昌市高新开发区以及8个地级市的各类型企业。被试对象包括没有任何职务的普通员工和有职务的中层、基层管理者。本研究采用便利取样的方式，通过研究者与其博士生、硕士生学友的亲属、朋友、同学等关系，先与被试企业的领导取得联系，获得支持后，再分别到企业实地进行调查。为了不影响企业的正常工作秩序，调查组深入到各车间、部门和网点，轮流与被试者测试，当场发放和回收问卷，为了防止被试者刻意揣摩，要求被试者按自己的真实感受填答，并在10分钟内完成。

（三）问卷人口学特征

此次调查发放问卷700份，共收回问卷645份。回校后，剔除人口学信息缺少三项以上的问卷，漏答在三项以上的问卷，多答在两项以上的问卷，连续8个选项相同的问卷、乱涂乱画的问卷，以及有明显作答反应倾向的问卷后，最后保留了520份有效问卷，其人口学特征如表6－1所示。

表6－1　调查问卷的人口学特征（$N=520$）

变量	类别	人数（人）	百分比（%）	变量	类别	人数（人）	百分比（%）
性别	男	279	53.6	职位	有职务	185	35.6
	女	239	46.0		无职务	328	63.1
	缺失	2	0.4		缺失	7	1.3
年龄	40岁以下	275	42.9	岗位性质	营销服务	273	52.5
	40岁及以上	242	46.5		生产加工	247	47.5
	缺失	3	0.6		缺失		
文化	大专以下	177	34.0	工龄	5年以下	279	53.7
	大专及以上	340	65.4		5年及以上	235	45.2
	缺失	3	0.6		缺失	6	1.1

四、研究结果

（一）变革型领导对追随力的影响分析

表6－2为变革型领导与追随力之间变量的描述性统计和相关分析。

由表6－2可以看出：变革型领导各维度有较高的相关，相关系数在0.279～0.599之间，追随力各维度的相关系数在0.268～0.566之间。变革型领导各维度与追随力各维度均正向相关。其中变革型领导与追随力的进取精神的相关系数在0.190～0.319之间，与认知悟性的相关系数在0.296～0.419之间，与执行技能的相关系数在0.224～0.321之间，与关系技能的相关系数在0.225～0.365之间，与影响力的相关系数在0.296～0.419之间。关于存在严重的多重共线性问题的相关水平究竟应该是多高，目前还未有一个明确的界限，依据Tsui等（1995）的观点，一般不能超过0.75的上限。因此，相关分析表明，本研究的数据并不存在严重的多重共线性问题。

为了更清楚了解变革型领导的各维度对追随力各维度的影响，进行多元回归分析；为了控制人口统计学变量的影响，采用分层回归，第一层纳入人口统计学变量，第二层纳入变革型领导变量。结果如表6－3所示。

表 6-2 变革型领导与追随力的变量相关分析（$N=520$）

变量	M	SD	1	2	3	4	5	6	7	8	9
1. 德行垂范	20.25	3.63	(0.92)								
2. 领导魅力	20.21	3.15	0.599**	(0.84)							
3. 愿景激励	15.52	2.44	0.279**	0.450**	(0.88)						
4. 个性化关怀	15.58	3.09	0.508**	0.582**	0.494**	(0.87)					
5. 进取精神	15.18	2.46	0.212**	0.193**	0.190**	0.319**	(0.83)				
6. 认知悟性	15.56	2.25	0.305**	0.419**	0.333**	0.296**	0.420**	(0.80)			
7. 执行技能	17.12	1.97	0.240**	0.321**	0.271**	0.224**	0.442**	0.478**	(0.78)		
8. 关系技能	15.73	2.42	0.225**	0.365**	0.307**	0.256**	0.322**	0.442**	0.532**	(0.86)	
9. 影响力	14.84	2.87	0.314**	0.418**	0.296**	0.416**	0.268**	0.506**	0.397**	0.566**	(0.81)

注：** $p<0.01$。

表 6-3 变革型领导对追随力的层级回归分析结果（$N=520$）

变量	进取精神		认知悟性		执行技能		关系技能		影响力	
	Step1	Step2	Step1	Step2	Step1	Step2	Step1	Step2	Step1	Step2
第一步：控制变量										
性别	-0.12	-0.10	-0.10	-0.06	-0.07	-0.04	-0.08	-0.04	-0.10	-0.09
年龄	-0.19*	-0.19	-0.17*	-0.16*	-0.21*	-0.20*	-0.08	-0.08	-0.03	-0.03

续表

变量	进取精神		认知悟性		执行技能		关系技能		影响力	
	Step1	Step2	Step1	Step2	Step1	Step2	Step1	Step2	Step1	Step2
第一步：控制变量										
文化	-0.20	-0.14	-0.50**	-0.35*	-0.39*	-0.27	-0.11	-0.12	-0.12	-0.11
工龄	0.02	0.03	0.29*	-0.35*	0.18*	0.22*	0.08	0.12	0.23*	0.21*
岗位	-0.12	-0.15	-0.26*	-0.28*	-0.31*	-0.23	-0.31*	-0.38**	-0.14	-0.11*
职务	0.20*	0.16	0.10	-0.06	-0.04	-0.16*	-0.08	-0.21	0.32*	0.17
第二步：变革型领导										
德行垂范		0.05		0.19*		0.11		0.08		0.11
愿景激励		0.08		0.24**		0.20*		0.25**		0.22*
个性化关怀		0.20*		0.18*		0.17*		0.17*		0.04
领导魅力		0.06		0.00		0.01		0.00		0.20*
F	2.28*	2.84**	2.47**	6.05**	1.89*	3.55**	2.12*	4.37**	2.42**	5.78**
R^2	0.12	0.16	0.13	0.33	0.10	0.23	0.11	0.26	0.12	0.32
ΔR^2	0.12	0.05	0.13	0.20	0.10	0.13	0.11	0.15	0.12	0.19

注：* $p<0.05$，** $p<0.01$。各类型人口统计学变量在模型分析中取值如下：性别，男=1，女=2；文化，大专以下=0，大专及以上=1；工龄，5年以下=0，5年及以上=1；岗位，服务营销型=1，生产加工型=0；职务，有职务=0，没职务=1。

从表 6 - 3 的回归数据可以得知，变革型领导各维度进入回归方程后，自变量对因变量（追随力各维度）的解释力均达到统计显著水平（$p < 0.05$），只是影响的水平有较大差异，其解释的方差变异量分别为 5%、20%、13%、15% 和 19%。本研究的四个假设 H1a、H1b、H1c、H1d 均得到部分支持。具体来讲：个性化关怀对进取精神预测作用显著；德行垂范、愿景激励和个性化关怀对认知悟性预测作用均显著；愿景激励和个性化关怀对执行技能预测作用均显著；愿景激励和个性化关怀对关系技能预测作用均显著；愿景激励、领导魅力对影响力预测作用均显著；德行垂范、愿景激励、领导魅力对追随力的进取精神有正向影响但不显著；领导魅力对进取精神、认知悟性、执行技能、关系技能的正向影响很微弱；个性化关怀对部属影响力的正向作用也很微弱。

（二）交易型领导对追随力的影响分析

先进行交易型领导与追随力之间变量的描述性统计和相关分析，以考量两者之间的关系，如表 6 - 4 所示。

从表 6 - 4 中不难看出：交易型领导的权变报酬与追随力五维度呈正相关，相关系数在 0.237 ~ 0.391 之间。交易型领导的积极例外管理与追随力五维度也是正相关关系，相关系数在 0.176 ~ 0.310 之间。交易型领导的消极例外管理与追随力五维度均呈负相关关系，负相关系数在（-0.162）~（-0.012）之间。表 6 - 4 的所有相关系数中，没有超过 0.75 上限的数据。

采用分层回归分析来检验交易型领导对追随力的预测作用。人口统计学变量作为第一层次变量纳入方程，交易型领导变量作为第二层次变量纳入方程，统计结果如表 6 - 5 所示。

从表 6 - 5 结果可见，权变报酬对追随力五个维度预测作用均达到统计显著水平，标准化回归系数为 0.17 ~ 0.24，所以本研究的 H2a 得到了支持。交易型领导的积极例外管理对追随力五维度均产生积极的正向影响，标准化回归系数在 0.15 ~ 0.33，其中对追随力的认知悟性影响最大，系数为 0.33，所以本研究的 H2b 也得到支持。交易型领导的消极例外管理对追随力的进取精神、认知悟性、执行技能、关系技能和影响力五个方面具有负向影响，但影响非常微弱，回归系数为（-0.08）~（-0.01），在可接受的统计显著水平上并不显著，这与文章前期假设并不一致，这可能与中国组织中部属长期受高权力距离文化影响所形成的惯性心理有关。

表 6-4 交易型领导与追随力的变量相关分析（$N=520$）

变量	M	SD	1	2	3	4	5	6	7	8
1. 权变报酬	11.54	2.55	(0.87)							
2. 积极例外管理	4.12	0.83	0.507**	(0.79)						
3. 消极例外管理	3.71	1.12	0.132	0.071	(0.78)					
4. 进取精神	15.18	2.46	0.237**	0.204**	-0.061	(0.83)				
5. 认知悟性	15.56	2.25	0.329**	0.310**	-0.162*	0.420**	(0.80)			
6. 执行技能	17.12	1.97	0.375**	0.186**	-0.012	0.442**	0.478**	(0.78)		
7. 关系技能	15.73	2.42	0.391**	0.176*	-0.033	0.322**	0.442**	0.532**	(0.86)	
8. 影响力	14.84	2.87	0.279**	0.203**	-0.039	0.268**	0.506**	0.397**	0.566**	(0.81)

注：$^{*}p<0.05$，$^{**}p<0.01$。

表 6-5 交易型领导对追随力的层级回归分析结果（$N=520$）

变量	进取精神		认知悟性		执行技能		关系技能		影响力	
	Step1	Step2	Step1	Step2	Step1	Step2	Step1	Step2	Step1	Step2
第一步：控制变量										
性别	-0.12	-0.14	-0.10	-0.09	-0.07	-0.04	-0.08	-0.07	-0.10	-0.14
年龄	-0.19*	-0.21	-0.17*	-0.14	-0.21*	-0.12	-0.08	-0.10	-0.03	-0.06

续表

变量	进取精神		认知悟性		执行技能		关系技能		影响力	
	Step1	Step2	Step1	Step2	Step1	Step2	Step1	Step2	Step1	Step2
第一步：控制变量										
文化	-0.20	-0.14	-0.50**	-0.50**	-0.39*	-0.38*	-0.11	-0.41*	-0.12	-0.11
工龄	0.02	0.05	0.29*	0.30**	0.18*	0.12	0.08	0.09	0.23*	0.08
岗位	-0.12	-0.07	-0.26*	-0.15	-0.31*	-0.28*	-0.31*	-0.34*	-0.14	-0.13
职务	0.20*	0.15	0.10	0.04	-0.04	-0.10	-0.08	-0.12	0.32*	0.26
第二步：交易型领导										
权变报酬		0.17*		0.21*		0.22*		0.24*		0.18*
积极例外		0.19*		0.33**		0.15*		0.18*		0.16*
消极例外		-0.04		-0.08		-0.01		-0.05		-0.02
F	2.28*	2.48**	2.47**	4.00**	1.89*	2.32**	2.12*	2.27*	2.42**	2.65*
R^2	0.12	0.16	0.13	0.23	0.10	0.15	0.11	0.15	0.12	0.17
ΔR^2	0.12	0.05	0.13	0.10	0.10	0.05	0.11	0.04	0.12	0.15

注：$^{*}p<0.05$，$^{**}p<0.01$。各类型人口统计学变量在模型分析中取值如下：性别，男=1，女=2；文化，大专以下=0，大专及以上=1；工龄，5年以下=0，5年及以上=1；岗位，服务营销型=1，生产加工型=0；职务，有职务=0，没职务=1。

（三）不同组织氛围对追随力影响分析

本研究没有从组织氛围的内部结构角度来探讨其对追随力的影响，而是将组织氛围划分为支持性和控制性两种不同的性质，来考量其对追随力的不同影响。先对两种组织氛围与追随力相关变量做描述性统计和相关分析，如表6－6所示。

表6－6中的数据明确显示，支持性组织氛围对追随力五维度呈正相关显著关系，相关系数在0.195～0.410之间。控制性组织氛围与追随力的五个维度均呈显著负相关关系，相关系数在(－0.076)～(－0.038)之间。相关分析还显示，表中没有超过0.75上限的数据，说明本研究的数据没有明显的多重共线性问题。

下面接着采用层次回归分析，以检验支持性、控制性组织氛围对追随力不同性质的影响水平。

回归分析结果从表6－7的数据可以看出，在控制了人口学变量以后，支持性组织氛围对追随力的五个维度均产生积极的正向影响，标准化回归系数在0.18～0.41之间，均达到统计显著水平，故本研究的H3a得到了支持。控制性组织氛围对追随力五维度均产生正负向两种影响，其中对影响力有正向影响，影响系数为0.17；对进取精神、认知悟性、执行技能、关系技能4维度均有负向影响，影响系数在(－0.24)～(－0.16)之间，负向影响的p值均小于0.05或0.01的统计水平显著。控制性组织氛围对追随力的影响力维度产生正向影响，说明在高权力距离的中国组织情境中，权力与人际关系是控制性组织氛围中影响部属态度、行为与绩效的重要因素。故本研究的H3b只得到部分支持。

五、追随力在人口学、组织学变量上的差异分析

（一）研究目标

部属是组织活动的主力军和执行者群体，也是追随的行为主体。由于部属个体之间性别、年龄、文化、工龄、在企业中是否担任职务、工作的性质存在差别，加之个人的特质、生活环境以及生活态度和方式的不同，表现在追随方面必然存在着显著差异。探讨这些差异，有利于管理者识别不同类型的追随者，更好地制定个性化激励追随力的提升策略。

表 6-6 支持性、控制性组织氛围与追随力变量间的相关分析（$N=520$）

变量	M	SD	1	2	3	4	5	6	7
1. 支持性组织氛围	18.58	3.61	(0.88)						
2. 控制性组织氛围	8.08	3.22	-0.171*	(0.81)					
3. 进取精神	15.18	2.46	0.195**	-0.038	(0.83)				
4. 认知悟性	15.56	2.25	0.298**	-0.076	0.420**	(0.80)			
5. 执行技能	17.12	1.97	0.289**	-0.039	0.442**	0.478**	(0.78)		
6. 关系技能	15.73	2.42	0.262**	-0.060	0.322**	0.442**	0.532**	(0.86)	
7. 影响力	14.84	2.87	0.410**	-0.047	0.268**	0.506**	0.397**	0.566**	(0.81)

注：$^{*}p<0.05$，$^{**}p<0.01$。

表 6-7 支持性、控制性组织氛围对追随力的层级回归分析结果（$N=520$）

变量	进取精神		认知悟性		执行技能		关系技能		影响力	
	Step1	Step2	Step1	Step2	Step1	Step2	Step1	Step2	Step1	Step2
第一步：控制变量										
性别	-0.12	-0.14	-0.10	-0.07	-0.07	-0.04	-0.08	-0.05	-0.10	-0.12
年龄	-0.19*	-0.22*	-0.17*	-0.12	-0.21*	-0.13	-0.08	-0.11	-0.03	-0.07

续表

变量	进取精神		认知悟性		执行技能		关系技能		影响力	
	Step1	Step2	Step1	Step2	Step1	Step2	Step1	Step2	Step1	Step2
第一步：控制变量										
文化	-0.20	0.05	-0.50**	-0.26*	-0.39*	-0.08	-0.11	-0.16	-0.12	-0.04
工龄	0.02	0.01	0.29*	-0.36*	0.18*	-0.03	0.08	-0.02	0.23*	-0.20
岗位	-0.12	-0.13	-0.26*	-0.45**	-0.31*	-0.36*	-0.31*	-0.37*	-0.14	-0.13
职务	0.20*	0.07	0.10	0.38*	-0.04	0.16	-0.08	0.15	0.32*	0.11
第二步：组织氛围										
支持性氛围		0.18*		0.33**		0.31**		0.27**		0.41**
控制性氛围		-0.16*		-0.22*		-0.24**		-0.22*		0.17*
F	2.28*	2.47**	2.47**	4.29**	1.89*	3.23**	2.12*	3.18**	2.42**	5.43**
R^2	0.12	0.18	0.13	0.25	0.10	0.21	0.11	0.20	0.12	0.29
$\triangle R^2$	0.12	0.06	0.13	0.12	0.10	0.11	0.11	0.09	0.12	0.07

注：* $p<0.05$，** $p<0.01$。各类型人口统计学变量在模型分析中取值如下：性别，男 =1，女 =2；文化，大专以下 =0，大专及以上 =1；工龄，5 年以下 =0，5 年及以上 =1；岗位，服务营销型 =1，生产加工型 =0；职务，有职务 =0，没职务 =1。

人口学、组织学有很多变量，本研究仅探讨部属的性别、年龄、文化、工龄、有无职务以及岗位性质6个方面的差异。样本采用本研究追随力影响因素分析的520份样本。

本研究将通过520个独立样本的t检验、方差分析和LSD多重比较，来分析追随力在人口学、组织学特征变量上的差异。

（二）研究结果

通过SPSS15.0软件进行独立样本的t检验和单因素方差分析（One－Way ANOVA），追随力在性别、年龄、文化、工龄、有无职务、岗位性质6个方面的差异如表6－8所示：

表6－8 追随力在人口学、组织学变量上的差异（$N=520$）

变量	变量定义	进取精神		认知悟性		执行技能		关系技能		影响力	
		F	p	F	p	F	p	F	p	F	p
性别	男	—	—	—	—	—	—	—	—	—	—
	女										
年龄	40岁以下	2.68	0.046**	2.59	0.049**	2.48	0.051*	—	—	—	—
	40岁及以上										
文化	大专以下	—	—	2.47	0.047**	2.49	0.045**	—	—	—	—
	大专及以上										
工龄	5年以下	—	—	3.17	0.021**	4.39	0.019**	—	—	—	—
	5年及以上										
职务	有职务	5.35	0.008***	—	—	—	—	—	—	4.20	0.024**
	无职务										
岗位性质	营销服务	—	—	3.95	0.018**	3.08	0.052*	2.98	0.056*	—	—
	生产加工										

注：* $p<0.05$，** $p<0.01$，*** $p<0.001$；—表示差异无显著。

六、分析与讨论

（一）变革型领导与追随力的关系

追随者的对应概念是领导者，追随力的对应概念是领导力，追随力和领导力是伴随组织活动的共生关系。变革型领导是当代领导理论的新范式，它的最大特征是用德行垂范、愿景激励、领导魅力、个性化关怀来强化与部属心的沟通和相互体验，满足部属高层次的精神需求，激发部属在竞争条件下的工作态度与产出。这种领导风格适应中国传统文化重关系、重情感的人文环境。本研究通过实证证明，变革型领导对追随力产生积极的正向影响，这与孟慧等（2005）的研究结果“变革型领导严格的自律性展示出高标准的伦理观念和道德操行，使部属敬佩、尊重、信任并认同他们，进而会赢得部属更强的责任感和更好的工作绩效”是一致的。但本研究发现，在变革型领导的四个维度中，愿景激励、个性化关怀维度较德行垂范、领导魅力维度对追随力的正向影响更为显著。因为愿景激励是其他领导理论所没有的维度，这个维度强调帮助部属正确认知他们工作的目标与意义，指导部属开发智力潜能，提高独立思考能力和创新能力，及时找到解决难题的最佳方案，以实现优佳绩效（Rosenau，2004）。愿景激励满足了部属在动态的工作环境中灵活应对竞争变化和不断创新的需求，强化了部属的追随自我效能感。个性化关怀维度强调不仅要关心部属在工作和成长方面的个性化需求，并且要关心部属生活中、家庭中的个性化需求，很符合中国人重情感的心理特征，它比单纯的管理说教与监控更得人心，更能拉近部属与领导的距离，促使追随者产生“投桃报李”、“士为知己者死”的工作激情。因此，追随者在与变革型领导的交互中，心的沟通与体验更强、更有助于追随力的提升。

（二）交易型领导与追随力的关系

交易型领导与变革型领导是两种不同的领导风格。变革型领导关注的是部属高层次的智力开发和精神需求，强调的是领导与部属间心的沟通与情感体验；而交易型领导的显著特性是关注部属低层次的物质需求，关注的是部属对组织的贡献和组织对部属的报酬，强调的是等价利益交换。人在现实社会中，既有高层次的精神需求，也有基本层次的物质需求，而且大多数普通中国员工对物质生活的追求大于对精神生活的追求。正如张岱年、方克立（2004）所指出的，由于受几千年私有农业经济的浸润，以感知到的切身利益为行动取舍，是大多数中国人的基本行为准则。

交易型领导的核心是权变报酬。权变，即区分不同的工作职责与不同的工作绩效来分配利益，给付报酬。本研究的实证分析证实，权变报酬对追随力产生积极的正向影响，因为报酬是现实社会中个体基本生活的保障，对个体具有很强的吸引力。部属不能有效追随领导者工作，努力创造绩效，就无法获得预期报酬，也就无法保障日常生活；反之，部属表现出很强的追随力，创造了优良业绩，就会获得丰厚的报酬，就能改善自己和家人的生活。同理，积极的例外管理，指领导者加强对部属创造绩效过程的指导与监控，避免出错，有利于部属按领导意图多创绩效来获得预期的报酬。因此，积极的例外管理对部属的追随力具有显著的正向影响。而消极例外管理却是在部属出错后，才进行的事后管理，这种管理对工作结果往往无补，反而会挫伤部属追随领导者工作的积极性，可见，消极例外管理对追随力产生负向影响。

（三）组织氛围与追随力的关系

组织氛围是组织环境的重要变量。本研究通过层次回归分析证实，组织氛围对追随力产生显著影响，但不同性质的组织氛围对追随力的作用方向截然不同，其中支持性组织氛围对追随力产生积极的正向影响，控制性组织氛围对追随力产生显著的负向影响。研究者通过企业实地追踪考察和访谈反馈，部属与领导力的交互作用就是发生在一定的组织氛围中，不同的组织氛围会对部属与领导力的交互作用质量产生不同性质的影响。支持性组织氛围鼓励上下级之间信息自由公开交流，团队内部相互支持与协作，支持新想法、新观点，有利于员工积极性和能动性的迸发（Zhou & Greoge，2001）。而控制性组织氛围，由于组织加强控制与监督、保留资源、限制工作方式和信息流动，依赖老套而熟练的程序，员工的能动性和创造性就会被抑制且呈现出思想僵化的定式（Amabile & Conti，1999）。从两种不同的组织氛围比较中可以看出，支持性组织氛围激发部属的工作积极性、能动性；而控制性组织氛围压抑部属的工作能动性和创造性。能动性、创造性是追随力的本质内涵，体现着追随者与领导者交互作用的质量。部属追随领导者工作的积极性、能动性越强，追随者与领导力的交互作用质量也就越高，追随效能也就越高；反之越弱。因此，组织氛围具有育人的功能，它通过影响部属的心理结构来影响部属的行为，实质上是一把“双刃剑”，只有积极向上的组织氛围才是培育部属积极追随力的沃土。

（四）不同人口变量的追随力比较

1. 不同性别的追随力比较

在本研究中，男性与女性的样本大体相等，对追随力各维度的均值进行独立样本 t 检验的结果显示，不同性别的追随者在其追随力五维度上均不存在显著差异。可见，导致追随力个体差异的并非性别因素，而是其他因素，如性格、人生态度、行为方式等的不同。

2. 不同年龄的追随力比较

在本研究中，部属的年龄被归并为两个年龄段，即 40 岁以下、40 岁及以上。只划分两个年龄段，主要是基于女员工 50 岁正常退休、女性样本占总样本 46% 等因素考虑。两个年龄段的分析结果显示，40 岁以下与 40 岁及以上年龄段的部属在进取精神上有一定差别（F 值为 2.68，p 值为 0.046）。导致差别的主要因素，据研究者实地追踪考察和访谈反馈，企业基层有一个不成文的潜规则，40 岁及以上的个体职位发展很有限，被提拔重用的概率明显小于 40 岁以下的部属。职业发展目标是个体进取精神的强大动力，受职业发展目标所限，会使不少 40 岁及以上的部属产生“船到码头车到站”的停滞思想，从而影响进取精神。

40 岁以下的部属的认知悟性和灵活的执行技能总体低于 40 岁及以上的部属（F 值为 2.59、2.48，p 值为 0.049、0.051），导致差异的因素，据研究者实地追踪和访谈反馈，主要是 40 岁以下部属的工作经历、实践经验弱于 40 岁及以上的部属。

40 岁以下与 41 岁以上的部属在关系技能与影响力两个方面的差异不显著，因为年龄并不是决定个体人际技能高低的主要因素，个体的性格、人生态度、生活环境、行为方式对个体人际技能的影响更大，而影响力与关系技能是同向正比关系。

3. 不同文化层次的追随力比较

在本研究中，文化也被归并为两个层次，即大专以下、大专及以上，分析结果显示：不同文化层次的部属在进取精神、关系技能和影响力三个方面无显著的差异。据研究者实地追踪考察和访谈反馈，现在企业对部属的文化层次不是要求很严，更看重部属的工作经历与解决问题的实际能力。同时，文化的高低也非决定个体进取精神、关系技能、影响力强弱的主要因素。

在认知悟性、执行技能两方面，大专以下的部属总体低于大专及以上文化层次的部属（F 值为 2.47、2.49，p 值为 0.047、0.045），因为相对高文化层次的部属知识面更宽，知识的复合性和知识的灵活迁移性有助于开拓部属的工作视角，提高工作悟性和执行技能创新。

（五）不同组织变量的追随力比较

1. 不同工龄的追随力比较

在本研究中，部属的工龄被划分为 5 年以下、5 年及以上两个层次。5 年以下与 5 年及以上的部属在进取精神、关系技能两方面差异不显著，因为工龄并非决定个体进取精神、关系技能强弱的主要因素，进取精神的强弱、关系技能的高低取决于多方面的因素，如动机水平、认知能力、人生态度等方面。

但 5 年及以上与 5 年以下的部属在认知悟性和执行技能方面存在差异（F 值为 3.17、4.39，p 值为 0.021、0.019）。据研究者实地追踪考察和访谈反馈等，5 年及以上的部属较 5 年以下工龄的部属不仅更熟悉本岗位的各个工作环境，而且熟悉本企业工作流程的内在联系，有了较多应对竞争的成功经验与失败教训，能够预计各种动态工作环境可能出现的问题，以及有更多防范或解决问题的举措。因此在认知悟性方面表现得更全面、更客观，在执行技能方面有更多的灵活性和创新性。

2. 有无职务的追随力比较

本研究中的有无职务主要指组织中的中、基层以执行为主要职能的管理者，不包括组织的高层管理者。通过 F 值、p 值检验，加之 LSD 多重比较分析发现，有职务与无职务的部属在追随力的认知悟性、执行技能、关系技能方面差异不显著，可见，职务并非是认知悟性、执行技能、关系技能更强的象征和决定因素。

但有职务与无职务的部属在进取精神、影响力两个方面存在差异（F 值为 5.35、4.20，p 值为 0.008、0.024）。据研究者实地追踪考察和访谈反馈，中、基层管理者的主要职能是带领本团队成员忠实贯彻执行上司的决策指令。上司往往会选择那些富有进取精神，又肯听话的部属担任中、基层管理者。中、基层管理者相对无职务的部属要承担更多更大的职责，也能得到领导更多的资源和授权，中、基层管理者个人的工作态度、进取精神会直接影响其团队成员的士气，因此，有职务的追随者比没有职务的追随者会表现更强的进取精神。职务是权力的象征，有职务的管理者手中握有或多或少的权力，与上司的交往更多，信息来源也更多，同时还具有对其团队成员工作指导之责，因此，其影响力大于无职务的追随者。

3. 不同岗位性质的追随力比较

本研究的不同岗位性质主要指营销服务与生产加工两大类，因为这是两类不同性质的工作。方差分析结果表明，不同岗位性质的部属在进取精神、影响力两个方面的表现并无显著差异。但在认知悟性（F 值为 3.95，p 值为 0.018）、执行技能（F 值为 3.08，p 值为 0.052）、关系技能（F 值为 2.98，p 值为 0.056）三个方面存在着显著差异。据研究者对营销服务岗位与生产加工岗位的部属分别追踪考察和访谈反馈，生产加工岗位部属在任务明确后，对工作目标可以作出预测，其工作环境也具有相对阶段的稳定性；而营销服务岗位部属的工作对象，情境处在永不停息的变化之中，充满着未知和挑战，它需要员工敏锐的认知悟性、灵活的执行技能和情理交融的关系技能。这种变化与挑战的长期磨砺，使从事营销服务工作的部属比从事生产加工任务的部属更具有认知、执行和处理关系的应变与适应能力。

（六）本章研究的理论贡献

第一，本章研究率先直接探讨了变革型领导、交易型领导、组织氛围与追随力的关系，发现变革型领导、交易型领导各维度对追随力各维度的影响差异；不同性质的组织氛围对追随力的正负向影响差异，可以为后续相关研究者提供参考与借鉴。

第二，本章通过520个独立样本的单因素方差分析和LSD多重比较，发现性别不会影响追随力，而年龄、文化、工龄、有无职务、不同岗位性质的差异会导致追随力某几个方面的差异，并具体分析了产生差异的主要原因，也可以为后续相关研究者提供参考与借鉴。

（七）本章研究的实践价值

第一，本章研究发现，变革型领导对追随力具有积极的正向影响，其中起显著作用的维度是愿景激励和个性化关怀。这一结果告诉企业管理者，愿景激励和个性化关怀比领导魅力更有助于部属挖掘智力潜能，提高应对竞争变化的智商和达成良好的工作绩效。企业领导可通过建设学习型组织、创新型组织，营造鼓励新思想、新观点和勇于创新的组织氛围，推动部属创造潜能的开发；通过构建以人文关怀为主题的和谐组织环境和不断增强领导者自身的凝聚力，来提升部属的归属感和向心力，以促进组织和组织成员的共同发展。

第二，本章研究发现，交易型领导的权变报酬和积极例外管理对部属的追随力具有积极的正向影响，而消极例外管理对追随力产生负向影响。这一结果与以往相关交易型领导与员工绩效关系的研究结果相一致。它进一步证实并告诉企业管理者，绩效报酬（如计件工资、提成工资、效益工资、绩效奖励等）比计时报酬更有利于提升部属的工作积极性与产出，应该坚持并不断优化和完善。对部属的工作事前和事中进行指导与监控是必要的，不仅有益于部属对任务的顺利完成，而且也维护了部属个体的切身利益，减少不良后果造成的诸多消极因素。但消极例外管理的不良现象要坚决克服，以免挫伤部属的追随积极性。

第三，本章研究发现，不同的组织氛围会对追随力产生不同质的影响，其中支持性组织氛围会对追随力产生积极的正向影响，控制性组织氛围会对追随力产生显著的负向影响。这一结果明确告诉企业管理者，要加深对“近朱者赤，近墨者黑”哲理的认知，高度重视环境氛围育人的效用，积极营造支持性组织氛围，让部属在积极向上的群体氛围中为组织做出更大贡献。

第四，本章研究发现，部属在年龄、文化层次、工龄、岗位性质方面的差异会导致其追随力不同方面的差异，这一明晰的结果有利于企业管理者因人制宜地选择、确立不同追随力提升的个性化方案与策略。

（八）本章研究存在的局限

第一，本章在探讨变革型领导、交易型领导、组织氛围对部属追随力的影响研究中，采用的是简单的直接主效应作用机理。在组织追随实践中，变革型领导、交易型领导、组织氛围对追随力的影响可能存在着某个中介变量，如心理授权、自我效能感，对领导的上向认知与情感信任等，甚至其中还或许存在着某个调节变量等。本章研究只做了自变量与结果变量之间的相关分析和层次回归分析，其对结果变量的解释率有限。未来的相关研究特别是专题研究，应该引入中介与调节机制等，才能更加客观、准确地揭示变革型领导、交易型领导、组织氛围与追随力的关系。

第二，本章研究来源于多类型企业横截面的数据，得到的结论其本质只反映了自变量与因变量的相关关系，其因果关系还须从纵向加以研究检验。未来的相关研究，应该从横截和纵向两个界面收集数据，才能更准确地揭示自变量与因变量的因果关系。

第三，虽然本研究在多行业、多类型企业中广泛收集样本数据，但还是一个便利样本，而且以自陈为主的评价方式，不可避免地存在同源误差问题。未来的相关研究，特别是专题研究要采用多种评价方式来收集数据，以提高研究结果的普适性。

七、本章小结

第一，通过相关分析与层次回归分析，变革型领导对部属追随力具有积极的正向影响。但变革型领导四维度对追随力五维度的正向影响水平具有差异，其中变革型领导的愿景激励维度对追随力的进取精神、认知悟性、执行技能的正向影响显著；个性化关怀对追随力的进取精神、执行技能和关系技能正向影响显著。

第二，通过相关分析与层次回归分析，交易型领导的权变报酬对追随力具有积极的正向影响；积极的例外管理对追随力也产生积极的正向影响，而消极例外管理则对追随力产生负向影响。

第三，通过相关分析与层次回归分析，组织氛围对追随力产生显著的影响，但这种影响具有两种不同的性质，其中支持性组织氛围对追随力产生积极的正向影响，而控制性组织氛围则对追随力产生负向影响。

第四，通过独立样本的单因素方差分析和多重比较分析，追随力在性别上没有显著差异。在年龄上，40 岁及以上的部属在进取精神方面弱于 40 岁以下的部属；40 岁及以上的部属在认知悟性、执行技能两方面强于 40 岁以下的部属。在文化层次上，大专以下层次的部属在认知悟性、执行技能两方面弱于大专及以上层次的部属。在工龄上，5 年以下本企业工龄的部属在认知悟性、执行技能、影响力三方面弱于 5 年及以上工龄的部属。有职务的部属在进取精神、影响力两方面强于无职务的部属。营销服务工作性质的部属在认知悟性、执行技能、关系技能三方面总体强于生产加工工作性质的部属。本研究还对生产差异的主要原因作了较为具体的分析。

第七章　追随力作用领导效能的机理

一、导　言

追随力对领导效能的作用机理，是组织管理学中的一个全新研究命题。迄今为止，研究者还未发现国内外学术界有此类系统的实证研究成果公开发表。相关追随力与领导力的相互作用，以及与组织绩效的关系，国内外学术界的研究文献大致有两种取向，一种从领导角度把追随力作为因变量来服务于领导力某个方面的研究，如 Howell 和 Shamir（2005）；Dvir 等（2002）；李秀娟、魏峰（2006）；丁琳、席酉民（2007）；刘军、吴隆增、林雨（2009）；李超平、孟慧、时勘（2006）等。另一种是把追随力作为自变量来考量对领导效能和组织绩效的影响，如 Bjugstad 等（2006）；Gilbert 和 Matviuk（2008）；Chaleff（2003）；盛宇华、潘勤（2001）；刘军、富萍萍、张海娜（2008）等。在这两类成果中，直接研究追随力对领导力反作用的成果稀少，而穿插在领导理论研究中偏多；思辨性研究成果多，而实证性研究成果少，无法解释追随力作用领导效能，与领导力和组织情境交互作用的机理。本章的研究目标，就是揭示中国组织情境中追随力作用领导效能的机理。在进行实证研究前，首先必须明晰中国组织环境的文化特征和几个重要变量及其相互关系。

（一）中国组织环境的相关文化特征

组织是社会的细胞。中西方是两种不同的社会制度，加之历史文化的传承，中国组织环境有着与西方不同的文化特征。其中有些与本研究密切相关。Chen 和 Francesco（2000）指出："由于受传统文化的影响，中国组织的上下级权力距离很大，领导者具有高度'权威'"。上下级之间高权力距离是中国组织环境的第一个文化特征。同时，"中国又是一个典型的关系导向的社会，形成了以自我为中心的

‘差序格局’的关系圈”（Fei，1992）。集体氛围中高关系导向是中国组织环境的第二个文化特征。“华人社会在文化、价值观上与西方存在巨大差异，将西方文化中发展出来的领导理论生搬硬套到华人群体中，不仅无法客观反映华人领导方式的本来面貌，而且忽视了华人领导行为独特而且重要的方面，甚至在实践中歪曲事实”（樊景立、郑伯壎，2000；周浩、龙立荣，2005）。“家长式领导是中国的集体主义组织氛围中普遍的领导特征，而非仅仅为家族企业所独有”（郑伯壎、黄敏萍、周丽萍，2002）。可见，家长式领导风格是中国组织环境的第三个文化特征。中国文化重视人的社会价值，把个体视为其所属社会关系的派生物，个体的价值因群体而存在，并借群体体现（徐行言，2005）。个体的价值表现为对组织的贡献，这是中国组织的第四个文化特征。本研究在进行研究设计时，要充分考虑这些文化因素的影响。

（二）领导—部属交换（LMX）

领导—部属交换（Leader - Member eXchange，LMX）是在 VDL 理论基础上引申出来的一种新型领导理论。Graen 和 Cashman（1975）指出，在任何一个组织中，各层级的领导和其部属之间都存在着非正式的、比较稳定的社会交换过程。这个社会交换过程是通过垂直对子联结（Vertical Dyad Linkage）的模式表现出来，即领导和部属之间形成的是垂直的、一对一的、互惠式的对应关系。LMX 理论则强调领导与部属间的双向选择与互动质量决定着领导行为的有效性。该理论认为，受时间、精力等所限，领导者在工作中要区分不同的部属，采用不同的管理方式，并与不同的部属建立不同类型的交换关系。其中领导会与部属中的一部分人建立相对特殊的关系，这些部属便成为领导的“圈内成员”（In - group），他们会得到领导更多的信任、关照和享有特权，如工作自主性、授权、更高的报酬与更多的升职机会等。而其他部属则被视为“圈外成员”（Out - group），很少能得到授权、奖励和升职机会，他们与领导的关系只能局限在组织规则的范围。由于存在“圈内”与“圈外”之分，因此领导与部属的交换关系出现两种类型：一是领导与“圈外”部属基于正式契约所形成的低质量 LMX 关系；二是领导与“圈内”部属通过相互信任、相互吸引、相互支持的交互方式建构的高质量 LMX 关系。LMX 理论比较系统地研究了上下级关系，而且独特地采用了上下级之间的成对关系作为分析的焦点，并强调领导—部属之间动态关系的重要性，以及这种关系对工作绩效和态度的影响，为了在研究中找到上下级关系影响领导效能和组织绩效的实证依据（杜红、王重鸣，2002）。

关于 LMX 的结构，国外学者有多种不同的观点。Graen 等学者（1987、1995）认为，如果领导与其部属之间的交换关系仅限在工作有关的方面，那么领导—部属交换应该是单维的，是对领导和部属工作关系好坏的整体反映。角色理论认为，角色是多维度的，因而领导与部属的交换与互动很难仅限在工作有关的方面。Dienesch 和 Liden（1986）认为，LMX 有三个维度，即情感（Affect）、忠诚（Loyalty）、贡献（Contribution）。Liden 和 Maslyn（1998）根据关键事件访谈法，在三维基础上又增加了专业尊敬（Professional Respect）为第四个维度。通过实证研究发现，这四个维度之间的相关都在中等程度，表明 LMX 的四个维度在理论上是可以区分的（任孝鹏、王辉，2005）。国内研究者刘彧彧、丁国林、严肃（2010）根据领导—部属之间关系的不同性质，将 LMX 分成工作交换（LMX – Contribution）和情感交换（LMX – Affect）。前者是衡量工作相关的交换关系；后者是衡量工作外的情感交换关系。其操作定义是：工作交换指领导与部属基于组织资源供给与部属贡献方面的交换；情感交换指领导与部属基于价值观、沟通、态度倾向等方面的交换。

通过上述分析，基于 LMX 在追随力与领导效能之间的联结作用，本研究选择 Graen 等研究者单维的 LMX 为追随力作用领导效能的中介变量，主要出于：LMX 反映了中国组织情境中上下级高权力距离、高关系导向的文化特征；不同 LMX 质量体现了高权力距离、高关系导向中领导者与部属的人际关系与互动水平等因素考虑。

（三）领导效能的定义及衡量效标

领导效能（Leadership Effectiveness）一直是各种领导理论研究的主题，也是追随力理论研究的落脚点。领导效能是一个宽泛的概念（Judge & Piccole，2004；Lowe et al.，1996）。不同的研究者从不同的角度有不同的解读，正如 Yukl 所说，领导效能的定义因人而异（张丽华，2002）。其中比较有影响的解读是菲德勒（1987）所做的定义：领导效能指一个群体执行其基本分配任务所取得成功的程度。国内研究者王淑红（2010）将领导效能定义为，领导者率领其团队为实现既定的组织发展目标而工作的效率与效果。牙韩高（2008）通过分析指出：领导效能一般出于两种研究角度，一是从衡量的主观性和客观性进行分析，认为领导效能可以由主观（部属认知与感知的程度）与客观（领导方式实际达成的效果）两方面来评估；二是把领导效能看成是领导方式的过程与结果来综合分析，认为领导效能应从领导者在领导活动中所展现的影响力以及能够引导部属达成组织目标的程度来判定。

对领导效能的衡量，国内外学者也有多种观点，但大多数研究者都倾向于从两个方面来衡量。Conger 和 Kanungo（1998）认为应从组织（如组织目标的达成水平、组织持续发展环境等）和个体（工作绩效、组织承诺、满意度等）两个层面来评价。Cooper 等（2005）建议组织层面用财务绩效和社会绩效；个体层面用满意度、组织承诺和组织公民行为衡量。Kenneth 等（2009）也主张用绩效和部属的满意度、组织公民行为等来衡量领导效能。李超平、时勘（2005）的观点与上述研究者基本一致，认为领导效能可从绩效和员工心理和行为两个方面加以测量。王震、孙健敏（2012）在最近的一项领导效能元分析中，把部属的态度变量（工作满意度、情感承诺）和行为变量（工作绩效、组织公民行为）作为领导效能的效标，指出，这些效标均是组织管理研究领域的重要变量，被证实对组织产出具有重要影响，并且是领导效能的根本体现。

本研究认为：领导者最根本的职能有两个：一是推动组织的持续发展；二是推动组织成员的持续发展。绩效是组织发展的核心效标；工作满意度、组织承诺、组织公民行为最能反映部属为组织工作的幸福指数。因此，本研究选择国内大多数研究者常采用的工作绩效、部属工作满意度、组织承诺、组织公民行为为衡量领导效能的效标。

（四）个体与工作、个体与团队匹配

人的一切活动都是在一定环境中发生的。追随力是部属追随领导者工作、与领导者和工作环境相互作用的函数，它除受领导等人的因素影响外，还会受到人与环境匹配诸因素的影响。人与环境匹配是组织管理学的重要研究内容之一，Kristof（1996）将其定义为人与环境的兼容性。Kristof 等（2005）指出，个体与组织环境的匹配会影响个体的态度、行为和绩效。孙健敏、王震（2009）指出，人与环境匹配是人与组织匹配理论的深化和发展，这种匹配包括人与职业、人与主管、人与工作、人与团队、人与组织、人与他人六种匹配类型。其中人与工作匹配（PJ - fit）指个体能力、兴趣与特定工作需要之间的兼容性；人与团队匹配（PG - fit）指个体与团队中大多数人的价值观、目标趋同，能力、经验互补和相互协作默契。本研究认为，在这六种匹配类型中，PJ - fit、PG - fit 会直接影响追随力对领导效能的效应。因此，本研究把两因素作为自变量（追随力）作用因变量（领导效能）的调节变量，主要出于其是组织环境中的重要变量，体现了追随者与组织环境交互作用的两个重要方面考虑。

二、研究假设与相关理论

（一）追随力与领导效能的关系

追随力理论认为，追随力与领导力是相伴共生关系（Kellerman，2008），它们是领导过程不可或缺的两个方面，任何一方面的缺位都会导致组织管理行为研

究整体的缺陷（Bruce et al.，2009）。关于领导力，Peter Drucker（1966）明确指出："领导者的唯一定义是其身后有追随者"，"影响别人行为的能力，则谓之'领导力'"。也就是说，领导力即赢得追随者和有效追随力的能力。这段精妙的论述简明阐述了领导者与追随者、领导力与追随力的关系。领导效能是领导力与追随力交互作用创造的结果变量。对追随力、领导力与领导效能的因果关系，追随力理论有三个鲜明观点：其一，用领导和追随者的相互影响来定义工作的关联，这种相互影响不是依靠领导特质而是追随者特质（Martin，2007）。其二，Meindl（1995）在本体论、社会心理学和建构主义的基础上，从"追随者中心视角"（Follower - Centric Perspectives）出发，提出了领导及其结果都是由追随者建构的，追随者的认知过程和追随者之间的社会影响过程会影响领导行为，进而影响领导效能的观点。其三，Carsten（2007）从追随者的行为职责方面指出："追随行为是针对领导者而言的"，"是支持领导决策，忠实执行领导指令的行为；是与领导者有效沟通的行为；是帮助领导者承担工作责任的行为；是协助领导解决处理问题的行为"。由此可见，部属对领导者的潜在影响，以及部属的追随职责，其出发点和落脚点都是创造领导效能，所以 Avolio 等明确断言："追随力是创造领导绩效的源泉"。基于学者的上述研究观点，本研究提出下列研究假设：

H5：追随力对领导效能的工作绩效、组织承诺、工作满意度、组织公民行为具有正向影响。

（二）LMX 在追随力与领导效能间的中介作用分析

1. 追随力对 LMX 关系质量的影响

LMX（领导—部属交换）理论的一个鲜明观点，就是领导与部属（追随者）良好的 LMX 关系是双方在相互选择、交往与互动中建立和发展的。Liden 等（1997）建构了 LMX 的前因后果变量模型，其中前因变量包括领导的个性特征、部属的个性特征、两者的交互作用以及情境变量等。部属的个性特征包括年龄、文化、态度、外向性、能力、向上影响力等因素。这个模型告诉我们，领导的个性特征、追随者的个性特征都会对 LMX 关系质量产生直接影响。追随力是追随者追随领导者工作的特质与行为，最能反映追随者的个性特征，它通过进取精神、认知悟性、执行技能、关系技能与领导力交互而表现出来，并潜移默化地对领导者产生向上影响力来发展 LMX 关系。正如 Depree 所指出的，"追随力是追随者积极的、能动的向上影响行为，而不是消极被动的反应。这种积极能动的向上影响行为来源于追随者的正直忠诚、积极进取、独立思考、灵活敏达、与领导者目标一致和相应的人际关系技能"。追随者与领导者的互动过程正是双方相互影响的过程，LMX 关系质量取决于双方互动的频率与效果。追随者的潜在向上影响力越强，对 LMX 质量发展的影响也就越大；反之则越弱。“向上影响行为一般包括恳求领导与下属结盟，主动关心和支持上司、相互交换、逢迎上司等方式，是部属通过影响上司来获得团队利益和个人利益的行为与策略，早期的研究表明，部属的向上影响行为对 LMX 的影响甚至比能力产生的影响还要大”（原涛、凌文辁，2010）。Wayne 和 Ferris（1990）在研究中发现，部属主动关心上司的逢迎行为会增加上司对下属的喜爱程度，并对 LMX 质量产生正向影响。Deluga 和 Perry（1994）在实证中也得出类似的研究结论，部属的阿谀奉承行为以及揣摩领导意图的行为与 LMX 质量呈正相关。Kelley（1992）则从部属的工作态度和执行能力方面指出，下属积极的工作态度和主动解决问题的熟练技能会赢得领导的信任，进而有利于发展双方的互惠合作关系。基于以上分析可以看出，部属的追随力通过向上影响行为会对 LMX 质量产生积极影响，为此，本研究提出下列研究假设：

H6：追随力对 LMX 质量具有正向影响。

2. LMX 对领导效能的预测作用分析

Graen（1995）指出，无论在对领导效果的解释上还是在对离职率等组织变量的预测上，领导—部属交换理论都有明显的优势。国内外许多研究者的相关研究结果都支持了这一观点（王辉、牛雄鹰，2004）。对此，Schriesheim 等（1998）指出，在高质量交换中，领导会赋予部属更多的权力去完成挑战性工作，通过提高对部属的授权水平，不仅会增加部属的自我效能感，同时有利于部属在更大空间中更多自主性地创造业绩。Liden 等（2000）也指出，随着领导—部属交换关系质量的提升，部属会从领导那里获得更多的资源、信息和支持，这会显著提高部属对工作意义、工作竞争、工作能动性和对组织影响力的认知水平，进而提高他们的产出。李燕萍、涂乙冬（2011）更直接指出，领导—部属交换的“桥梁”作用，实质上就是部属根据自己与领导的交换质量来调整自我认知，从而调整态度和行为，最终实现预期目标。追随力理论对此也有鲜明的观点，领导绩效是追随力与领导力交互作用所创造的（Kelley，1992）。“领导与其追随者发展和谐的互惠关系，能有效激发追随者全身心的投入与产出”（Sevier，2007）。从众多学者的研究观点可以看出，高质量的 LMX 对领导效能是有积极的预测效应，为此，本研究提出下列研究假设：

H7：领导—部属交换关系对领导效能的工作绩效、组织承诺、工作满意度、组织公民行为具有预测效应。

通过对追随力与 LMX 质量的相关分析和 LMX 对领导效能的预测作用分析，LMX 质量一方面受追随力等前因变量的影响；另一方面，不同质的领导—部属交换关系会对领导效能产生不同的预测。LMX 理论反映了领导者与追随者在社会交换原则下的工作关系，并在实业界普遍适用。为此，本研究提出下列研究假设：

H8：领导—部属交换在追随力作用领导效能中起着中介效应。

（三）个体—工作匹配、个体—团队匹配的调节作用

领导效能并非部属个体效能的简单相加之和，而是团队结构化协同所创造的工作绩效与情境绩效的综合（王淑红，2010）。在激烈的市场竞争条件下，组织内的工作内容更具有挑战性，工作情境更具有动态性，大量的工作任务需要团队相互协作来完成。追随力对领导效能的积极效应，一方面需要高质量的LMX来提升和传导；另一方面还受到追随者个性心理与工作团队等因素的影响与制约。如追随者的兴趣与爱好、心理投入、自我效能感、能力与工作的相容性等个体与工作相匹配的因素；追随者与团队成员之间的相互信息沟通、能力与经验的优势互补，及解决问题方式的相似性、相互合作的默契度等个体与团队相匹配的因素。这些因素都会不同程度地影响着追随者的执行力、工作绩效及工作满意度等。Liao、Joshi 和 Chuang（2004）通过研究证实得出，领导绩效不仅需要下属的认知、操作技能，更需要匹配的团队构成和高效的运行规则。可见，个体与工作匹配（PJ - fit）、个体与团队匹配（PG - fit）的程度这两个调节变量会导致追随力对领导效能主效应的差异。为此，本研究提出下列研究假设：

H9：追随力对领导效能的工作绩效、组织承诺、工作满意度、组织公民行为的主效应会受到个体与工作匹配程度的调节而呈现差异。

H10：追随力对领导效能的工作绩效、组织承诺、工作满意度、组织公民行为的主效应会受到个体与团队匹配程度的调节而呈现差异。

综合以上分析与研究假设，本研究用图 7 - 1 来表述它们之间的关系。

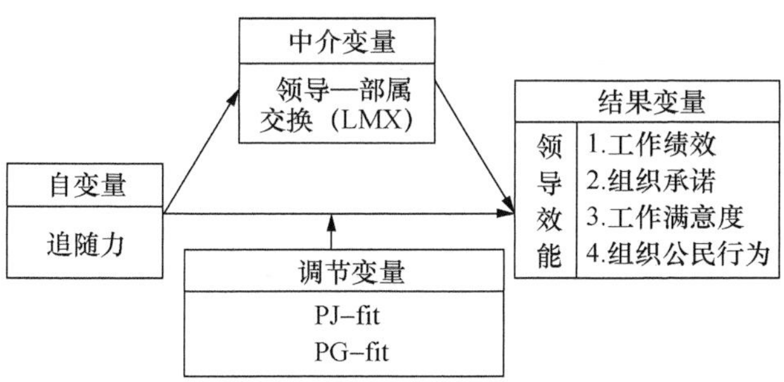

图 7 - 1　机理变量关系图

三、测量工具与对象

（一）测量工具

1. 追随力（自变量）

采用本研究第五章开发的五维结构20条目的追随力问卷。该问卷的条目载荷在对应潜变量上为（进取精神）0.70～0.81、（认知悟性）0.61～0.83、（执行技能）0.66～0.87、（关系技能）0.76～0.86、（影响力）0.69～0.85。五维度的信度系数分别为0.81、0.80、0.78、0.82、0.81。

2. 领导—部属交换（中介变量）

LMX有单维和多维之分。本研究采用被学术界普遍使用的LMX－7量表，该量表Hui等（1999）已将其翻译为中文并在中国组织情境中加以运用。量表共7个条目，经过本研究预测的探索性分析和信度检验，该量表在本研究中的载荷为0.598～0.832，内部一致性系数为0.864。其典型条目如"我的主管全力支持我的工作"，"为了主管我愿意付出更多的努力"等。

3. 个体—工作匹配、个体—团队匹配（调节变量）

采用Kristof－Brown等（2005）开发使用，国内研究者原涛等（2010）对其进行翻译、校对和检验使用后的成熟量表。原量表这两种匹配均为单维度和各6个条目，通过本研究预测的探索性因素分析后，剔除了2个对共同因素贡献率较小的条目，使PJ－fit、PG－fit两种匹配均保留5个条目，共10个条目。其中个体—工作匹配5条目在本研究中的同一潜在变量上的载荷为0.598～0.834，信度系数为0.816，其典型条目如"我具有胜任本岗位工作的专业技能"，"本岗位非常适合我的工作才能施展"。个体—团队匹配5条目在本研究中的同一潜变量上的载荷为0.613～0.819，信度系数为0.825，其典型条目如"我与同事都会保持着畅通无阻的信息沟通"、"我与同事都会齐心协力完成合作性工作任务"等。

4. 领导效能（工作绩效、组织承诺、工作满意度、组织公民行为）（结果变量）

采用Bono和Judge（2003）工作满意度问卷5个条目；Williams和Anderson（1991）组织公民行为问卷6个条目和工作绩效5个条目；Meyer和Allen（1991）组织承诺问卷中4个条目，共计20个条目组成领导效能问卷。该问卷4个分量表均是王淑红（2005）翻译、校对和检验使用后的成熟量表。通过本研究预测的探索性因素分析，20个条目在同一量表中呈现清晰的4因素结构。其中工作绩效5条目在同一潜变量上的载荷为0.597～0.864，信度系数为0.798，其典型条目如"在规定的时限内我都能如期完成工作任务"、"领导对我的岗位工作绩效评价表达满意”。组织承诺4条目在同一潜变量上的因素载荷在0.614～0.815之间，信度系数为0.806，其典型条目如“对组织我一直保持诚实守信的职业操守”、“在组织发展逆境中我会与领导同心同德”。工作满意度5条目在同一潜变量上的载荷为0.587～0.798，信度系数为0.804，其典型条目如“我服务的这家公司给我有家的感觉”、“我对我的工作业绩和报酬比较满意”。组织公民行为6条目在同一潜变量上的载荷为0.632～0.868，信度系数为0.845，其典型条目如“我自觉为组织控制不必要的开支与浪费”、“我常帮助工作有困难的同事解决其困难”。四维度的领导效能量表总内部一致性系数为0.844，方差变异量解释率为69.27%。

此外，本研究采用的所有测量工具（除追随力量表本研究开发外）基本来源于英文量表，虽然都是已经过国内相关研究者翻译、校对和检验使用后的成熟量表，本研究采用时有的稍作修改，均通过了高校外语教师的多次英汉互译校对，确保与原条目含义无误差后才最后确定。

以上测量工具经本研究预测探索性和验证性因素分析，都有较高的信效度，符合心理测量学的要求。

以上测量工具在本研究中均采用 Likert 五级计分测量：1＝不认同；2＝比较不认同；3＝不确定；4＝比较认同；5＝完全认同。

（二）采样要求

为了更好地反映几个变量的相互关系，本研究对调查样本有以下要求：

第一，样本被试必须是全职在本企业工作满1年以上的管理者和部属，即不包括偶尔兼职、短期见习和高跳槽频率的部属。

第二，本次测试为配对调查，分两种不同的问卷，即领导调查问卷和部属调查问卷。其中领导（指部属的直接主管或基层领导者，不包括企业高层管理者）评价其部属的追随力行为以及部属与工作、部属与团队的匹配状况，共计30个条目。部属评价自己与主管（直接领导者）的交换关系和领导效能，共计27个条目。

第三，本次调查是通过研究者与其博士生同学以及硕士生学友在省内各地的亲属、朋友、同学等关系联系的，由研究者与其同学到企业实地进行测试。为了不影响企业的正常营运，调查小组直接到企业的车间、部门和网点分别与领导、部属受试。先宣讲调查目的、保密性等指导语，并当场发放和回收问卷，为了防止被试者刻意揣摩，要求被试在10分钟填答完，确保领导、部属互不知晓测量结果。回收问卷后，调查研究者当即做好配对编号。

（三）样本特征

本次调查样本来自江西省南昌等几个城市的企业。共发放调查问卷800份，其中领导问卷和部属问卷各400份。各调查小组回校集中整理，共回收问卷735份，其中领导问卷359份、部属问卷376份。

按照下列要求进行问卷筛选：人口统计学信息缺失3项以上的问卷；漏答在3项以上的问卷；多答在2项以上的问卷；连续8项选项相同的问卷；乱涂乱画的问卷；有明显作答反应倾向的问卷均剔除。

通过剔除以上6种问题问卷，领导问卷为317份、部属问卷为296份。为了形成一对一比例的配对问卷，本研究再剔除管理者问卷21份，最后形成296份有效配对问卷，其人口学特征如表7－1、表7－2所示。

表7－1　领导样本的人口学特征（$N=296$）

变量	类别	人数（人）	百分比（%）	变量	类别	人数（人）	百分比（%）
性别	男	152	51.3	工龄	5年以下	89	30.1
	女	137	46.3		6～10年	138	46.7
	缺失	7	2.4		10年以上	63	21.2
					缺失	6	2.0
年龄	30岁以下	96	32.4	职位	中层主管	146	49.3
	31～40岁	165	55.7		基层主管	139	46.9
	40岁以上	28	9.9		缺失	11	3.8
	缺失	6	2.0				
文化	高中及以下	15	5.1				
	大专	73	24.6				
	本科	184	62.2				
	研究生	19	6.4				
	缺失	5	1.7				

表7－2　部属样本的人口学特征（$N=296$）

变量	类别	人数（人）	百分比（%）	变量	类别	人数（人）	百分比（%）
性别	男	143	48.3	工龄	5年以下	112	37.8
	女	149	50.3		6～10年	107	36.1
	缺失	4	1.4		10年以上	72	24.3
					缺失	5	1.8

续表

变量	类别	人数（人）	百分比（%）	变量	类别	人数（人）	百分比（%）
年龄	30 岁以下	176	59.5	岗位性质	管理岗	56	18.9
	31～40 岁	83	28.0		技术岗	43	14.5
	40 岁以上	32	10.8		营销岗	57	19.3
	缺失	5	1.7		生产岗	66	22.3
文化	高中及以下	47	15.9		服务岗	58	19.6
	大专	82	27.7		其他岗	9	3.0
	本科	159	53.7		缺失	7	2.4
	研究生	2	0.7				
	缺失	6	2.0				

四、研究结果

（一）量表的验证性因素分析结果

为了验证测量模型中构念之间的区分效度与收敛效度，本研究在五因素基准模型外，另设置了三个竞争模型用于比较，其中五因素模型是追随力、LMX、PJ－fit、PG－fit、领导效能五因素组成。四因素模型，将 PJ－fit、PG－fit 合并为一个因素（人与环境匹配），再与追随力、LMX、领导效能组成。三因素模型将 PJ－fit、PG－fit、LMX 合并为一个因素，再与追随力、领导效能组成。单因素模型，即将所有因素组合在一起，看成一个变量，四个模型通过验证性因素分析其结果如表 7－3 所示。

从表 7－3 中可以看出，五因素模型的拟合数据最佳，IFI、CFI、NNFI 都高于0.90的优佳值，RMSEA低于0.08，卡方与自由度的比值小于4，而其他三种模型的各项拟合指数均差于五因素模型。表明，量表测量的五个因素具有较高的区分与收敛效度。

表7－3　测量模型验证性因素拟合结果（N＝296）

模型	χ^2	df	χ^2/df	IFI	CFI	NNFI	RMSEA
五因素模型	483.79	181	3.12	0.921	0.934	0.924	0.071
四因素模型	877.65	187	10.53	0.784	0.768	0.761	0.124
三因素模型	949.47	190	12.36	0.731	0.719	0.723	0.139
单因素模型	766.38	186	8.49	0.812	0.797	0.813	0.102

（二）变量的描述性统计分析结果

从表7－4中列出的本研究中各项变量的M值、SD值、内部一致性系数和相关系数可以看出，本研究所采用的问卷内部一致性系数在0.79～0.86之间，说明测量具有较高的信度，追随力与LMX，与个体—工作匹配、个体—团队匹配以及与领导效能四效标工作绩效、组织承诺、工作满意度、组织公民行为之间的相关系数均显著。

（三）LMX中介作用的统计与检验

运用结构方程建模，观察追随力对领导效能的影响，以检验LMX在其中的中介作用。侯杰泰、温忠麟、成子娟（2004）指出："中介模型的确定，一方面需要依据理论基础，另一方面要依据结构模型的拟合程度和模型的简洁性"。本研究通过两个嵌套模型：完全中介模型（追随力完全通过LMX来影响领导效能）和部分中介模型（追随力对领导效能的四个效标既有直接影响，通过LMX又有间接影响）进行比较，最后再选择一个数据拟合优佳并相对简洁的获胜模型。两个模型的各项拟合指数如表7－5所示。

由表7－5可以看出，部分中介模型的各项拟合指数为χ^2（101）＝285.66、CFI＝0.93、NNFI＝0.91、RMSEA＝0.07、AIC＝355.66；完全中介模型的各项拟合指数为χ^2（102）＝318.06、CFI＝0.88、NNFI＝0.83、RMSEA＝0.08、AIC＝386.74。从两个模型的拟合指数看，部分中介模型的拟合指数相对优于完全中介模型。部分中介模型的参数估计和路径图如表7－6和图7－2、图7－3所示。

表 7－4　作用机理各相关变量的描述性统计分析结果（$N=296$）

变量	M	SD	1	2	3	4	5	6	7	8	9	10	11	12
1. 进取精神	15.70	2.90	(0.82)											
2. 认知悟性	15.38	2.15	0.432**	(0.80)										
3. 执行技能	17.06	2.08	0.319**	0.411**	(0.79)									
4. 关系技能	15.22	2.51	0.186**	0.320**	0.354**	(0.84)								
5. 影响力	14.78	2.73	0.241**	0.331**	0.304**	0.479**	(0.80)							
6. LMX	27.91	3.17	0.377**	0.450**	0.490**	0.521**	0.493**	(0.86)						
7. PJ－fit	19.74	3.05	0.325**	0.339**	0.363**	0.314**	0.266**	0.522**	(0.82)					
8. PG－fit	17.67	3.97	0.235**	0.266**	0.150**	0.263**	0.243**	0.452**	0.605**	(0.83)				
9. 工作绩效	20.49	2.76	0.206**	0.311**	0.490**	0.326**	0.373**	0.352**	0.282**	0.135**	(0.80)			
10. 组织承诺	16.23	2.84	0.257**	0.250**	0.315**	0.333**	0.302**	0.384**	0.406**	0.373**	0.338**	(0.81)		
11. 满意度	19.02	3.59	0.224**	0.276**	0.254**	0.430**	0.317**	0.508**	0.435**	0.488**	0.297**	0.537**	(0.85)	
12. 组织公民行为	24.77	3.17	0.261**	0.369**	0.421**	0.467**	0.426**	0.510**	0.534**	0.438**	0.412**	0.568**	0.491**	(0.84)

注：* $p<0.05$，** $p<0.01$；对角线（）内为各变量的信度系数。

表 7－5　完全中介和部分中介模型比较结果（$N=296$）

模型	χ^2	df	$\Delta\chi^2$	Δdf	CFI	NNFI	RMSEA	AIC
部分中介模型	285.66	101	—	—	0.93	0.91	0.07	355.66
完全中介模型	318.06	102	33	1	0.88	0.83	0.08	386.74

表 7－6　部分中介模型的参数估计（$N=296$）

路径	非标准化		标准化路径系数	t 值
	路径系数	标准误		
追随力→LMX	0.24	0.04	0.72	6.38**
LMX→领导效能	1.58	0.34	0.44	4.65**
追随力→领导效能	0.65	0.14	0.53	4.67**

注：* $p<0.05$，** $p<0.01$。

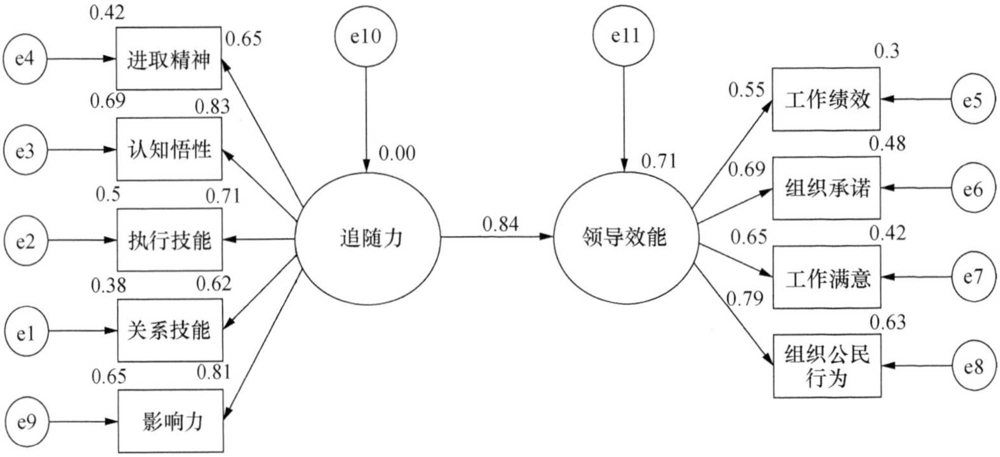

图 7－2　追随力对领导效能的直接作用模型路径

从表 7－6 和图 7－2、图 7－3 不难看出，追随力对领导效能的直接效应为 0.84。加入 LMX 后，其直接效应降为 0.53，说明 LMX 在追随力与领导效能之间不是完全中介关系，其中介效应为 $0.72 \times 0.44 = 0.31$，中介效应占总效应的 0.31，属部分中介关系。追随力对工作绩效的间接效应为 0.30（0.53×0.57），对组织承诺的间接效应为 0.36（0.53×0.68），对工作满意度的间接效应为 0.36（0.53×0.67），对组织公民行为的间接效应为 0.40（0.53×0.76）。并且追随力对各变量的直接效应和间接效应均达到 $p<0.01$ 的显著水平。可见，追随力是影响领导效能的重要变量，这种影响既是直接效应，同时也存在着通过 LMX 的部分中介作用体现的。本研究的假设 5、假设 6、假设 7 都已得到验证，假设 8 得到部分验证。

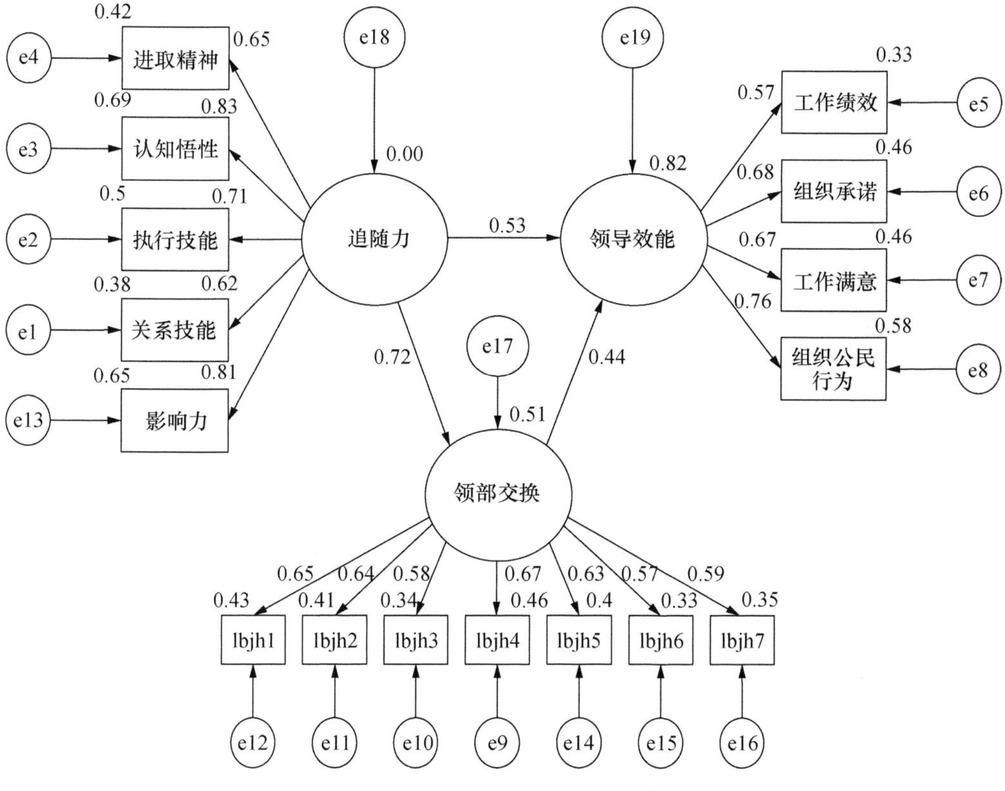

图 7 –3 含中介变量的作用模型路径

（四）PJ – fit、PG – fit 调节作用检验

1. PJ – fit 的调节作用检验结果

本研究按照 Baron 和 Kenny（1986）关于调节变量的统计检验方法进行。采用层级回归步骤来检验 PJ – fit 在追随力作用领导效能中的调节作用。第一步纳入相关的控制变量，如性别、年龄、文化、工龄等；第二步纳入追随力和 PJ – fit 变量，以检验追随力和 PJ – fit 对领导效能的主效应；第三步纳入追随力与 PJ – fit 的乘积项，检验追随力与 PJ – fit 的对领导效能交互效应。回归分析结果如表 7 –7 和图 7 –4、图 7 –5、图 7 –6、图 7 –7 所示。

从表 7 –7 和图 7 –4 ~ 图 7 –7 可以看出：PJ – fit 与追随力的交互效应对领导效能的工作绩效具有显著的调节作用（$\beta = 0.254$，$p < 0.01$）；对组织承诺具有显著的调节作用（$\beta = 0.307$，$p < 0.01$）；对工作满意度具有显著的调节作用（$\beta = 0.412$，$p < 0.01$）；对组织公民行为具有显著的调节作用（$\beta = 0.490$，$p < 0.01$）。特别是高 PJ – fit 对领导效能四效标的影响更为明显。因此，本研究的假设 9 得到支持。

表 7-7 领导效能对追随力与 PJ-fit 的层级回归（$N=296$）

变量	因变量											
	工作绩效			组织承诺			工作满意度			组织公民行为		
	Step1	Step2	Step3	Step1	Step2	Step3	Step1	Step2	Step3	Step1	Step2	Step3
第一步：控制变量												
性别	0.125*	0.092	0.073	0.119	0.105	0.095	0.053	0.039	0.026	0.113	-0.011	0.083
年龄	0.098	0.139*	0.109	-0.054	0.017	0.002	-0.122	-0.046	-0.067	-0.106	0.028	-0.031
文化	0.108	0.106	0.078	-0.001	0.001	-0.013	0.032	0.034	0.015	0.025	-0.075	0.010
工龄	-0.027	-0.056	-0.018	0.122	0.072	0.091	-0.037	-0.090	-0.064	0.181*	-0.034	0.140
岗位 1（哑变量）	-0.010	0.072	0.070	-0.102	-0.036	-0.037	-0.132*	-0.063	-0.065	-0.121	-0.042	-0.036
岗位 2（哑变量）	0.058	0.117*	0.092	-0.038	-0.001	-0.013	-0.070	-0.031	-0.048	-0.091	-0.019	-0.058
岗位 3（哑变量）	0.024	0.043	0.035	-0.003	-0.006	-0.010	0.001	-0.002	-0.007	-0.016	-0.044	-0.024
岗位 4（哑变量）	0.014	0.075	0.094	-0.058	-0.033	-0.023	-0.111	-0.086	-0.073	-0.077	-0.134*	-0.031
岗位 5（哑变量）	-0.012	0.092	0.108	-0.122	-0.062	-0.054	-0.132*	-0.070	-0.059	-0.214**	-0.011	-0.124*
R^2	0.036			0.060			0.067*			0.084		
第二步：追随力（A）		0.444**	0.310**		0.273**	0.111		0.297**	0.079		0.389**	0.130
PJ-fit（B）		0.117	-0.008		0.274**	0.123		0.263**	0.060		0.303**	0.062
R^2		0.281			0.270			0.286			0.420	
ΔR^2		0.244**			0.210**			0.219**			0.336**	
第三步：A×B			0.254**			0.307**			0.412**			0.490**
R^2			0.296			0.292			0.326			0.477
ΔR^2			0.015**			0.022**			0.040**			0.057**

注：* $p<0.05$，** $p<0.01$。

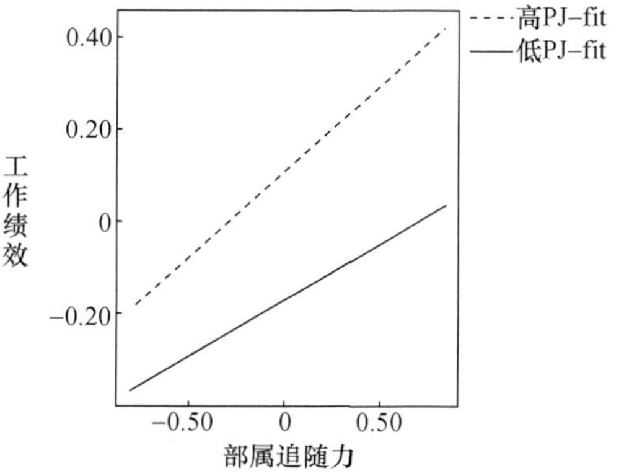

图7–4 PJ–fit与追随力对工作绩效交互影响

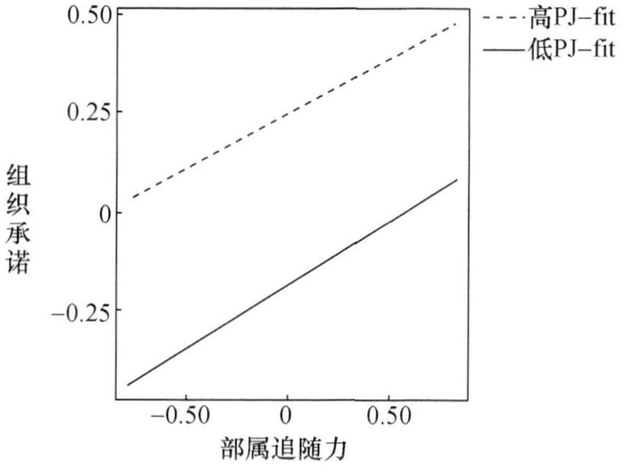

图7–5 PJ–fit与追随力对组织承诺交互影响

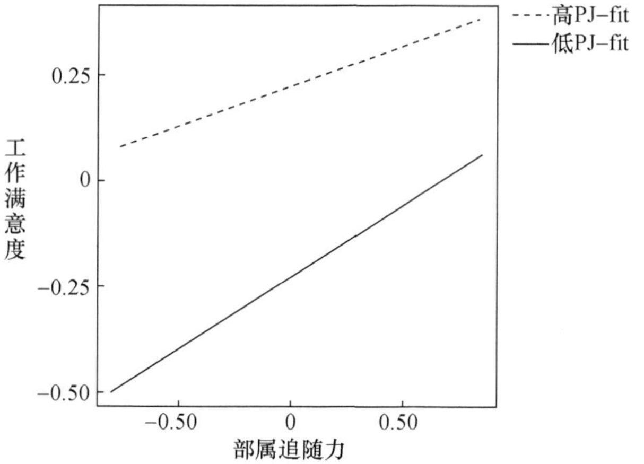

图7–6 PJ–fit与追随力对工作满意度交互影响

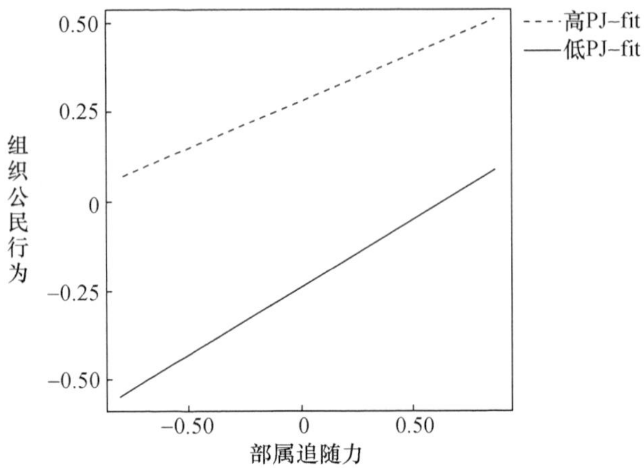

图 7－7　PJ－fit 与追随力对组织公民行为交互影响

2. PG－fit 的调节作用检验结果

运用层次回归分析技术检验 PG－fit 在追随力作用领导效能中的调节效应，第一步纳入相关的控制变量，如性别、年龄、文化、工龄等；第二步纳入追随力和 PG－fit 两变量，以检验追随力和 PG－fit 对领导效能的主效应；第三步纳入追随力与 PG－fit 的乘积项，检验追随力与 PG－fit 对领导效能的交互效应。回归分析结果如表 7－8 和图 7－8、图 7－9、图 7－10、图 7－11 所示。

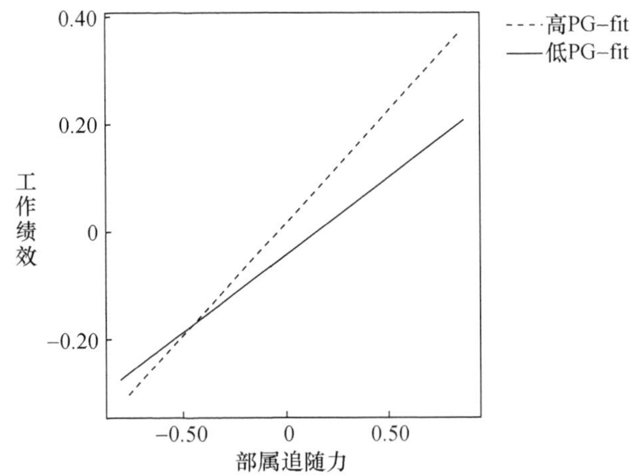

图 7－8　PG－fit 与追随力对工作绩效交互影响

表 7-8 领导效能对追随力与 PG-fit 的层级回归（$N=296$）

变量	因变量											
	工作绩效			组织承诺			工作满意度			组织公民行为		
	Step1	Step2	Step3	Step1	Step2	Step3	Step1	Step2	Step3	Step1	Step2	Step3
第一步：控制变量												
性别	0.125*	0.086	0.063	0.119	0.090	0.056	0.053	0.024	-0.009	0.113	0.075	0.045
年龄	0.098	0.119	0.113	-0.054	0.010	0.001	-0.122	-0.039	-0.048	-0.106	-0.030	-0.038
学历	0.108	0.102	0.085	-0.001	0.012	-0.012	0.032	0.052	0.029	0.025	0.039	0.018
工龄	-0.027	-0.042	-0.035	0.122	0.089	0.100	-0.037	-0.079	-0.068	0.181*	0.141*	0.151*
岗位 1（哑变量）	-0.010	0.071	0.060	-0.102	-0.019	-0.033	-0.132*	-0.039	-0.053	-0.121	-0.015	-0.028
岗位 2（哑变量）	0.058	0.121*	0.113*	-0.038	0.006	-0.006	-0.070	-0.027	-0.039	-0.091	-0.032	-0.043
岗位 3（哑变量）	0.024	0.051	0.037	-0.003	0.007	-0.013	0.001	0.009	-0.011	-0.016	0.001	-0.017
岗位 4（哑变量）	0.014	0.085	0.089	-0.058	0.003	0.009	-0.111	-0.047	-0.041	-0.077	0.003	0.008
岗位 5（哑变量）	-0.012	0.104	0.096	-0.122	-0.050	-0.062	-0.132*	-0.064	-0.075	-0.214**	-0.114	-0.125
R^2	0.036			0.060			0.067*			0.084		
第二步：追随力（A）		0.507**	0.355**		0.311**	0.093		0.291**	0.079		0.430**	0.238**
PG-fit（B）		-0.024	-0.357**		0.264**	-0.211**		0.375**	-0.086		0.294	-0.124
R^2		0.270			0.271			0.352			0.422**	
ΔR^2		0.234**			0.211**			0.285**			0.338**	
第三步：A×B			0.453**			0.648**			0.628**			0.570**
R^2			0.305			0.341			0.418			0.477
ΔR^2			0.035**			0.071*			0.066**			0.055**

注：$^{*}p<0.05$，$^{**}p<0.01$。

从表7－8和图7－8～图7－11所示可以看出：PG－fit与追随力的交互效应对领导效能的工作绩效具有显著的调节作用（$\beta=0.453$，$p<0.01$）；对组织承诺具有显著的调节作用（$\beta=0.648$，$p<0.01$）；对工作满意度具有显著的调节作用（$\beta=0.628$，$p<0.01$）；对组织公民行为具有显著的调节作用（$\beta=0.570$，$p<0.01$）。特别是高PG－fit对领导效能四效标的影响更为明显。因此，本研究的假设10得到支持。

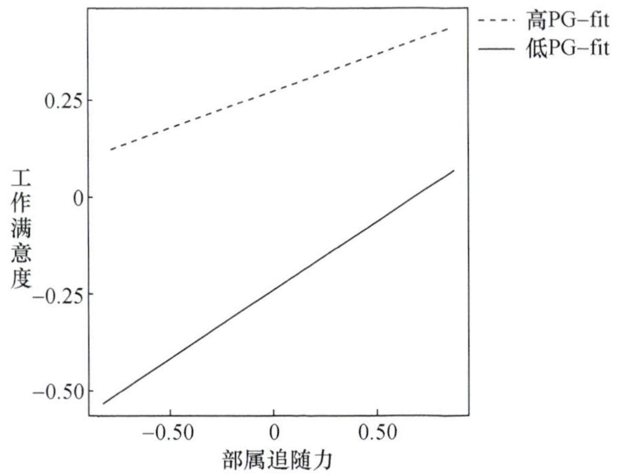

图7－9　PG－fit与追随力对工作满意度交互影响

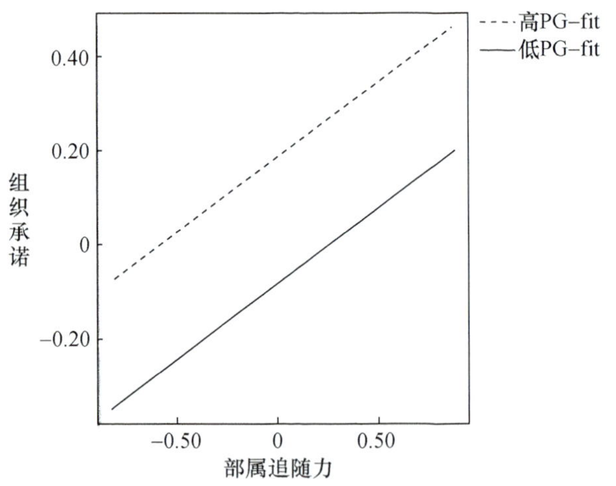

图7－10　PG－fit与追随力对组织承诺交互影响

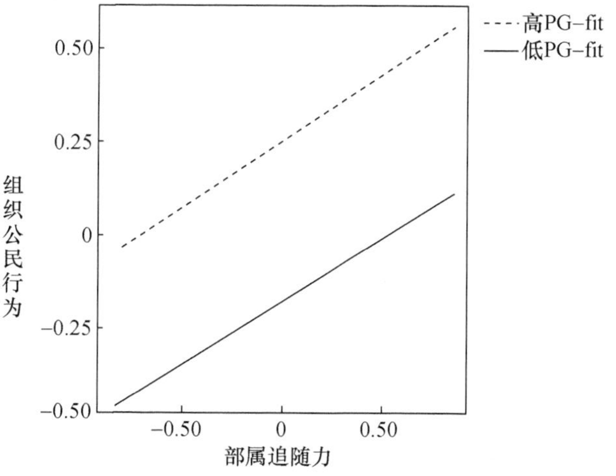

图 7-11 PG-fit 与追随力对组织公民行为交互影响

五、分析与讨论

（一）追随力与领导效能的关系

追随力与领导效能的关系，一直是追随力理论研究的主题。无论是从领导角度，还是追随者角度来解读它，以往的研究都证实，它们是一种动态的因果关系，而非必然的因果关系。虽然追随力是一种潜移默化的向上影响力，但这种向上影响力能否如愿对领导绩效产生预期效果，并非取决于追随者的个人主观意愿，而是取决于追随力与领导效能之间的运行规则或作用机理是否科学、是否对组织中的真实追随实践具有很强的解释力，这也是众多追随力理论研究者期待破解之谜。目前，这个谜仍然被锁在黑箱之中，还没有研究者来揭开它。

为了探讨追随力与领导效能之间的关系，揭开追随力作用领导效能的机理黑箱，本研究采用领导者、追随者配对问卷的方式收集数据，控制同源误差，以保证研究质量。通过研究发现，追随力对领导效能四效标既有直接效应，通过 LMX 又有间接效应，即 LMX 在追随力与领导效能之间只发挥部分中介作用。为了确认 LMX 并非完全中介而是部分中介，本研究首先通过完全中介和部分中介两个模型进行比较。比较结果是部分中介模型的 χ^2（101）= 285.66，CFI = 0.93、NNFI = 0.91、RMSEA = 0.07、AIC = 355.66；所有绝对、相对、简约指标均优于建议值。而完全中介模型的 χ^2（102）= 318.06，CFI = 0.88、NNFI = 0.83、RMSEA = 0.08、AIC = 386.74，各项拟合指标只是接近建议值，明显弱于部分中介模型。再通过中介模型路径图和参数估计，追随力在未加入 LMX 中介变量前，其对领导效能的直接效应为 0.84，加入 LMX 后，其直接效应降低为 0.53，追随力对 LMX 的效应为 0.72，LMX 对领导效能的预测效应为 0.44，数据显示，LMX 在追随力与领导效能之间的中介效应为 0.31（0.72 × 0.44）。其中，LMX 在追随力对领导效能四效标的中介效应分别为 0.30、0.36、036、0.40。LMX 的四种中介效应均达到 0.01 的水平，可见 LMX 的部分中介效应并不微弱而比较显著。

通过追随力与 PJ – fit、PG – fit 对领导效能 4 变量交互作用的层级回归分析和交互作用图分析，PJ – fit 与追随力交互作用的回归系数分别为：工作绩效（$\beta = 0.254$，$p < 0.01$）、组织承诺（$\beta = 0.307$，$p < 0.01$）、工作满意度（$\beta = 0.412$，$p < 0.01$）、组织公民行为（$\beta = 0.490$，$p < 0.01$）。PG – fit 与追随力交互作用的回归系数分别为：工作绩效（$\beta = 0.453$，$p < 0.01$）、组织承诺（$\beta = 0.648$，$p < 0.01$）、工作满意度（$\beta = 0.628$，$p < 0.01$）、组织公民行为（$\beta = 0.570$，$p < 0.01$）。表明 PJ – fit、PG – fit 两个变量在追随力与领导效能四效标之间的调节效应显著。

从 LMX 在追随力与领导效能之间只起部分中介作用的实证结果中可以直接与间接获得领悟，其中获得直接领悟是：①追随力是领导效能的重要影响变量，这种影响既有直接效应，也有间接效应。②在中国高权力距离、高关系导向和低信任度的组织情境中，LMX、PJ – fit、PG – fit 是追随力作用领导效能的三个重要影响变量。③LMX、PJ – fit、PG – fit 质量有高低之分，低质量的 LMX、PJ – fit、PG – fit 不会排斥、阻隔追随力正向作用领导效能的方向，而只是影响其效能水平。④追随力在与领导力、组织情境的交互作用中，会受到 LMX、PJ – fit、PG – fit 质量的制约，LMX 质量越高，追随力对领导效能间接效应也就越强；反之则会弱化追随力的间接效应。PJ – fit、PG – fit 质量越高，其与追随力的交互作用越强，追随力作用领导效能的综合效应也就越强；反之则越弱。获得的间接领悟是：①追随力本身的实质就是领导者与追随者的一种关系，而且是比 LMX 更为宽泛内涵的人际关系。②影响追随力与领导效能因果关系的是一个多维因素结构，LMX 只是其中的一个子因素，还有目标信念、自我效能感、心理认同、个人—主管匹配等多个子因素。③在中国组织高权力距离、高关系导向和低信任度的集体氛围中，低 LMX 质量对领导效能的预测效应是非常有限的。本研究对 PJ – fit、PG – fit 调节效应的检验结果，验证了 Kritsof、Brown 等（2005）相关“人与组织环境因素的匹配，会影响个体的态度、行为和绩效”的研究结论。同时，通过对中介效应和调节效应的验证，也进一步支持了本研究关于“追随力是追随者与领导者和组织情境交互作用的函数”这一理论观点。

（二）本章研究的主要理论贡献

第一，率先运用 LMX 理论，人与环境匹配理论与追随力理论交叉研究技术，揭开了追随力与领导效能关系的奥秘。建构了以 LMX 为中介变量，个体与工作匹配、个体与团队匹配为调节变量的作用机理，并且这一机理已经被实证研究所验证。这一机理反映了中国组织情境中领导者与被领导者高权力距离、集体主义氛围中高关系导向等文化特征，揭示了追随者与领导者和组织情境交互作用的动态过程、基本运行规则和内在的逻辑因果，对组织中的真实追随实践具有很强的解释力。

第二，确立 LMX 在追随力与领导效能之间的中介作用，是对追随力理论相关领导者与追随者人际关系认知的一个超越。追随力理论对领导者与追随者关系的论述，本书在第二章文献综述中已阐述，经历了比喻为父子、师生、夫妻三种关系的认知递进过程。其中父子、师生两对比喻关系中，虽然强调双方有效互动的意义，但仍把追随者视为是需要被教导的个体。随着追随力研究的深入，开始把领导者与追随者比喻为平等的夫妻关系，强调双方“同向的利益诉求、共同的自我概念、相似的主观感知”。这种比喻为夫妻的关系是从社会心理学和人际伦理关系学角度建构的，没有阐述双方利益、情感一致是建立在社会交换的基础上。我们反复阅读了国外学者相关领导者与追随者关系的研究文献，几乎很难发现追随力理论从社会交换理论角度来论述领导者与追随者的人际关系。本研究基于社会交换理论，以 LMX 为中介来探讨追随力对领导效能的作用机理，确立 LMX 在领导者与追随者关系中的应有位置，以丰富追随力理论中领导者与追随者人际关系的理论基础，有助于人们从宽泛的视角更加客观的认知领导者与追随者的关系。

第三，本研究发现，PJ - fit、PG - fit 两项个体与环境匹配的变量是制约追随力作用领导效能的重要调节变量，这两个调节变量与 LMX 中介变量共同反映了追随力有效作用领导效能的基本条件，缺失其中任何一项条件，追随力的有效性都会受到影响。把人与环境匹配理论引入追随力的作用机理中，本研究在追随力理论的同类研究中尚属先行，对推动追随力理论向多学科交叉研究方向发展迈开了重要的一步。

第四，在本书第五章追随力测量量表的建构与检验研究中，只作了追随力与领导效能四效标的相关分析和结果变量对自变量的直接回归分析。本章在追随力对领导效能作用机理的研究中，通过纳入 LMX 的中介效应和 PJ - fit、PG - fit 的调节效应进行多元回归分析，进一步证实追随力对领导效能的工作绩效、组织承诺、工作满意度、组织公民行为均具有显著的直接效应与间接效应。本章研究是对第五章研究的补充和完善，并相得益彰，进一步验证了本研究所开发的追随力测量工具具有很好的实证效度。

（三）本章研究对管理实践的价值

本章研究成果对组织管理实践的价值，主要体现在以下两个方面：

第一，可以为组织中的追随者加强追随的综合素质建设提供指导。本章研究所揭示的追随力作用机理告诉人们，部属仅有追随动机和行为并不一定能达成理想的预期效果。与主管的交换质量，与工作、与团队匹配的程度都会影响追随力的有效性。因此，在组织运营管理实践中，部属一要以积极进取的心态加强与领导者的有效互动，争取领导给予更多的信任和支持，使自己有更大的自主性和空间为组织创造绩效；二要树立爱岗敬业的信念，培养积极向上的职业情感，加强思想政治与岗位专业技能的学习，使自己的责任感与综合能力与岗位工作的变化要求相适应，并用创新思想统领人与工作的与时俱进。此外，组织是一个整体，需要每一个部属的团队精神支撑。在激烈的社会竞争条件下，团队合作显得尤为重要。追随者要培养自己的大局意识和团队观念，虚心学习他人之长，主动与他人默契合作。在合作中要保持求大同存小异的胸怀，同心同德形成合力，才能排除前进中的各种困难和阻力去实现目标。追随者只有从这三个方面加强建设，才能在追随领导者工作中有效向上影响领导力，创造丰硕的工作业绩，充分展示自己的人生价值和实现最大的发展。

第二，可以为实业界的领导者选拔和任用优秀追随者提供技术指导。Depree明确指出："领导者只有在追随者的认同下才能真正有所作为。"曹元坤也指出："在现实管理实践中，少数积极有效的追随者实质上履行了组织中绝大部分的追随职能。"因此，识别和任用优秀追随者对组织的发展就显得非常重要。本研究所揭示的追随力作用领导效能的中介、调节机理要素，可以为领导者识别优秀追随者和有效的追随力提供基本参数。判别一个优秀追随者，不能只看其追随热情，首先要审视部属与领导者建立追随关系的动机是以个人利益为主导还是以组织利益为主导，防止被部属的逢迎行为或某些人际政治技能表象所遮蔽。其次要认真考察部属的政治思想素养与工作发展能力是否与动态的工作环境和所担负的工作职责相匹配；能否在与领导者的互动中，准确认知领导意图以及灵活创新达成领导的预期目标。最后要长期观察不同部属在团队合作中的态度与行为，以及受到同事的认同与支持程度。通过对不同部属三个追随基本要素的考察，领导者可以准确地识别优秀追随者，并根据部属的才德分别确定他们的工作职责和给予不同的授权范围，以驱动优秀追随者产出更佳的工作业绩，鞭策潜在追随者向积极追随者转化，推动人力资源管理工作的创新，从而实现领导效能的最大化。

（四）本章研究的局限性及相关建议

本研究虽然产生了一定的理论贡献和实践应用价值，但也存在许多的不足，主要有以下方面：

第一，研究样本比较单一。虽然本研究采用领导者与追随者互评的配对问卷收集数据，以控制同源误差和自我偏向的影响，但这种样本主要是收集横断面的数据，缺失具有时间跨度的纵向数据。同时，本研究采用便利采样的方式，没有做到完全的随机抽样，因此本研究在样本质量上还存在一定的缺陷。未来的研究尽可能要做到完全随机抽样，同时也要注意收集一定时间跨度的纵向数据，以提高样本质量。

第二，样本的采集面较窄。由于时间、资金和人缘资源等条件的限制，本研究只在江西省境内的各地市不同类型的企业中较为普遍地取样，而没有在全国不同地区广泛采集数据。全国不同地区有着不同的地方文化，对追随者的认知会产生不同的影响，本研究的采样中没有纳入这种影响差异，就会在一定程度上影响着最终的研究结果。未来的研究一定要扩大样本的采集面，考虑不同地方文化对追随者认知的影响差异因素，以提高样本的广泛性和地方文化的代表性。

第三，本研究在研究方法上也存在着不足，主要采用问卷调查法，这种方式搜集的数据在一定程度上会受被试者的认知水平和情绪情感左右偏差的影响。未来的研究应采用更多、更有效的方法，并有机结合起来进行综合性研究分析。如将 LMX、PJ - fit、PG - fit 质量高低分组对比法，追随力个案解剖的批判分析法，以及跟踪考察法等，使追随力的作用机理能够更加客观真实地反映组织中追随实践的本来面貌。

六、本章小结

本章研究采用管理者与部属互评的配对问卷方式收集数据，主要得出如下研究结论。

第一，LMX 在追随力与领导效能 4 个结果变量之间起着部分中介作用，即追随力既对领导效能有直接效应；同时也会通过高质量的 LMX 对领导效能的工作绩效、工作满意度、组织承诺、组织公民行为产生间接的正向影响。

第二，PJ - fit 调节追随力与领导效能的关系，PJ - fit 的质量越高，其与追随力的交互作用就越大，对领导效能 4 个结果变量的影响效应也就越强；反之则越弱。

第三，PG - fit 调节追随力与领导效能的关系，PG - fit 的质量越高，其与追随力的交互作用也就越大，对领导效能 4 个结果变量的影响效应也就越强；反之则越弱。

第八章　总结与展望

一、研究结论

第一，对追随力理论的核心概念追随力做出了比较准确的定义：追随力是追随者在追随领导者工作中，所表现与领导力、组织情境能动交互的多维特质与行为。这一定义从更客观、更宽泛的视角揭示了竞争条件下，部属对领导力的反作用和体现了追随力的本质。

第二，通过实证研究的探索性因素分析和验证性因素分析，追随力是由部属的进取精神、认知悟性、执行技能、关系技能和影响力 5 个因素构成，并且这 5 个因素存在着一个共同的高阶因子，即追随力概念。

第三，本研究开发了一个五维 20 个条目的追随力测量工具，通过实证的探索性与验证性因素分析，量表的 20 个条目载荷在 0.66 ~ 0.87 之间，没有超过 0.35 上限的双重载荷条目。量表的同质信度为 0.86、分半信度为 0.81、$\chi^2/df=2.629$、GFI = 0.956、AGFI = 0.960、RMSEA = 0.043，均优于建议值，相对拟合指数和简约拟合指数也优于建议值。AVE 值的检验表明：量表与维度间的 AVE 值在 0.55 ~ 0.66 之间，各维度的相关系数在 0.295 ~ 0.436 之间，各维度的 AVE 值明显大于维度间的相关系数。CITC 分析表明，条目与总分相关显著，鉴别度比较高，删除其中任何一条都会降低总量表的信度。一切实证数据表明此量表具有较高的内容效度、结构效度、收敛效度、区分效度、实证效度，符合心理测量学的要求，能够有效测量组织中追随力的特质与行为，可供后续研究者使用。

第四，通过对已公开发表的国内外追随力理论研究文献的梳理，对其中有些应该质疑的观点进行了反思，并阐述了本书的观点。如国外学者对追随者与下属的关系有两种截然不同的观点，其中 Kellerman 把两者视为同一概念；而 Chaleff 把两者视为相对立的概念。本书认为追随者与下属是同一行为主体的两个方面，追随者是下属的行为角色，下属是追随者的职位身份。两者反映了领导者与部属两种不同的关系，追随者与领导者对应人际关系，下属与领导者对应上下职位关系。学界区分追随者与下属两个概念，是出于研究领导者与追随者两种不同关系的需要。又如国外学者在对追随者做出积极定义与评价的同时，又把追随者分类定位在所有下属层面上，把具有和不具有追随行为特征的下属都列入追随者行列，使追随者概念的性质模糊，同时也导致追随者定义与定位分类在理论上的逻辑紊乱。本研究明确提出区分追随者与潜在追随者概念，并分别分类的研究观点，对保持追随力理论的逻辑统一性具有建设性意义。

第五，实证结果显示：变革型领导对追随力五维度的解释力均达到显著水平，只是不同维度间的影响水平有较大差别，其解释的方差变异量分别为 5%、20%、13%、15% 和 19%。其中愿景激励和个性化关怀两维度对追随力的预测作用大于德行垂范和领导魅力。在变革型领导与追随力的交互作用中，德行垂范、愿景激励和个性化关怀对认知悟性的预测作用非常显著；愿景激励和个性化关怀对追随力的执行技能和关系技能的预测作用也十分显著；愿景激励和领导魅力对影响力的预测作用显著。可见，变革型领导的愿景激励满足了部属在动态工作环境中灵活应对竞争变化和不断创新的需求，强化了部属的自我效能感。个性化关怀强调领导者不仅要关心部属在工作和成长方面的需求，并且要关心部属生活中、家庭中的个性化需求，这很符合中国人重情感的心理特征，它比强加目标或严格管理监控更得人心，更能拉近部属与领导的距离，促使部属产生“投桃报李”、“士为知己者死”的工作激情。

第六，实证结果显示：交易型领导的权变报酬对追随力的五维度均有积极的正向影响；积极例外管理对追随力的五维度均有显著的正向影响，其中对追随力的认知悟性影响最为显著；消极例外管理对追随力五维度均有负向影响，但影响比较微弱，在可接受的统计显著水平上并不显著，与前期假设不一致，这可能与中国组织的部属长期受高权力距离文化的影响所形成的惯性心理有关。

第七，实证结果显示：组织氛围这个组织环境的主要变量，对追随力的五个维度均产生显著影响，其解释的方差变异量分别为 6%、12%、11%、9%、7%。但不同性质的组织氛围对追随力的作用方向是截然不同的。支持性组织氛围对追随力五维度产生正向影响，并达到统计显著水平；控制性组织氛围对追随力五维度产生正、负向两种影响，其中对影响力产生正向影响，对进取精神、认知悟性、执行技能、关系技能均产生负向影响。这种实证结果说明，权力和人际关系在控制性组织氛围中是影响部属态度、行为和绩效的重要因素。部属在控制性组织氛围中是彼此发生相互消极影响。

第八，方差分析和 LSD 多重比较显示：追随力在性别变量上没有显著差异；但在年龄、工龄、文化、有无职务和岗位性质变量上，追随力具有一定的差异。

不同年龄部属在进取精神方面，40 岁及以上与40 岁以下的部属有一定差别，其影响因素主要为40 岁及以上部属职位发展的概率低于40 岁以下的部属；在认知悟性与执行技能方面，40 岁以下的部属总体弱于40 岁及以上的部属，其差异因素主要为40 岁以下部属的工作经历经验弱于40 岁及以上的部属；关系技能和影响力方面，各年龄层次无显著差异，因为年龄并非是个体人际技能和影响力强弱的主要因素。

不同文化层次的部属在进取精神、关系技能和影响力方面无大的差异，因为文化层次的高低并非决定进取精神、人际技能和影响力强弱的主要因素；在认知悟性、执行技能方面，大专以下层次的部属总体弱于大专及以上层次的部属，因为高文化层次的部属知识面更宽，知识的复合性和灵活迁移有助于开拓部属的认知悟性和执行技能。

不同工龄的部属在进取精神、关系技能和影响力方面差异不显著，因为工龄并非决定个体进取精神、关系技能和影响力强弱的主要因素。但5 年及以上工龄的部属与5 年以下工龄的部属在认知悟性和执行技能方面存在差异，因为在本企业工作满5 年以上的部属更熟悉本企业工作流程的内在联系，有更多的正反实践经验，在认知悟性方面表现得更成熟，在执行技能方面有更多灵活性和创造性。

有无职务部属在认知悟性、执行技能和关系技能三方面差异不显著，因为职务并非认知悟性、执行技能和关系技能强弱的象征和决定因素。但有职务与无职务的部属在进取精神、影响力两方面有明显差异。因为有职务的部属承担更多更大的责任，也能得到领导更多的信任与资源，同时有职务部属的进取精神会直接影响无职务部属；职务在某种意义是权力的象征，权力就是影响力，所以有职务部属的进取精神、影响力总体强于无职务部属。

营销服务与生产加工岗位性质的部属在进取精神、影响力方面差异不显著，但在认知悟性、执行技能、关系技能三方面存在差异。营销服务岗位的工作对象、情境较生产加工岗位有更大、更多的变化和挑战，需要较强的认知悟性、执行技能、关系技能才能灵活应对变化和挑战，这种长期磨砺，使从事营销服务工作的部属比从事生产加工任务的部属具有更强的认知、执行和处理关系的适应与应变能力。

第九，探明了追随力作用领导效能的机理。实证数据显示，LMX 在追随力与领导效能之间只起部分中介作用，即追随力对领导效能 4 效标既有直接影响，通过 LMX 又有间接影响。本研究通过完全与部分中介两个模型比较，部分中介模型的所有指标均优于建议值和完全中介模型。通过中介模型路径图分析，追随力对领导效能的直接效应为 0.84；加入 LMX 后，其直接效应降低为 0.53，说明 LMX 在追随力与领导效能之间只有部分中介效应。这一结果说明了三点：其一，追随力实质就是领导者与追随者的多维人际交换关系；其二，影响部属态度、行为和绩效的是一个多元的因素结构，LMX 只是这一结构中的一个子因素，还有情感、目标信念、自我效能感、心理认同等多个子因素；其三，LMX 质量有高低之分，在中国组织高权力距离的情境中，低 LMX 对部属的态度、行为和绩效的预测效应是非常有限的。

实证数据表明：PJ－fit、PG－fit 两个变量在追随力与领导效能 4 效标之间的调节效应显著。这一结果明确告诉人们三点：其一，PJ－fit、PG－fit 是影响追随力效能水平的两个重要变量，反映了领导效能对追随力与组织环境交互的内在要求。其二，PJ－fit、PG－fit 质量的高低，在很大程度上制约着追随力对领导效能的效应水平。PJ－fit、PG－fit 质量越高，其与追随力的交互效应就越强，对领导效能的预测作用就越强；反之则越弱。其三，这一结果进一步验证了追随力是追随者与领导者和组织环境交互作用函数的理论观点。

二、实证统计结果

为了清晰反映分析讨论与实证结果的统一性，本书将研究假设、实证统计数据和最后结论列表陈述如下（见表 8－1）。

三、创新点

第一，率先用规范的质化与量化方法论证了追随力是追随者在工作中与领导力、组织情境能动交互的多维特质与行为。在很大程度上超越了国内外研究者多从单向思辨角度对追随力的解读，更为客观和准确地揭示了追随力概念的本质及结构维度。

表 8－1 本书的研究假设检验结果汇总

假 设	统计结果	结论
H1a：变革型领导的德行垂范对追随力具有正向影响	①相关系数 0.212～0.314；②影响系数 0.05～0.19，进取精神 0.05、认知悟性 0.19、执行技能 0.11、关系技能 0.08、影响力 0.11；③$p<0.05$ 水平显著	支持
H1b：变革型领导的领导魅力对追随力具有正向影响	①相关系数 0.193～0.419；②影响系数 0.00～0.20，进取精神 0.06、认知悟性 0.00、执行技能 0.01、关系技能 0.00、影响力 0.20；③除影响力 $p<0.05$ 外，其他均很微弱	部分支持
H1c：变革型领导的愿景激励对追随力具有正向影响	①相关系数 0.190～0.307；②影响系数 0.08～0.25，进取精神 0.08、认知悟性 0.24、执行技能 0.20、关系技能 0.25、影响力 0.04；③除进取精神、影响力外，其他三维度 $p<0.05$ 水平显著	支持
H1d：变革型领导的个性化关怀对追随力具有正向影响	①相关系数 0.224～0.416；②影响系数 0.04～0.20，进取精神 0.20、认知悟性 0.18、执行技能 0.17、关系技能 0.17、影响力 0.04；③除影响力外，其他 $p<0.05$ 水平显著	支持
H2a：交易型领导的权变报酬对追随力具有正向影响	①相关系数 0.237～0.391；②影响系数 0.17～0.24，进取精神 0.17、认知悟性 0.21、执行技能 0.22、关系技能 0.18、影响力 0.18；③$p<0.05$ 水平显著	支持
H2b：交易型领导的积极例外管理对追随力具有正向影响	①相关系数 0.176～0.310；②影响系数 0.15～0.33，进取精神 0.19、认知悟性 0.33、执行技能 0.15、关系技能 0.18、影响力 0.16；③$p<0.05$ 水平显著	支持
H2c：交易型领导的消极例外管理对追随力具有负向影响	①相关系数（－0.16）～（－0.06）；②影响系数（－0.08）～（－0.01），进取精神（－0.04）、认知悟性（－0.08）、执行技能（－0.01）、关系技能（－0.05）、影响力（－0.02）；③只是负向影响 $p>0.05$ 水平而不显著	支持
H3a：支持性组织氛围正向影响追随力	①相关系数 0.195～0.410；②影响系数 0.18～0.41，进取精神 0.18、认知悟性 0.33、执行技能 0.31、关系技能 0.27、影响力 0.41；③$p<0.01$ 水平显著	支持
H3b：控制性组织氛围负向影响追随力	①相关系数（－0.08）～（－0.04）；②影响系数（－0.24）～（－0.16），进取精神（－0.16）、认知悟性（－0.22）、执行技能（－0.24）、关系技能（－0.22）、影响力 0.17；③除对影响力有正向影响，其他维度的负向影响 $p<0.01$ 水平显著	部分支持
H4a：不同性别部属的追随力具有显著差异	独立样本 t 检验发现，不同性别部属的追随力无显著差异	反对
H4b：不同年龄部属的追随力具有显著差异	①40 岁以上与 40 岁以下部属在进取精神（F 值 2.68，p 值 0.046）、认知悟性（F 值 2.59，p 值 0.051）、执行技能（F 值 2.48，p 值 0.049）有显著差异；②在关系技能、影响力两维度无显著差异	部分支持

续表

假　设	统计结果	结论
H4c：不同学历部属的追随力具有显著差异	①不同学历部属在进取精神、关系技能、影响力三维度无显著差异；②在认知悟性（F 值 2.57，p 值 0.004）、执行技能（F 值 2.49，p 值 0.017）有显著差异	部分支持
H4d：不同工龄部属的追随力具有显著差异	①不同工龄部属在进取精神、关系技能、影响力三维度无显著差异；②在认知悟性（F 值 4.17，p 值 0.021）、执行技能（F 值 3.39，p 值 0.017）有显著差异	部分支持
H4e：有无职务部属的追随力具有显著差异	①有无职务部属在认知悟性、关系技能、执行技能三维度无显著差异；②在进取精神（F 值 5.35，p 值 0.024）、影响力（F 值 2.20，p 值 0.018）两维度有显著差异	部分支持
H4f：不同工作性质部属的追随力具有显著差异	①不同工作性质部属在进取精神、影响力两维度无显著差异；②在认知悟性（F 值 3.95，p 值 0.008）、执行技能（F 值 3.08，p 值 0.052）、关系技能（F 值 2.98，p 值 0.056）三维度有显著差异	部分支持
H5：追随力对领导效能的工作绩效、组织承诺、满意度、组织公民行为具有正向影响	①相关系数 0.206 ~ 0.490，其中工作绩效 0.206 ~ 0.490、组织承诺 0.250 ~ 0.333、工作满意度 0.224 ~ 0.430、组织公民行为 0.261 ~ 0.467；②$p<0.01$ 水平显著；③直接效应的回归系数为 0.84	支持
H6：追随力对 LMX 质量具有正向影响	①相关系数 0.377 ~ 0.521；②路径影响系数 0.72；③$p<0.01$ 水平显著	支持
H7：LMX 对领导效能的工作绩效、组织承诺、满意度、组织公民行为具有正向预测效应	①相关系数 0.352 ~ 0.510；②预测系数：工作绩效 0.57、组织承诺 0.68、满意度 0.67、组织公民行为 0.76；③$p<0.01$ 水平显著	支持
H8：LMX 在追随力与领导效能之间起中介作用	①部分中介模型 $\chi^2/(101) = 285.66$，CFI = 0.93，NNFI = 0.91，RMSEA = 0.07，AIC = 355.66，拟合指数高于建议值，优于完全中介模型；②LMX 中介效应占总效应 0.31（0.72 × 0.44），属部分中介；③参数估计值为 6.38、4.67；④LMX 对 4 结果变量的间接效应均在 $p<0.01$ 水平显著	部分支持
H9：追随力对领导效能的工作绩效、组织承诺、满意度、组织公民行为的主效应会受 PJ – fit 程度的调节而呈现差异	①相关系数 0.266 ~ 0.363；②回归调节效应：对工作绩效（$\beta=0.254$，$p<0.01$）、组织承诺（$\beta=0.307$，$p<0.01$）、满意度（$\beta=0.412$，$p<0.01$）、组织公民行为（$\beta=0.490$，$p<0.01$）	支持
H10：追随力对领导效能的工作绩效、组织承诺、满意度、组织公民行为的主效应会受 PG – fit 程度的调节而呈现差异	①相关系数 0.150 ~ 0.266；②回归调节效应：对工作绩效（$\beta=0.453$，$p<0.01$）、组织承诺（$\beta=0.648$，$p<0.01$）、满意度（$\beta=0.628$，$p<0.01$）、组织公民行为（$\beta=0.570$，$p<0.01$）	支持

第二，围绕着追随者与领导力、组织情境能动交互这根主线，运用规范的质化与量化技术，开发了一个具有较高信效度的追随力量表，在追随力测量方面做了一个探新的尝试，同时也为后续研究者提供了一个有效的测量工具。

第三，基于中国组织情境中高权力距离、高关系导向及低信任等文化特征，率先用实证方式探索和检验了以领导—部属交换（LMX）为中介变量、PJ－fit和PG－fit为调节变量的追随力对领导效能的作用机理，为揭开追随力与领导效能因果关联的机理黑箱进行了有重要意义和价值的深入探索。

第四，以充分解读国内外学者相关追随力理论多种研究观点为基础，在本书第二章中，更准确、客观地诠释了一些目前尚未厘清的重要概念关系，如追随者与下属的概念关系、追随者与潜在追随者的关系等。同时针对国外学者将追随者积极定义与消极定位分类导致理论逻辑矛盾，明确提出区分追随者与潜在追随者，再分别分类的学术观点，增强了追随力基础理论对组织追随实践的科学解释力。

四、理论贡献

本书从当代追随力理论研究的薄弱点和空白处选题，进行了一系列有价值和意义的实证探究，比较理想地达到了预期目标，可为建设中国文化背景下的追随力理论做出贡献。

第一，立足中国组织情境，从人的多元特质与多元社会化行为的综合角度揭示了追随力的本质和内在结构，这一研究：①突出了德、能、行相统一的中华文化特征；②从理论上提高了追随力概念对真实追随现象的解释力；③进一步夯实了追随力基础理论。

第二，用规范的质化与量化程序，开发和检验了一份满足心理测量学要求的追随力测量量表，这一成果：①是一次追随力行为、领导行为和情境特征交叉综合测量的创新实践探索；②量表可以准确测量出中国组织情境中追随者与领导者、组织情境能动交互的多维特质与行为；③为后续研究者提供一个值得信赖的追随力测量工具。

第三，以变革型领导、交易型领导为前因变量，考量了不同领导风格对追随力的影响。这一研究：①从理论上客观分析了领导风格与追随力的关系；②具体统计分析了变革型、交易型领导各维度对追随力各维度的影响差异，明确了变革型、交易型领导哪些行为因素对追随力产生积极正向影响，哪些行为因素会产生消极影响；③为后续研究者进一步探讨不同领导风格与追随力的关系提供前期研究借鉴。

第四，以支持性组织氛围、控制性组织氛围为前因变量，考量了不同性质的组织氛围对追随力的影响。这一研究：①用实证数据从理论上客观分析了不同组织氛围与追随力的关系。②具体统计分析了支持性、控制性组织氛围对追随力正负向影响水平。③研究发现，控制性组织氛围压抑追随者的进取精神、认知悟性、执行技能、关系技能，却不会压抑追随者的影响力。这一结果说明，当组织严格控制信息、资源和工作方式后，追随者的能动性、创新性受到扼杀所产生的负面情绪有极强的辐射力。④为后续研究者进一步探讨组织氛围与追随力的关系提供了前期研究借鉴。

第五，以追随力为自变量，LMX 为中介变量，PJ - fit、PG - fit 为调节变量，领导效能为结果变量，建构了追随力作用领导效能的机理，这一机理已被实证研究所验证。其理论贡献主要体现为：①率先使用多理论综合研究技术，揭开了追随力与领导效能关系的奥秘。②客观反映了中国组织文化情境中，追随力与领导力、组织情境交互作用的动态过程、基本运行规则和内在逻辑因果。③确立 LMX 在追随力与领导效能之间的中介作用，是对追随力理论相关领导者与追随者人际关系认知的一个超越。追随力理论多从双向互动视角，把领导者与追随者的关系比喻为父子、师生、夫妻关系。没有研究者从社会交换角度来论述两者的关系。本研究以 LMX 为中介来探讨追随力对领导效能的作用机理，从理论上确立了 LMX 在领导者与追随者关系中的应有位置，既丰富了追随力理论中领导者与追随者人际关系的理论基础，又有助于人们更客观地认知领导者与追随者关系的本质。④从理论上明晰了 LMX、PJ - fit、PG - fit 为追随力作用领导效能的机理结构，缺失其中任何一个结构因素，追随力的有效性都会受到影响。把 LMX 和人与环境匹配理论引入追随力的作用机理中，在追随力理论的研究中尚属先行，对推动追随力理论向多学科交叉研究方向发展迈开了重要的一步。

五、管理实践启示

本书研究成果不仅为丰富和发展追随力理论做出了贡献，而且对组织的管理实践也具有很强的实用与启示价值。

第一，对追随力概念本质与结构的科学解读：①指引业界人士从追随者追随领导者工作的心理活动、人际活动、行为活动的全面角度来认知追随力的本质，突破了追随力只是一种人际关系行为的认识局限。②启迪人们从传统文化对追随力的狭隘偏见误区中走出来，树立追随者与追随力并重的管理观念。③具有为追随者加强追随综合素质建设提供指导的价值。本书把追随者追随领导者工作的多维特质与行为概括为五个方面，可以帮助追随者在自我认知中准确了解自己有什么、缺什么、该补什么，明白自身素质建设的重点与方向。

第二，探讨了变革型、交易型领导对部属追随力的影响。实证结果明确告诉业界管理者：①变革型领导的德行垂范、领导魅力、愿景激励、个性化关怀和交易型领导的权变报酬、积极例外管理均对追随力产生积极的正向影响，是有效强化追随力的领导方式。②交易型领导的消极例外管理对追随力产生负向影响，警示业界管理者减少和杜绝消极例外管理，以免挫伤部属追随领导工作的积极性。③虽然变革型、交易型是两种不同的领导风格，但二者的有机结合和灵活运用可以满足部属不同层次的多元需求，持续激活部属追随领导工作的动机与活力。④启迪业界管理者创新管理实践，提高有效发挥变革型、交易型领导方式互补优势和灵活运用的方法技能，以赢得更多追随者和更高效率的追随力，来支持领导者有所作为。

第三，探讨了支持性、控制性组织氛围对部属追随力的正负向影响，实证结果明确告诉业界管理者：①支持性组织氛围产生强化部属追随力的正向效应；控制性组织氛围产生扼杀追随者能动性、创造性的负向效应。②在优胜劣汰的生存法则下，以追随力为表现形式的上下级合力，是推动组织发展而令竞争对手无法模仿的竞争力，这种竞争力孕育在开放的支持性组织环境与氛围中，管理者绝不能用控制一切的作茧自缚行为去扼杀部属的追随力。只有积极营建团结进取的支持性组织氛围与文化，才能充分凝聚部属的追随力，激励部属灵活应对竞争变化与挑战的能动性、创造性迸发。③启迪管理者尊重、信任部属，给部属创造开放的支持性组织氛围，充分发挥环境氛围的育人功能。

第四，分析了追随力在不同人口学、组织学变量上差异：①帮助业界管理者了解不同部属的追随力差异以及产生差异的主要因素。②启迪管理者创新人力资源管理举措，因人制宜地选择适配的个体追随力提升方案。

第五，揭示追随力对领导效能的作用机理：①明确告诉追随者，仅有良好的追随动机和积极的行为并不一定能达成预期的追随效果，与领导的交换质量、与工作匹配、与团队匹配的水平都会影响追随力作用领导效能的效率，只有加强自身这三个方面的匹配素质建设，才能在追随领导者工作的进程中实现人生价值的最大化。②可以为实业界的领导者选拔和任用优秀追随者提供技术指导。识别和任用优秀追随者对组织的发展和领导的作为就显得尤为重要。本研究所揭示的追随力作用领导效能的三个基本要素（与领导的交换关系、与工作匹配及与团队匹配的水平）可以为领导者识别和任用优秀追随者提供基本的参照标准。领导者可根据部属这三要素质量的高低，分别确定他们的工作职责与授权范围。③启示业界管理者拓宽人力资源管理工作职能。以往本土企业的人力资源管理大多只注重部属的胜任力、执行力和工作绩效的考核，很少关注基于上下级和谐合作关系的追随力，殊不知追随力是集品德、能力与关系为一体的综合工作特质，较胜任力、执行力对组织绩效更具有预测力，这无疑是本土企业管理认知的一个局限。本研究以宽泛视角解读追随力的本质、结构和建构作用机理，客观诠释了追随行为与领导效能的内在联系与因果逻辑。因此可以启示业界管理者根据这一作用机理拓宽管理职能，推动人力资源管理工作的创新，如本研究所推出的研究成果，均可以作为企业培训员工的新内容；又如本研究开发的追随力测量工具，可以应用于业界人力资源的考核评价与甄别；再如本研究高扬追随者灵活应对竞争变化的能动性、创造性的主旋律，有利于推动弘扬追随者和追随力的组织文化与氛围营建等。

六、研究的局限性

本研究是对中国组织情境中追随力结构、测量和作用机理的初始研究，虽然是按照严格规范的质化与量化研究程序操作，得到的结果指数也很理想，并不表明本研究所得出的成果完美无缺，它还存在一些不足：

第一，研究样本的局限性。由于受时间、人脉资源、经费等所限，样本数据来自于江西南昌市和 8 个地级市多类型企业。虽然本研究在三个不同时间段采集三个子研究不同样本的数据，但仍是横截面数据。由于样本采集面偏窄，很难反映全国各地不同地方文化对追随力的影响差异，未来研究能够扩大采集面和收集纵向追踪数据，就更能提高研究结论的普适性。

第二，调查方法的单一性。主要采用问卷调查方法采集分析样本（领导—部属配对开放问卷、追随者自陈问卷、领导—部属配对互评问卷交叉进行测试）。由于本土基层企业领导与部属对追随力理论还比较陌生，难以准确表达他们的意愿。克服调查方法的单一性，深入企业跟班采集纵向追踪数据和随机配对实验数据，就更能提高最终研究质量。

第三，研究内容的有限性。部属自觉追随领导工作在组织中并非一种独立现象，它实际上是与横向追随（指组织中同层级人员基于人际、利益形成的短期结盟所产生的相互追随）、强制追随（指屈于组织压力或个人利益压力而被迫表现的追随）相互交织在一起，只有综合研究这三种追随，才能真实、客观地揭示组织追随实践的全貌，此项综合研究工作量巨大，只能留到后续研究中进行，与组织追随实践中的主导追随类型与主流追随形态对接，而不是组织追随实践的全面对接，因此研究内容也有限。

七、未来研究展望

研究组织发展问题，就必须客观地、完整地解读动态的组织活动过程，追随力、领导力、组织情境三者能动交互构成了组织的活动，本研究正是围绕这条主线，展开了追随力的内涵结构、测量、影响因素、作用机理的探讨。由于属于初次立足中国组织情境研究部属的追随力，因此，本研究存在诸多不成熟的问题，亟待后续研究加以解决。

第一，未来研究可在本研究成果的基础上，通过进一步的多样本采集数据，以检验本研究所得到的追随力内涵结构的稳定性和测量工具的有效性。也可以进行跨文化比较研究，从国外抽取样本，来探讨追随力结构跨文化的普适性及测量有效性及其差异比较。此外，未来研究还可以从不同地域的各种不同工作性质的组织，如机关团体、事业单位、多类企业抽样，比较不同地域、行业、组织类型追随力的差异。

第二，本研究只是探讨了组织内个体层面的纵向（部属追随领导）追随力，组织中还有一种多类型的横向追随，即同级人员基于专业尊敬、人际、利益等因素产生的相互追随和屈于组织、利益压力而被迫表现的强制性追随。这三种追随力相互交织，共同对领导力和组织绩效产生影响。未来的研究可在本研究的基础上，展开对横向、强制追随基本动因，与纵向追随的关系以及对领导效能影响的综合研究。

第三，未来研究应该系统探讨不同组织情境下的领导力与追随力的下向匹配，以及追随力与领导力的上向匹配研究。这两种匹配是提高部属产出和创造领导效能的根本路径，也是追随力理论研究的目标。

第四，追随力体现的就是部属对组织和领导的向心力。人都是在一定的文化与氛围导向下履行行为。未来的研究应该进一步深化弘扬追随力社会文化、组织文化和氛围营建的研究，只有追溯追随文化，我们才能真正找到追随力产生的动因与动力之根。

第五，未来研究应当克服单一研究方法的局限性，要结合间隔时间段的追踪考察法，分组实验法等多种研究方法，探讨追随力产生的前因以及对后果变量的作用机理。

附　录

调查问卷

尊敬的先生/女士：您好！

我们正在进行一项《本土企业追随力对领导效能的作用机理研究》课题研究。为了比较全面真实地了解客观存在于企业中员工追随领导者的行为特征，特进行本次问卷调查。本问卷采用匿名方式，请你在百忙之中抽空参与此项问卷调查。本问卷调查的信息不会反馈给你的所在单位，完全是用做课题的研究取样分析，答案也没有好坏和对错之分。为了保证调查质量，请按你的真实想法选择各条目的一个答案。对你的大力支持在此我们表示最诚挚的谢意。

《本土企业追随力研究》课题组

1. 追随者：指在领导力的影响下，履行与组织目标相关的责任与义务，能够潜在影响领导者的行为主体。
2. 追随力：指追随者在追随领导者工作中，与领导力和组织情境能动交互的多维特质与行为。

一、请如实填写你的下列基本情况（填答符号为√）

①性别：男（　　）；女（　　）。

②年龄：30 岁以下（　　）；31～40 岁（　　）；40 岁以上（　　）。

③文化：高中及以下（　　）；大专（　　）；本科（　　）；研究生(　　)。

④工龄：5 年以下（　　）；6～10 年（　　）；11～20 年（　　）；20 年以上（　　）。

⑤岗位性质：管理岗（　　）；技术岗（　　）；服务岗（　　）；营销岗（　　）；生产岗（　　）；其他岗（　　）。

二、请按你的真实感受勾画下列条目中的答案选项（限选其中一项）

（一）追随力问卷

序号	问　项	不认同	比较不认同	不确定	比较认同	完全认同
1	我有与领导共谋组织发展的责任感	1	2	3	4	5
2	我主动加强学习适应工作进取需要	1	2	3	4	5
3	我始终保持着锐意进取的工作心态	1	2	3	4	5
4	我有承担各种进取挫折的顽强意志	1	2	3	4	5
5	我对工作情境变化能及时观察认知	1	2	3	4	5
6	我有准确认知领导意图的工作悟性	1	2	3	4	5
7	我具有灵活实现领导意图的能动性	1	2	3	4	5
8	我有整合规划工作资源的活跃思维	1	2	3	4	5
9	我忠实贯彻执行领导的决策指令	1	2	3	4	5
10	我从实际出发灵活运用执行方法	1	2	3	4	5
11	我很认真地从执行细节做起做好	1	2	3	4	5
12	我会主动克服工作执行中的困难	1	2	3	4	5
13	我会主动与领导沟通思想情感	1	2	3	4	5
14	我会主动关心领导的所思所想	1	2	3	4	5
15	我会主动从领导角度思考问题	1	2	3	4	5
16	我会与同事经常保持友好互动	1	2	3	4	5
17	我有时通过信息沟通帮助领导改进工作	1	2	3	4	5
18	我有时通过建言献策帮助领导改进工作	1	2	3	4	5
19	我有时通过实践创新帮助领导改进工作	1	2	3	4	5
20	我经常在组织群体活动中发挥表率作用	1	2	3	4	5

（二）领导风格问卷

序号	问　项	不认同	比较不认同	不确定	比较认同	完全认同
1	领导不会利用职权侵占公司的财物	1	2	3	4	5
2	领导把组织和员工的利益放在首位	1	2	3	4	5
3	领导为实现目标愿和员工同甘共苦	1	2	3	4	5
4	领导不会给员工穿“小鞋”，搞打击报复	1	2	3	4	5

续表

序号	问　项	不认同	比较不认同	不确定	比较认同	完全认同
5	领导者不会揽功为己有将过推给别人	1	2	3	4	5
6	下属高兴地接受并完成领导分配的工作	1	2	3	4	5
7	领导充满着亲和力让员工乐意与其共事	1	2	3	4	5
8	领导让员工体会工作对组织发展的意义	1	2	3	4	5
9	领导常帮助员工树立完成工作的自信心	1	2	3	4	5
10	员工信任领导能克服工作中的任何困难	1	2	3	4	5
11	领导常要求员工从多角度思考实际问题	1	2	3	4	5
12	领导想办法让员工质疑已经发生的事情	1	2	3	4	5
13	领导要求员工重新思考自己的工作方式	1	2	3	4	5
14	领导常指点员工尝试解决问题的新角度	1	2	3	4	5
15	领导在分配任务时会适当考虑员工的兴趣	1	2	3	4	5
16	领导与员工单独交流了解其多方面的需求	1	2	3	4	5
17	领导对员工的职业发展常给予鼓励和帮助	1	2	3	4	5
18	领导热心帮助员工家人解决一些实际困难	1	2	3	4	5
19	领导向员工承诺按其绩效给付相应的报酬	1	2	3	4	5
20	领导明确告诉员工如何努力获得预期奖赏	1	2	3	4	5
21	领导在员工完成任务以后会如期兑现报酬	1	2	3	4	5
22	领导在员工工作进程中会给予必要的指导	1	2	3	4	5
23	问题出现后领导再惩罚会伤害员工积极性	1	2	3	4	5

（三）组织氛围问卷

序号	问　项	不认同	比较不认同	不确定	比较认同	完全认同
1	我的组织内部人与人之间保持着亲和的气氛	1	2	3	4	5
2	我的领导会经常与我讨论我的职业发展问题	1	2	3	4	5
3	我的组织经常鼓励我说出与他人不同的想法	1	2	3	4	5
4	我所在组织处处贯彻着以人为本的管理理念	1	2	3	4	5
5	我工作遇到困难通常能得到领导和同事帮助	1	2	3	4	5
6	限制信息流动让我有被排斥在组织外的感觉	1	2	3	4	5
7	领导高高在上的冷漠使我失去对组织的信任	1	2	3	4	5
8	僵化的常规工作模式磨灭了我的工作创造性	1	2	3	4	5

（四）领导效能问卷

序号	问　项	不认同	比较不认同	不确定	比较认同	完全认同
1	我认真履行了岗位所应承担的工作责任	1	2	3	4	5
2	不同时间段的任务指标我都已如期完成	1	2	3	4	5
3	通过努力我的年度预期目标已按期实现	1	2	3	4	5
4	组织对我的岗位工作业绩评价表达满意	1	2	3	4	5
5	领导对我的积极工作态度给予高度认可	1	2	3	4	5
6	我一直把公司的问题看作是自己的问题	1	2	3	4	5
7	我从未考虑过要离开自己所服务的组织	1	2	3	4	5
8	对组织我一贯保持诚实守信的职业操守	1	2	3	4	5
9	在组织发展逆境中我会与领导同心同德	1	2	3	4	5
10	对目前的岗位工作我能够胜任愉快	1	2	3	4	5
11	公司提供了我自身价值实现的平台	1	2	3	4	5
12	我服务的这家公司给我有家的感觉	1	2	3	4	5
13	我对我的工作业绩和报酬比较满意	1	2	3	4	5
14	领导对我的工作更多是支持与鼓励	1	2	3	4	5
15	我有时会利用个人人脉为组织发展服务	1	2	3	4	5
16	对组织发展中的困难我绝不会袖手旁观	1	2	3	4	5
17	对组织有利的事不管分内分外我都会做	1	2	3	4	5
18	当工作需要我会放弃休息时间主动加班	1	2	3	4	5
19	我自觉为组织控制不必要的开支与浪费	1	2	3	4	5
20	我会帮助工作有困难的同事完成其任务	1	2	3	4	5

（五）部属—工作匹配、部属—团队匹配问卷

序号	问　项	不认同	比较不认同	不确定	比较认同	完全认同
1	我具有胜任本岗位工作的专业技能	1	2	3	4	5
2	我喜欢接受一些富有挑战性的工作	1	2	3	4	5
3	我对完成岗位工作任务充满着自信	1	2	3	4	5
4	我有灵活应对工作情境变化的能力	1	2	3	4	5
5	本岗位非常适合我的工作才能施展	1	2	3	4	5

续表

序号	问 项	不认同	比较不认同	不确定	比较认同	完全认同
6	我与同事都会保持着畅通无阻的信息交流	1	2	3	4	5
7	我会发挥自身优势帮助同事解决工作难题	1	2	3	4	5
8	同事会发挥他的优势帮助我解决工作难题	1	2	3	4	5
9	我解决问题的方式与团队中的同事很相似	1	2	3	4	5
10	我与同事会齐心协力完成合作性工作任务	1	2	3	4	5

（六）领导—部属交换关系（LMX）问卷

序号	问 项	不认同	比较不认同	不确定	比较认同	完全认同
1	我非常喜欢我的主管的为人	1	2	3	4	5
2	我非常乐意与我的主管交往	1	2	3	4	5
3	主管在他人面前非常维护我	1	2	3	4	5
4	我喜欢与我的主管一起工作	1	2	3	4	5
5	我的主管全力支持我的工作	1	2	3	4	5
6	为了主管我不计较个人得失	1	2	3	4	5
7	为了主管我愿付出更多努力	1	2	3	4	5

参考文献

[1] Adair, R. The Art of Followership [M]. Wiley: San Francisco, 2008.

[2] Alcorn, David. Dynamic Followership: Empowerment at Work [J]. Management Quarterly, 1992 (33): 9 - 13.

[3] Armstrong, M. & Baron, A. Performance Management [M]. London: The Cromwell Press, 1998.

[4] Avolio, B. J., B. M. Bass & D. I. Jung. Re - examining the Components of Transformational Leadership Using the Multifactor Leadership Questionnaire [J]. Journal of Occupational and Organizational Psychology, 1999 (72): 441 - 462.

[5] Avoli, B. J., Walumbwa, F. O. & Weber, T. J. Leadership: Current Theories, Research, and Future Directions [J]. Annual Review of Psychology, 2009 (60): 421 - 449.

[6] Baker, D. S. Followership: The Theoretical Foundation of a Contemporary Construct [J]. Journal of Leadership & Organizational Studies, 2007 (14): 50 - 60.

[7] Banutu - Gomez, M. B. Great Leaders Teach Exemplary Followership and Serve as Servant Leader [J]. Journal of American Academy of Business, 2004 (3): 143 - 151.

[8] Kellerman, Barbara. Followership: How Followers are Creating Change and Changing Leaders [M]. Boston: Harvard Business Press, 2008.

[9] Baron, R. M. & Kenny, D. A. The Moderator - mediatior Variable Distinction in Social Psychological Research: Conceptual, Strategic, and Statistical Considerations [J]. Journal of Personality and Social Psychology, 1986 (51): 1173 - 1182.

[10] Bass, B. M. Leadership Beyond Expectations [M]. New York: Free Press, 1985.

[11] Bass, B. M. &Avolio, B. J. Multifactor Leadership Questionnaire [M]. CA: Consulting Psychologists Press, 1996.

[12] Bateman, T. S. & Organ, D. W. Job Satisfaction and the Good Solder: The Relationship Between Affect and Employee "Citizenship" [J]. Academy of Management Journal, 1983, 26 (4): 587 - 595.

[13] Bemadin, H. J. Performance Appraisal Design, Development and Implementation [M]. In G. R. Ferris, S. D. Rosen & D. T. Barnum (Eds.), Handbook of Human Resource Management, Cambridge, MA: Blackwell, 2002.

[14] Benjamin, L. & Flynn, F. Leadership Style and Regulatory Mode: Value From Fit? [J]. Organizational Behavior and Human Decision Processes, 2006 (100): 216 - 230.

[15] Bjugstad, K., Thach, E. C., Thompson, K. J. & Morris, A. A Fresh Look at Followership: A Model for Matching Followership and Leadership Styles [J]. Journal of Behavioral and Applied Management, 2006 (5): 304 - 319.

[16] Bock, G. W., Zmud, R. W., Kim. Y. G. & Lee, J. N. Behaviroal Intention Formation in Knowledge Sharing: Examining the Roles of Extrinsic Motivators, Social - psychological Forces, and Organizational Climate [J]. MIS Quarterly, 2005, 29 (1): 87 - 111.

[17] Bono, J. E. & Judge, T. Self - concordance at Work: Toward Understanding the Motivational Effects of Transformational Leaders [J]. Academy of Management Journal, 2003, 46 (5): 554 - 571.

[18] Borman, W. C. & Motowidlo, S. J. Expanding the Criterion Domain to Include Elements of Contextual Performance [M]. In N. Schmitt & W. C. Borman (Eds.), Personnel selection in organizations. San Francisco: Jossey - Bass, 1993.

[19] Browne, M. E. & Cudeck, R. Alternative Ways of Assessing Model Fit [C]. In K. A. Bollen & J. S. Long (eds.), Testing Structural Equation Models [C]. Newbury Park, CA: Sage, 1993.

[20] Brown, A. D. & W. T. Thornborrow. Do Organizations Get the Followers They Deserve ? [J]. Leadership & Organization Development Journal, 1996, 1 (17): 5 - 11.

[21] Bruce, J. A., Fred, O. W. & Todd, J. W. Leadership: Current Theories, Research, and Future Directions [J]. Annual Review of Psychology, 2009 (60): 421 - 449.

[22] Burns, J. M. Leadership [M]. NewYork: Harper & Bow, 1978.

[23] Cable, D. M & judge, T. A. Person - organization Fit, Job Choice Decisions, and Organizational Entry [J]. Organizational Behavior and Human Decision

Processes, 1996, 67 (3): 294 - 311.

[24] Campbell, J. P., McHenry, J. J. & Wise, L. L. Modeling Job Performance in a Population of Jobs [J]. Personnel Psychology, 1990, 43 (2), 313 - 333.

[25] Campbell, J. P., McCloy, R. A., & Oppler, S. H. A Theory of Performance [M]. In N. Schmitt & W. C. Borman (Eds.), Personnel selection in organizations. San Francisco: Jossey - Bass, 1993.

[26] Caplan, R. D. Person - environment Fit Theory and Oranizations: Commensurate Dimensions, Time Perspectives, and Mechanisms [J]. Journal of Vocational Behavior, 1987 (31): 248 - 267.

[27] Carsten, M. K., Uhl - Bien, M., West, B. J., Patera, J. L. & Mcgregor, R. Exploring Social Constructions of Followership: A Qualitative Study [L]. From Southern Management Association Annual. from http: //www. iit. edu/ ~ ioob/files/ presentations/ Carsten,%20et%20al. %20Social %20Constructions%20of%20Followership_ Accepted%20Manuscript. pdf.

[28] Chen, Z. X. & Francesco, A. M. Employee Demography, Organizational Commitment and Turnover Intentions in China: Do Cultural Differences Matter [J]. Human Relations, 2000, 53 (6): 869 - 887.

[29] Musselwhite, Chris. Why Great Followers Make the Best Leaders [J]. Harvard Management Update, 2006 (11): 3.

[30] Churchill & Gilbert, A. A Paradigm for Developing better Measures of Marketing Constructs [J]. Journal of Marketing Research, 1979, 16 (1): 64 - 73.

[31] Collinson, D. Rethinking Followership: A Poststructuralist Analysis of Follower Identities [J]. The Leadership Quarterly, 2006 (17): 179 - 189.

[32] Conger, J. A. & Kanungo. R. Charismatic Leadership in Organizations [M]. Thousand Oaks: CA Sage Publications, 1998.

[33] Cooper, C., Scandura, T. A. & Schriesheim, C. A. Looking forward but Learning From our Past: Potential Challenges to Developing Authentic Leadership Theory and Authentic Leaders [J]. Leadership Quarterly, 2005 (16): 474 - 493.

[34] Cavell, David & Rast, Vicki. Dynamic Followership: The Prerequisite for Effective Leadership [J]. AirSpace Power Journal, 2007 (18): 102 - 110.

[35] Deluga, R. J. & Perry, J. T. The Role of Subordinate Performance and Ingratiation in Leader - member Exchanges [J]. Group & Organization Management, 1994 (19): 67 - 86.

[36] Denison. What Is the Difference between Organizational Culture and Organi-

zational Climate? A Native's Point of View on a Decade of Paradigm Wars [J]. Academy of Management Review, 1996, 21 (3): 629 – 654.

[37] DePree, M. Leadership is an Art [M]. New York, NY: Dell Publishing, 1992.

[38] Dienesch, R. M. & Liden, R. C. Leader – member Exchange Model of Leadership: A Critique and Further Development [J]. Academy of Management Review, 1986 (11): 618 – 634.

[39] Dixon, G. & Westbrook, J. Followers Revealed [J]. Engineering Management Journal, 2003 (15): 19 – 25.

[40] Fairfield, Douglas. Empowered Followership [J]. Marine Corps Gazette, 2007, (91): 79 – 86.

[41] Dvir, T., Eden, D., Avolio, B. J. & Shamir, B. Impact of Transformational Leadership on Follower Development and Performance: a Field Experiment [J]. Academy of Management Journal, 2002, 45 (4): 735 – 744.

[42] Buchanan, Eddie. Can There Be Leadership Without Followership? [J]. Fire Engineering, 2007 (3): 105 – 109.

[43] Edwards, J. R. Alternatives to Differences Scores as Dependent Variables in the Study of Congruence in Organizational Research [J]. Organizational Behavior and Human Decision Processes, 1995 (56): 307 – 324.

[44] Ehrhart, M. G. & Klein, K. J. Predicting Followers' Preferences for Charismatic Leadership: The Influence of Follower Values and Personality [J]. The Leadership Quarterly, 2001 (12): 153 – 179.

[45] Erdogan, B., Kraimer, M. L. & Liden, R. C. Work Value Congruence and Intrinsic Career Success: The Compensatory Roles of Leader – member Exchange and Perceived Organizational Support [J]. Personnel Psychology, 2004, 57 (2): 305 – 332.

[46] Farh, J. L., Zhong, C. B. & Organ, D. W. Organizational Citizenship Behavior in the People's Republic of China [J]. Organization Science, 2004, 6 (1/2): 49 – 72.

[47] Farh, J. L., Earley, P. C. & Lin, S. C. Impetus for Action: A Cultural Analysis of Justice and Organizational Citizenship Behavior in Chinese Society [J]. Administrative Quarterly, 1994 (2): 13 – 17.

[48] Fei, X. T. From the Soil: The Foundations of Chinese Society [M]. Berkeley, CA: University of California Press, 1992.

[49] Fornell & David. Evaluating Structural Equation Models with Unobservable

and Measurment Errors [J]. Journal of Marketing Research, 1981 (18): 39 -50.

[50] Gardner, W. L. , et al. Can You See the Real Me? A Self - based Model of Authentic Leader and Follower Development [J]. Leadership quarterly, 2005, 16 (3): 43 -72.

[51] Gerstner, C. R. & Day, D. V. Meta - analytic Review of Leader - member Exchange Theory: Correlates and Consruct Issues [J]. Journal of organizational Behavior, 1997, 82 (6): 827 -844.

[52] Gilbert, G. R. & Albert, C. H. Followership and the Federal Worker [J]. Pubic Administration Review, 1988, 48 (6): 962 -968.

[53] Gilbert, J. & Matviuk, S. The Symbiotic Nature of the Leader - Follower Relationship and Its Impact on Organizational Effectiveness. Academic Leadership [L]. http: //www. academicleadership. org/empirical_ research/The_ Symbiotic_ Nature_ of_ Leader - Follower_ relationship_ and_ Its_ Impact_ on_ Organizational_ Effectiveness. shtml.

[54] Graen, G. B. & Cashman, C. J. A Role - marking Model of Leadership in Formal Organizations: A Developmental Approach [M]. Kent: Kent State University Press, 1975.

[55] Graen, G. B. Moderating Effects of Initial Leader - member Exchange Status on the Effects of a Leadership Intervention [J]. Journal of Applied Psychology, 1984 (69): 428 -436.

[56] Graen, G. B. & Scandura, T. Toward a Psychology of Dyadic Organizing [C]. In: Cumming L, Staw B ed. Research in Organizational Behavior . Vol. 9 [C]. Greenwich: JAI Press, 1987.

[57] Graen, G. B. &Uhl - Bien, M. Relationship - based Approach to Leadership: Development of Leader - Member Exchange (LMX) Theory of Leadership Over 25 Years: Applying a Multi - Level - Multi - Domain Perspective [J]. Leadership Quarly, 1995 (6): 219 -247.

[58] Hersey, P. & Blanchard, K. H. Life Cycle Theory of Leadership [J]. Training & Development Journal, 1969, 23 (5): 26 -34.

[59] Higgins, E. T. Making a Good Decision: Value from Fit [J]. American Psychologist, 2000 (55): 1217 -1230.

[60] Higgins, E. T. How Self - regulation Creates Distinct Values: The Case of Promotion and Prevention Decision Making [J]. Journal of Consumer Psychology, 2002 (12): 177 -191.

[61] Hinkin Timothy. R. A Review of Scale Development Practices in the Study of Organizations [J]. Journal of Manangement, 1995, 21 (5): 967 -988.

[62] Hinkin Tmothy. R. A Brief Tutorial on the Development of Measure for Use in Survey Questionnaires [J]. Organizational Research Methods, 1998, 1 (1): 104 -121.

[63] Hollander Endinwin. P. The Essential Interdependence of Leadership and Followership [J]. American Psychological Society, 1992, 1 (2): 71 -75.

[64] Hollander, E. P. Leadership, Followership, Self and Others [J]. The Leadership Quarterly, 1992 (3): 43 -54.

[65] Howell & Shamir. A Quantitative Review of the Relationship Between Person – Organization Fit and Behavioral Outcomes [J]. Journal of Vocational Behavior, 2005 (68): 389 -399.

[66] Hui Chun, Kenneth, S. L. & Chen Zhen – Xiong. A Structural Equation Model of the Effect of Negative Affectivity, Leader – member Exchange, and Perceived Job Mobility on In – role and Extra – role Performance: A Chinese Case [J]. Organizational Behavior and Human Decision Processes, 1999, 77 (1): 3 -21.

[67] Hui, C., Cynthia, L. & Denise, M. R. Employment Relationships in China: Do Workers Relate to the Organization or to People [J]. Organization Science, 2004, 15 (2): 232 -241

[68] Hunt, J. G. What is leadership? [J]. The nature of leadership, 2004 (3): 19 -47.

[69] Challef, Ira. The Leader – Follower Partnership: It's a New Day [L]. http: //www. exe – coach. com //followerpatnership. html.

[70] Challef, Ira. Effective Followership [J]. Executive Excellence, 1995 (13): 3 -4.

[71] Chaleff, Ira. The Leader – Follower Partnership: It's a New Day [L]. http: // www. exe – coach. com/followerPartnership. html.

[72] Challef, Ira. The Courageous Follower: Standing Up To and For Our Leaders [M]. San Francisco: Berrett – Koehler Publishers, 2004.

[73] Jehn, K. A. & Bezrukova, K. A Field Study of Group Diversity, Workgroup Context, and Performance [J]. Journal of Organizational Behavior, 2003 (25): 703 -729.

[74] Frye, Joshua. Lorraine. Kisselburgh & David Butts. Embracing Spiritual Followership [J]. Communication Studies, 2007 (58): 243 -260.

[75] Judge, T. A. & Piccolo, R. Transformational and Transactional Leader-

ship: A Meta - analytic Test of Their Relative Validity [J]. Journal of Applied Psychology, 2004 (89): 755 -768.

[76] Zhou, J. & J. M. George. When Job Dissatisfaction Leads to Creativity: Encouraging the Expression of Voice [J]. Academy of Management Journal, 2001, 44 (4): 682 -696.

[77] Katz, D. & Kahn, R. L. The Social Psychology of Organization (2ed.) [M]. New York: Wiley, 1978.

[78] Kelly, R. E. In Praise of Follower [J]. Harvard Business Review, 1988, 6 (66): 142 -148.

[79] Kelley, R. E. The Power of Followership: How to Create Leader People Want to Follow and Followers Who Lead Themselves [M]. New York: Doubleday, 1992.

[80] Kenneth, Cole, Anne Daly & Anita Mak. Good for the soul: The Relationship between Work. Wellbeing and Psychological Capital [J]. The Journal of Socio - Economics, 2009 (38): 464 -474.

[81] Kristof - Brown, A. L. Peson - organization Fit An Integrative Review of its Conceptualizations Measuremnet and Implications [J]. Personnel Psychology, 1996 (49): 1 -28.

[82] Kristof - Brown, A., Zimmerman, R. & Johnson, E. Consequences of Individuals Fit at Work: A Meta - analysis of Person - job, Person - organization, Person - group, and Person - supervisor Fit [J]. Personnel Psychology, 2005 (58): 281 -342.

[83] Küpers, W. Perspective on Integrating Leadership and Followership [J]. International Journal of Leadership Studies, 2007 (2): 194 -221.

[84] Lauver, K. J. & Kristof, A. L. Distinguishing between Employee's Perceptions of Person - Job and Person - Organization Fit [J]. Journal of Vocational Behavior, 2001 (59): 454 -470.

[85] Lewin, K. The Conceptual Reprentation and the Measurement of Psychological Forces [M]. NC: Duke University Press, 1938.

[86] Liao, H., Joshi, A. & A. Chuang. Sticking out Like a Sore Thumb: Employee Dissimilarity and Deviance at Work [J]. Personnel Psychology, 2004 (3): 6 -15.

[87] Liden, R. C., Sparrowe, R. & Wayne, S. Leader - member Exchange Theory: The Past and Potential for the Future [J]. Research in Personnel and Human Resource Management, 1997, 15 (1): 47 -119.

[88] Liden, R. C. & Maslyn, J. M. Multidimensionality of Leader – member Exchange: An Empirical Assessment through Scale Development [J]. Journal of Management, 1998 (24): 43 –72.

[89] Liden, R. C., Wayne, S. J. & Sparrowe, T. An Examination of the Mediating Role of Psychological Empowerment on the Relations between the Job, Interpersonal Relationship and Work Outcomes [J]. Journal of Applied Psychology, 2000 (85): 407 –416.

[90] Lowe, K. B., Kroeck, K. G. & Sivasubramaniam, N. Effectiveness Correlates of Transformational and Transactional Leadership: A Meta – analytic Review of the MLQ Literature [J]. Leadership Quarterly, 1996 (7): 385 –425.

[91] Lundin, Stephen & Lancaster, Lynne. The Importance of Followership [J]. The futurist, 1990 (3): 41 –58.

[92] Martin, R. Followership: The Natural Complement to Leadership [J]. FBI Law Enforcement Bulletin, 2007 (7): 8 –11.

[93] Locke, What is Job Satisfaction, Organization Behavior and Human Penformance [J]. Journal of Applied Psychology, 1982 (2): 190 –211.

[94] Mayfield, J. & Mayfield, M. Increasing Worker Ourcomes by Improving Leader Follower Relations [J]. The Journal of Leadership Studies, 1998, 5 (1): 72 –81.

[95] Meindl, J. R. The Romance of Leadership as a Follower – centric Theory: A Social Construnctionist Approach [J]. The Leadership Quarterly, 1995 (6): 329 –341.

[96] Meyer, J. P & Allen, N. J. A Three Components Conceptualization of Organizatioanl Commitment [J]. Human Resource Management Review, 1991, 1 (1): 61 –89.

[97] Michelle, L. Verquer, Terry, A. Beehr & Stephen, H. Wagner. Ameta – analysis of Relations between Person – organization Fit and Work Attitudes [J]. Journal of Vocational Behavior, 2003 (63): 473 –489.

[98] Miller, R. L., Butter, J. & Cosentino, C. J. Followership Effectiveness: an Extension of Fiedler's Contingency Model [J]. Leadership& Organization Development Journal, 2004 (25): 362 –368.

[99] Miller, M. Transformational Leadership and Mutuality [J]. Transformation, 2007 (24): 180 –192.

[100] Motowidlo, J. S. Job Performance [J]. Journal of Vocational Behavior,

2003, 79 (4): 475 -480.

[101] Mueller, B. H. , & Lee, J. Leader - member Exchange and Organizational Communication Satisfaction in Multiple Contexts [J]. The Journal of Business Communication, 2002, 39 (2): 220 -244.

[102] Murphy, K. R. Dimensions of Job Performance [M]. New York: Prager, 1989.

[103] Organ, D. W. Organizational Citizenship Behavior: It's Construct Clean - up Time [J]. Human Performance. 1997, 10 (2): 85 -97.

[104] Organ, D. W. Organizational Citizenship Behavior: The "Good Soldier" Syndrome [M]. Lexington, MA: Lexington Books, 1988.

[105] Padillan, A. , Hogan, R. & Kaiser, R. B. The Toxic Triangle: Destructive Leaders, Susceptible Followers, and Conducive Environment [J]. The Leadership Quarterly, 2007 (18): 176 -194.

[106] Pastor, J. C. , Mayo, M. & Shamir, B. Adding Fuel to Fire: The Impact of Followers' Arousal on Ratings of Charisma [J]. Journal of Applied Psychology, 2007 (92): 1584 -1596.

[107] Drueker, Peter. The Effective Executive [M]. UK: HarperCollins e - books, 1966.

[108] Meilinger, Phillip. The Ten Rules of Good Followership [J]. Leadership Link, 1994 (6): 3 -4.

[109] Pittman, T. S. , William E. R. & Earl, H. P. Followers as Partner: Taking the Initiative for Action [R]. In: William E. Rosenbach and Robert L. Taylor. Contemporary Issues in Leadership, Boulder, CO: Westview Press, 1988: 107 -120.

[110] Podsakoff, P. M. & MacKenzie, S. B. Organizational Citizenship Behaviors: A Critical Review of the Theoretical and Empirical Literature and Suggestions for Future Research [J]. Journal of Management, 2000 (3): 513 -563.

[111] Goffee, Rob. & Jones, Gareth. The Art of Followership [J]. European Business Forum, 2006 (25): 22 -26.

[112] Sevier, Robert. Follow the Leader [R]. USA: Research and Marketing Stamatas Communications, 1999.

[113] Ronald, Fpiccold & Jason. Dimensions of Transformational Leadership: Conceptual and Empirical Extensions [J]. The Leadership Quarterly, 2004 (15): 329 -354.

[114] Rosenau, J. Followership and Discretion Assessing the Dynamics of Mod-

ern Leadership [J]. Harvard International Review, 2004 (26): 14 – 17.

[115] Ryan, J. & Landino. Followership: A Literature Review of a Rising Power Beyond Leadership [D]. England: De Montfort University, 2006.

[116] Scandura, TA. Rethinking Leader – member Exchange: An Organizational Justice Perspective [J]. Leadership Quarterly, 1999, 10 (1): 25 – 40.

[117] Schneider, B. The People Make the Place [J]. Personnel Psychology, 1987 (40): 437 – 453.

[118] Schriesheim, C. A., Neider, L. L., & Scandura, T. A. Delegation and Leader – member Exchange: Main Effects, Moderators, and Measurement Issues [J]. The Academy of Management Journal, 1998, 41 (3): 298 – 318.

[119] Shamir, B. & Howell, J. M. Organizational and Contextual Influences on the Emergence and Effectiveness of Charismatic Leadership [J]. The Leadership Quarterly, 1999 (10): 257 – 283.

[120] Shamir, B. & Lapidot, Y. Trust in Organizational Superiors: Systemic and Collective Considerations [J]. Organization Studie, 2003 (24): 463 – 491.

[121] Sonnentag, S. & Frese, M. Performance Concepts and Performance Theory [M]. In S. Sonnentag (Eds.), Psychological management of individual performance. Hoboken, NJ: John Wiley & Sons, Ltd, 2002.

[122] Sparrowe, R. T. & Liden, R. C. Two Routes to Influence: Integrating Leader – member Exchange and Social Network Perspectives [J]. Administrative Science Quarterly, 2005, 50 (4): 505 – 535.

[123] Stech, A. J. Basics of Qualitative Research: Grounded Theory Procedures and Techniques [M]. Newburry Park: Stage, 2002.

[124] Steger, A. J., Manners, J., George, E. & Zimmerer, W. T. Following the Leader: How to Link Management Style to Subordinate Personalities [J]. Management Review, 1982 (71): 22 – 31.

[125] Stringer, A. Robert. Leadership and Organizational Climate: The Clouod Chamber Effect [M]. Upper Saddle River, NJ: Prentice Hall, 2002.

[126] Tagiuri, R. The Concept of Organizational Climate. In: Tagiuri R, Litwin G Hed. Organizational Climate: Exploration of a Concept [M]. Boston: Harvard University Press, 1968.

[127] Amabile, T. M. & H. Conti. Change in the Work Environment for Creativity during Downsizing [J]. Academy of Management Journal, 1999, 42 (6): 630 – 640.

[128] Vugt, M. V. Evolutionary Origins of Leadership and Followership [J]. Per-

sonality and Social Psychology Review, 2006 (10): 354 - 371.

[129] Tsui, A. S. , Ashford, S. J. , Clair, L. & Xin, K. R. Dealing with Discrepant Expectations: Respone Strategies and Managerial Effectiveness [J]. Academy of Management Journal, 1995 (38): 1515 - 1543.

[130] Vugt, M. V. , Hogan, R. &Kaiser, R. B. Leadership, Followership and Evolution: Some Lessons From the Past [J]. American Psychologist, 2008 (63): 183 - 196.

[131] Wayne, S. J. & Ferris, G. R. Influence Tactics, Affect, and Exchange Quality in Supervisor - subordinate Interactions: A Laboratory Experiment an Field Study [J]. Journal of Applied Psychology, 1990 (75): 487 - 499.

[132] Willem, V. , Marco, V. & Marco, H. Exploring the Conceptual Expansion within the Field of Organizational Behavior: Organizational Climate and Organizational Culture [J]. Jounal of Management Studies, 1998 (35): 67 - 79.

[133] Williams, L. J. & Anderson, S. E. Job Satisfaction and Organizational Commitment as Predictors of Organizational Citizenship and In - Role Behaviors [J]. Journal of Management, 1991 (17): 601 - 617.

[134] Zaleznik, A. The Dynamics of Subordinacy [J]. Harvard Business Review, 2007 (1): 119 - 131.

[135] 曹元坤，黄晓波，谭娟．值得关注的管理学前沿：追随问题研究[J]. 当代财经，2008 (7): 118 - 123.

[136] 曹元坤．领导如何赢得追随[J]. 管理学家，2010 (11): 1.

[137] 曹元坤，许晟．对追随力理论中若干观点的思考[J]. 江西社会科学，2013 (2): 203 - 206.

[138] 曹元坤，许晟．追随力：概念的界定与量表开发[J]. 当代财经，2013 (3): 64 - 73.

[139] 陈文晶，时勘．变革型领导与交易型领导的回顾与展望[J]. 管理评论，2007 (9): 22 - 29.

[140] 崔骅．领导活动中的追随者研究[D]. 延安大学硕士学位论文，2010.

[141] 杜红，王重鸣．领导—成员交换理论的研究与应用展望[J]. 浙江大学学报（人文社科版），2002，11 (6): 73 - 79.

[142] Daft, R. L. 领导学原理与实践（第 2 版）[M]. 杨斌译．北京：机械工业出版社，2005.

[143] 丁琳，席酉民．变革型领导如何影响下属的组织公民行为——授权行为与心理授权的作用[J]. 管理评论，2007，19 (10): 24 - 29.

[144] 弗雷德·菲德勒，约瑟夫·加西亚．领导效能新论[M]. 上海：上海

三联书店，1989.

［145］樊景立，郑伯壎．华人组织的家长式领导：一项文化观点的分析［J］．本土心理学研究，2000（13）：127－180.

［146］Fred Luthans 著．Organizational Behavior（11 ed.）［M］．王垒等译．北京：人民邮电出版社，2009.

［147］高日光．破坏性领导：维度、测量及其与下属角色外行为的关系［D］．中国人民大学博士学位论文，2011.

［148］侯杰泰，温忠麟，成子娟．结构方程模型及其应用［M］．北京：教育科学出版社，2004.

［149］黄盼盼．组织氛围对员工敬业度的影响分析［J］．中国人力资源开发，2010（2）：18－22.

［150］凌文辁，方俐洛．行为与心理测量［M］．北京：机械工业出版社，2003.

［151］李超平，时勘．变革型领导与领导有效性的关系研究［J］．心理科学，2003，26（1）：67－78.

［152］李超平，时勘．变革型领导的结构与测量［J］．心理学报，2005，37（6）：803－811.

［153］李超平，孟慧，时勘．变革型领导对组织公民行为的影响［J］．心理学报，2006，29（1）：175－177.

［154］李超平．变革型领导：中国情景下的实证研究［M］．北京：新华出版社，2006.

［155］李秀娟，魏峰．打开领导有效性的黑箱：领导行为和领导下属关系研究［J］．管理世界，2006（9）：87－94.

［156］李燚，魏峰．领导理论的演化和前沿进展［J］．管理学报，2010，7（4）：517－525.

［157］李宁琪，李树．毁害型领导与下属行为关系研究［J］．领导科学，2010（8）：39－40.

［158］李燕萍，涂乙冬．与领导关系好就能获得职业成功吗？一项调节的中介效应研究［J］．心理学报，2011，43（8）：941－952.

［159］刘军，富萍萍，张海娜．下属权威崇拜观念对信任领导过程的影响：来自保险业的证据［J］．管理评论，2008，20（1）：26－32.

［160］刘军，吴隆增，林雨．应对辱虐管理：下属逢迎与政治技能的作用机制研究［J］．南开管理评论，2009，12（2）：52－58.

［161］刘效广，王艳平．基于社会交换理论的组织承诺形成机制实证研究

[J]. 软科学, 2008, 11 (22): 114 - 118.

[162] 刘光辉, 谢义忠, 时勘. 组织情境中的人与环境匹配[J]. 湖南师范大学教育科学学报, 2010, 5 (3): 102 - 106.

[163] 刘彧彧, 丁国林, 严肃. 沟通开放氛围下领导—成员交换和组织公平感的关系研究[J]. 管理学报, 2010, 12 (7): 1792 - 1798.

[164] 梁建, 樊景立. 组织与管理研究的实证方法[M]. 北京: 北京大学出版社, 2008.

[165] 林立. 以心理授权为中介的领导风格与员工创新行为关系研究: 以Z公司为例[D]. 浙江大学硕士学位论文, 2011.

[166] 孟慧. 认真性与下属工作满意感——变革型领导的中介作用[J]. 心理科学, 2005, 28 (5): 1237 - 1239.

[167] 梅里亚姆 - 韦伯斯特公司. 韦氏大学词典[M]. 北京: 世界图书出版公司, 2007.

[168] 彭冉龄. 普通心理学（修订版）[M]. 北京: 北京师范大学出版社, 2004.

[169] 潘汛沨. 转型期员工的传统价值观对冲突管理方式的影响研究[D]. 浙江大学博士学位论文, 2009.

[170] 任孝鹏, 王辉. 领导—部属交换（LMX）的回顾与展望[J]. 心理科学进展, 2005, 13 (6): 788 - 797.

[171] 盛宇华, 潘勤. 做好领导方式与下属成熟度的对接[J]. 领导科学, 2001 (7): 26 - 27.

[172] 孙健敏, 王震. 人—组织匹配研究评述: 范畴、测量及应用[J]. 首都经济贸易大学学报, 2009 (3): 16 - 22.

[173] 王辉, 牛雄鹰. 领导—部属交换的多维结构及对工作绩效和情境绩效的影响[J]. 心理学报, 2004, 36 (2): 179 - 185.

[174] 韦慧民. 组织内上下级信任的发展模式及其效果研究[D]. 华中科技大学博士学位论文, 2009.

[175] 王淑红. 领导者的情绪智力与领导有效性的关系研究[M]. 武汉: 湖北人民出版社, 2010.

[176] 王顼. 西方追随研究的三个视角[J]. 现代商业, 2010 (10): 125 - 126.

[177] 王顼. 追随的内容结构及与绩效的关系研究[D]. 浙江大学硕士论文, 2010.

[178] 王端旭, 洪雁. 组织氛围影响员工创造力的中介机制研究[J]. 浙江大学学报（人文社科版）, 2010 (9): 81 - 87.

［179］王晓莉，李静，韩雪．人力资源管理中组织氛围测评方法的应用分析［J］．人才资源开发，2010（3）：93－95.

［180］王元元，余嘉元，李扬．组织氛围对员工行为有效性的影响机制［J］．心理学探新，2012（3）：188－192.

［181］王震，孙健敏．中国组织情境下的领导有效性：对变革型领导、领导—部属交换和破坏型领导的元分析［J］．心理科学进展，2012，2（20）：174－190.

［182］温忠麟，张雷，侯杰泰．有中介的调节变量和有调节的中介变量［J］．心理学报，2006，38（3）：448－452.

［183］汪新艳．知识员工组织公平感对工作绩效的影响机制研究［D］．华中科技大学博士学位论文，2008.

［184］汪中求．细节决定成败［M］．北京：人民出版社，2001.

［185］吴明隆．SPSS 统计应用实务：问卷分析与应用统计［M］．北京：科学出版社，2003.

［186］吴志明，武欣．知识团队变革型领导对组织公民行为的影响［J］．科学学研究，2006（2）：45－49.

［187］吴治国．变革型领导、组织创新气氛与创新绩效关联模型研究［D］．上海交通大学博士学位论文，2008.

［188］徐行言．中西文化比较［M］．北京：北京大学出版社，2005.

［189］谢义忠，时勘．P－J 匹配、P－O 匹配与工作满意度的关系：LMX 的调节作用［J］．中国临床心理学杂志，2006（5）：495－499.

［190］谢荷锋．组织氛围对企业员工间非正式知识分享行为的激励研究［J］．研究与发展管理，2007（2）：92－99.

［191］许晟，曹元坤．“追随力”三概念探析［J］．江西社会科学，2012（1）：211－216.

［192］徐文．组织社会化策略与新员工离职倾向：中国环境下的实证研究［D］．复旦大学硕士学位论文，2008.

［193］杨国枢，文崇一．社会及行为科学研究法［M］．重庆：重庆大学出版社，2006.

［194］尹文嘉．追随力：追随者推动领导变革［J］．领导科学，2010（5）：26－28.

［195］原涛，凌文辁．追随力研究述评与展望［J］．心理科学进展，2010（5）：769－780.

［196］原涛．追随特质模型及追随动机与相关变量的关系研究［D］．暨南大学硕士学位论文，2011.

［197］牙韩高．高校学生社团管理中领导方式与领导效能研究［D］．西南交通大学博士学位论文，2008.

［198］郑伯壎，黄美萍，周丽芳．家长式领导及其效能：华人企业团队的证据［J］．香港华人心理学报，2002，3（1）：85－112.

［199］战伟萍，芭芭拉·凯勒曼．追随力：追随者们如何创造变革并改变领导者［J］．公共管理评论，2009（8）：186－196.

［200］周浩，龙立荣．恩威并施，以德服人：家长式领导研究述评［J］．心理科学进展，2005，13（2）：227－238.

［201］赵鑫．组织创新氛围、知识共享与员工创新行为［D］．浙江大学博士学位论文，2011.

［202］祝芳芳，宋合义，毛娜．不同类型下属情境下有效领导者综合素质的差异研究［J］．科学学与科学技术管理，2008（2）：176－180.

［203］张丽华．改造型领导与组织变迁过程互动模型的实证与案例研究［D］．大连理工大学博士学位论文，2002.

［204］张岱年，方克立．中国文化概论［M］．北京：北京师范大学出版社，2004.

［205］张燕君．组织情境下人—组织匹配对个体绩效的影响研究［D］．中南大学博士学位论文，2011.

后 记

行进在人生的旅途中，每走完一段，总有一些抹不去的记忆与回顾。在三年的攻读博士学业期间，我对追随力问题产生了浓厚的兴趣，因为这是一个对动态发展环境中组织管理活动很有帮助的研究命题。人生活在一定的组织环境中，为了活得更有价值，往往会选择一些有助于自我价值实现的人际互动方式，追随就是下属常用与上司互动的一种大众化方式。客观反映了领导与被领导的必然联系。所以，我选择了追随力问题研究为博士学业的研究项目。

我的大学学业和硕士学业是教育相关专业，毕业后也从事着职业教育及培训工作。对于我这个管理知识底蕴相对同门师兄弟更薄一些的弟子，为了帮助我顺利进入管理学殿堂，导师曹元坤教授就为我制定了一套个性化的培养方案。如亲自为我圈定了一系列必读和熟读的管理学经典文献和追随力理论文献。同时，为了检验我阅读理解的效果，导师常提出一些学术问题，让我在与同门师兄弟的学术探讨中作主题发言。又如每当我碰到学术困惑时，导师总是通过许多深入浅出的相关社会现象，将我引导到即将融会贯通的路口上，让我以思维的灵动去收获那豁然开朗的喜悦与快乐，激发我浓厚的学习与钻研兴趣。再如导师让我直接参与他的国家自然科学基金项目“员工追随力的内涵、影响因素及对领导效能的作用机理”课题的申报立项、开题报告、社会调查、基础理论建构和实证统计分析等具体研究过程，并指导我以此为题完成博士学位论文。正是由于导师苦心孤诣的个性化培养，才使论文得以顺利完成，并得到了上海复旦大学、东北财经大学、中南财经大学、北京交通大学等高校数名匿名评审专家一致的高度评价，给出了平均分 90 分的优良成绩。这一结果首先应当归功于我的导师曹元坤教授。真是师恩深重、师恩难忘和难报。在本书即将出版之际，我最想说的一句话就是：深深地感谢您——尊敬的导师曹元坤教授。我唯一的回报方式，就是把您厚德博学、严谨、勤奋、求是求真的学术风范，用我终身的生命去继承和诠释它。

衷心感谢我国管理学大师、南京大学商学院名誉院长赵曙明教授，知名明史大家、江西农业大学党委书记曹国庆研究员在百忙之中，为本书出版写序。

衷心感谢江西财经大学的吴照云、胡宇辰、胡大立、王耀德等教授，在我进行毕业论文开题设计时给予的指导。感谢刘克春教授、杨剑峰博士在论文实证分析中给予的帮助。感谢师母邓海棠女士一直以来对我的关照与爱护，以及师兄弟占晓军博士、王光俊博士、朱建斌博士生、祝振兵博士生和师妹徐红丹博士生等的帮助与支持。

在此，还要感谢我供职单位的领导：江西农业大学黄国清教授、苏力华副院长、刘志兵副书记、杨同华博士、李元清副教授等在我攻博期间对我的关怀和扶助。

最后，我要把这本书献给为我成长倾注了所有心血的父母、岳父母和妻子，我能如期完成博士学业和这本拙作，与他们在生活上的细心照料和抚育我那活泼可爱的女儿橙橙，使我得以安心学业和探索研究是密不可分的。

“路漫漫其修远兮，吾将上下而求索”。虽然博士学业已经完成，拙作也即将出版，但人生进取的道路还很漫长。学无止境，我将坚韧跋涉，不断前行，用丰硕的业绩与成果来回报一切关怀、爱护和支持我的人。

许 晟

2014 年 1 月

于江西农业大学惟义楼